政府补贴、企业规模分布与制造业创新研究

丁丽芸◎著

中国财经出版传媒集团

经济科学出版社
Economic Science Press

图书在版编目（CIP）数据

政府补贴、企业规模分布与制造业创新研究/丁丽芸著
. --北京：经济科学出版社，2023.2
ISBN 978 - 7 - 5218 - 4540 - 2

Ⅰ.①政…　Ⅱ.①丁…　Ⅲ.①制造工业 - 政策补贴 -
研究 - 中国　Ⅳ.①F812.0

中国国家版本馆 CIP 数据核字（2023）第 032504 号

责任编辑：胡成洁
责任校对：王肖楠
责任印制：范　艳

政府补贴、企业规模分布与制造业创新研究

丁丽芸　著

经济科学出版社出版、发行　新华书店经销

社址：北京市海淀区阜成路甲 28 号　邮编：100142

经管中心电话：010 - 88191335　发行部电话：010 - 88191522

网址：www. esp. com. cn

电子邮箱：expcxy@ 126. com

天猫网店：经济科学出版社旗舰店

网址：http://jjkxcbs. tmall. com

北京季蜂印刷有限公司印装

710 × 1000　16 开　13.5 印张　210000 字

2023 年 5 月第 1 版　2023 年 5 月第 1 次印刷

ISBN 978 - 7 - 5218 - 4540 - 2　定价：68.00 元

（图书出现印装问题，本社负责调换。电话：010 - 88191545）

（版权所有　侵权必究　打击盗版　举报热线：010 - 88191661

QQ：2242791300　营销中心电话：010 - 88191537

电子邮箱：dbts@ esp. com. cn）

序

创新不仅在新发展理念中居于重要地位，而且成为我国"十四五"乃至更长时间内经济高质量发展的重要驱动力，为适应新发展阶段和新发展格局的需要，提升企业创新能力，推动产业链上中下游、大中小企业融通创新成为政府推动高质量发展的重要任务。尽管从理念上和价值上全社会对创新的重要性达成了共识，但创新毕竟具有开放性、非线性、动态性和不确定性等特征，从事创新面临较高的风险，尤其是原创性创新投入大、周期长，同时具备创新意愿和创新能力的企业并不是太多，这就需要发挥政府的作用，帮助企业增强抵御创新风险的能力。政府补贴是政府"有形之手"的重要手段，企业规模分布是市场"无形之手"形成的资源配置状况，两者都会对创新产生影响。基于此，本书以中国制造业为研究对象，旨在探究政府补贴、企业规模分布对制造业创新的影响效应。

本书立足于中国国情，阐述了我国政府补贴、企业规模分布和制造业创新的现状与特征事实，并从理论和实证两个层面研究了政府补贴、企业规模分布对制造业创新的影响效应。首先，对政府补贴、企业规模分布影响制造业创新的理论机理进行阐述，基于幼稚产业保护理论和阿吉翁等学者（2015）关于产业政策和竞争的分析框架，建立一个扩展的"2×2"伯川德模型，引入企业规模分布，考察政府补贴、企业规模分布对创新的影响。

1

其次，采用 1998～2013 年中国规模以上制造业企业微观数据，建立带有企业规模分布二次项的计量模型，实证检验政府补贴、企业规模分布对制造业创新的影响以及企业规模分布的中介路径作用，同时考察了政府补贴的最适区间。此外，为了探究政府补贴、企业规模分布的影响效应是否会因创新类型产生差异，将创新区分为实质性创新和策略性创新，检验政府补贴、企业规模分布对不同类型创新的影响和门槛效应，并进一步分析了政府补贴与企业规模分布对制造业创新的影响存在的异质性。

本书的创新点和学术价值有三个。一是拓展了产业政策与竞争的经典模型，得到一个新的中介路径。本书在第 4 章理论模型构建中，将企业规模分布纳入政府补贴对创新的分析框架，发现企业规模分布是政府补贴影响制造业创新的中介路径并在实证检验中得到验证。企业规模分布的中介效应可以解释以往政府补贴影响企业创新的研究结果未能取得一致的原因，在高企业规模分布下，政府补贴并不能促进企业创新，甚至会显著抑制企业创新。只有在低企业规模分布状态下，政府补贴才能显著促进企业创新。以往研究未考虑企业规模分布的因素，因此得出两种截然不同的结论。二是延伸了企业规模分布的研究链条，界定我国制造业的企业规模分布最优状态。目前，对企业规模分布的研究主要集中在其现状和成因，对其影响效应的研究较少。本书通过理论模型和实证检验，发现企业规模分布与制造业企业创新之间呈倒 U 形关系，对我国制造业企业创新而言，企业规模分布的最优状态（帕累托指数为 0.759）向下偏离西方发达国家经验数据得到的齐夫分布（帕累托指数为 1）。这个结论是对于深入认识我国企业规模分布以及后续研究企业规模分布的影响效应有重要意义。阿克斯特尔（Axtell，2001）提出，齐夫分布是经验准确的企业理论必须符合的明确目标，诸多学者采用西方发达国家经验数据也验证了这个观点。但是，我国企业规模分布明显偏离齐夫分布，这种偏离对中国经济而言是有利还是不利？我们很少见到明确的判断。本书基于理论和实证检验结论认为，这种偏离是我国在样本时间范围内经济发展水平、市场发育程度、企业产权性质等因素综合作用下的客观结果，是对中国制造业创新而言的最优分布。换言之，我们并不需要一味追求企业规模分布达到齐夫分布状态，因为在经济发展水平等因素不变的情况下，如果企业规模分布达到齐夫分布状态，对我国制造业创新反而会起到抑制作用。三是对优化政府补贴政策具有现实参考价值。基于本书的研究，笔者发现存在一个促进制造业企业创新的政府补贴最优区间，也分析了当前补贴政策存在的一些不合理之处，提出要加强顶层设计、强化补贴的规范性、实施差异化补贴政策、促进实质性创新、适度补贴、完善管理、增强补贴有效性的政策建议，具有很强的现实针对性和可操作性，为完善政府补贴政策提供了思路和启示。

通过本书的介绍，读者可以清晰地看到中国政府补贴政策演变、企业规模分布和制造业创新的现状，以及政府补贴、企业规模分布是如何对制造业创新产生影响。在写作的过程中，笔者参阅了相关文献资料，在此，谨向其作者深表谢忱。文中观点仅代表个人意见，不代表单位立场，如有不妥之处，恳请读者批评指正，并衷心希望同行不吝赐教。

著　者

2022 年 12 月

目 录

第 1 章

导　　论

1.1　研究背景、目的与研究意义

1.1.1　研究背景

新中国成立70多年来，我国建立起门类齐全的现代工业体系，实现了由贫穷落后的农业国成长为世界第一工业制造大国的历史性转变。2010年，我国制造业增加值首次超过美国。截止到2022年，我国已连续13年稳居世界第一，每年制造业增加值占世界的份额接近30%，成为驱动全球工业增长的重要引擎。在经过几十年的高速发展之后，制造业面临的国内外经济形势不断变化。发达国家高端制造回流与中低收入国家争夺中低端制造转移同时发生，对我国形成"双向挤压"。与此同时，国内经济进入新常态，经济增长从高速转向中高速，经济结构不断优化升级，动力从要素驱动、投资驱动转向创新驱动。制造业要在国内外压力下实现高质量发展，继续成为经济发展的引擎和动力，必须走好创新之路。

企业是创新的主体。企业是否进行创新，取决于其创新意愿和创新能力。从创新意愿来看，企业要衡量自身的市场地位和创新的成本及收益。如果企业在行业中已取得垄断地位、具备超额利润，那么企业并不愿意进行创新，因为创新往往具有周期长、成本高、风险大的特点。只有当企业处在充满竞争的市场结构中、不具备垄断优势，才会寻求通过创新去形成核心竞争力、赢得更多市场份额、创造更多利润，从而推动全社会的生产力进步。

在我国经济进入新发展阶段、创新成为经济高质量发展第一动力的背景下，引导和支持企业加大创新力度是社会各界的共识，政府的"有形之手"在其中发挥了重要作用。除了出台反垄断法律法规，更多的是对重点发展行业和技术创新环节给予政府补贴等优惠政策，吸引更多企业加入创新大军。为了促进创新，我国财政对企业研发的支持力度不断加大。2016年，国家财政科技支出为7 761亿元，是1980年的120倍，1981~2016年年均增长14.2%。2017年，规模以上工业企业享受研发费用加计扣除减免税和高新技术企业减免税的企业分别达到2.44万家和2.42万家，分别是2009年的3.3倍和3.5倍，减免金额分别达到570亿元和1 062亿元，分别是2009年的3.1倍和3.4倍。[①]

政府补贴等政策的出台，一方面可以促使受补贴的企业增强实力去开展创新进而可能扩大企业规模，另一方面也可能会吸引一些企业选择进入这些行业，这就引起了行业中企业规模分布的变化，这个变化会影响企业对自身所处市场环境的判断，进而影响下一步的创新决策。

从发达国家的现有研究成果来看，企业规模分布的最优状态是齐夫分布，即帕累托指数为1（Axtell，2001；Fujiwara，2004；Gabaix and Landier，2008；Cirillo，2010；Giovanni et al.，2011），美国、意大利、法国等的数据都支持了这一观点。而对我国的现实情况考察发现，不管是全国整体还是分省分行业来看，帕累托指数都小于1，即向下偏离了齐夫分布（方明月等，2010；杨其静等，2010；郭晓丹，2013；支宏娟等，2018；张虎等，2018）。造成这种偏离的因素包括地方政府财政支出、环境规制、关税减让等政府干预措施（杨其静等，2010；孙学敏、王杰，2014；盛

---

① 资料来源：科技进步日新月异　创新驱动成效突出——改革开放40年经济社会发展成就系列报告之十五，http://www.stats.gov.cn/ztjc/ztfx/ggkf40n/201809/t20180912_1622413.html，2018年9月12日。

斌、毛其淋，2015），也包括经济发展水平、市场发育程度、企业融资约束等（杨其静等，2010；刘斌等，2015）。既然齐夫分布是发达国家企业规模分布的最优状态，代表了资源的最优配置，为什么我国在企业规模分布明显偏离齐夫分布的状态下依然能够保持几十年的经济强劲增长和创新进步呢？对西方发达国家而言的最优分布，是否真的是适合我国国情的最优分布？这是一个值得深入探讨的问题。与此同时，在政府补贴力度不断加大、精准度不断提高的情况下，政府补贴促进创新效果并未取得共识。在现有研究基础上，本书同时考虑政府补贴和企业规模分布两者对制造业创新的影响效应，试图得到更具一般性的结论。

1.1.2 研究目的与意义

将政府补贴和企业规模分布纳入对制造业创新的影响分析中，对于评价中国政府补贴的有效性和理解中国企业规模分布有别于西方发达国家这一事实，都具有重要的理论价值和现实意义。

1. 理论意义

目前，政府补贴对创新的影响效应在实证研究中没有一致结论。学者们分别验证了政府补贴对制造业创新的促进或抑制作用，也有部分学者在考虑特定条件后，分析了促进和抑制作用的转换条件和机制。本书将企业规模分布纳入政府补贴对制造业创新影响的分析框架中，试图进一步理清政府补贴对制造业创新的影响效应。

我国学者关于企业规模分布的文献主要集中在研究企业规模分布现状及成因，得到的共识是我国的企业规模分布向下偏离齐夫分布。对这种偏离，学者从经济发展水平（杨其静等，2010）、市场发育程度（杨其静等，2010；李旭超，2017；支宏娟等，2018）、政府干预（杨其静等，2010；孙学敏、王杰，2014；盛斌、毛其淋，2015）等宏观角度及企业所有制（方明月等，2010；李旭超等，2017）、融资约束（刘斌等，2015）等微观角度去解读，对这种分布会产生的影响探讨较少。与企业规模分布相近的城市规模分布研究中，已有学者研究城市规模分布的经济效应（谢小平、王贤彬，2012；丁从明等，2015；孙斌栋、李琬，2016）、收入分配效应（赵颖，2013）、公共支出效应（王伟同、魏胜广，2016）、污染减排效应（陆铭、冯皓，2014）。相比之下，企业规模分布的影响效应研究还有很大的扩展空间。本书将企业规模分布和政府补贴同时纳入对制造业创新影响的分析框架中，实证验证两者对制造业创新的影响，并尝试分析中国的最优企业规模分布是否与西方发达国家一致，希望对政府补贴、企业规模分布的影响效应研究进行有益补充。

2. 现实意义

对发展中国家而言，由于政府可动员和配置的资源有限，只能对可能的技术创新和产业升级的经济和社会回报进行甄别，按"集中优势兵力打歼灭战"的精神，以"产业政策"集中有限资源，协助企业家从事技术创新和产业升级（林毅夫，2017）。但有时政策效果未能达到预期，因为部分发展中国家的政府容易出于赶超目的而去支持并不具有比较优势的产业，但这些产业中的企业在开放、竞争的市场中缺乏自生能力，只能靠政府补贴来生存，造成了产业政策的失效（Krueger and Tuncer，1982；Pack and Saggi，2006；Lin and Tan，1999）。

改革开放40多年来，我国经济高速发展的同时也伴随着能源资源消耗过度、生态环境受损、产能过剩等矛盾和问题的发生。党的十八届三中全会报告指出，加快转变经济发展方式，加快建设创新型国家，推动经济更有效率、更加公平、更可持续发展。建设创新型国家的提出，把创新提高到前所未有的重要位置。此后几年，国务院陆续出台了《关于大力推进大众创业万众创新若干政策措施的意见》《国家创新驱动发展战略纲要》等文件，进一步细化各部门支持创新的方向和具体措施，其中不乏政府补贴政策，这些政策的有效性成为政界和学界共同关注的焦点。考虑到目前政府补贴对制造业创新的影响效应并未取得共识，本书将企业规模分布纳入政府补贴对制造业创新的影响分析中，同时考察政府补贴、企业规模分布对制造业企业创新的影响，以期更客观全面地认识和评价政府补贴对企业创新的有效性，为今后的政策完善提供启示。

1.2　关键概念界定

本书研究对象为我国制造业，在现状分析、实证检验等内容中所称的企业均指制造业企业。本书的数据主要来自中国工业企业数据库，受统计数据所限，本文的研究对象仅包含规模以上制造业企业。文中几个关键概念定义如下。

1. 政府补贴

政府补贴，是在一定的经济体制下，财政支付给企业或个人的、能够改变现有产品和生产要素相对价格，从而改变资源配置结构和需求结构的无偿支出。从政府补贴的资金来源看，既有中央级政府，也有省级、市县级政府。从政府补贴的对象来看，政府补贴既有面向个人的，也有面向企业的。根据研究需要，本书所涉及的政府补贴不包含面向个人的补贴，只包含企业实际收到的来自各级政府的补贴，主要包括三类：一是企业实际收到的先征后返的增值税款；二是企业实际收到的按销量或工作量等，依据国家规定的补助定额计算并按期给予的定额补助；三是国家财政扶持某些领域而给予的其他形式的补助。

2. 企业规模分布

企业规模分布是指在一个经济体中，不同规模的企业的累积分布状态。本文借鉴其他学者（Gabaix and Ibragimov，2011；刘斌等，2015）的做法，以修正的"排名 – 规模"法则计算帕累托指数来衡量企业规模分布。具体采用以下方程：

$$\ln\left(R_i - \frac{1}{2}\right) = \ln A - \theta \ln S_i + \varepsilon_i \qquad (1-1)$$

其中，R_i 是第 i 个企业按企业规模进行降序排列之后的序号；S_i 是第 i 个企业的规模（本书采用企业的销售额衡量，与国家按销售额界定企业规模的做法保持一致）；$\ln A$ 代表常数项；ε_i 代表随机误差项；θ 是帕累托指数。

3. 创新

熊彼特提出，创新是"建立一种新的生产函数"，即"生产要素的重新组合"并引入生产体系，创新包括五种类型：产品创新、技术创新、市场创新、资源配置创新、组织创新。这五种类型难以一一量化衡量，因此在进行实证检验时，学者们主要关注创新的投入和产出两个方面。创新具有投入大、周期长、风险高、不确定性强的特点，意味着创新投入有一定的失败率，因此创新的投入和产出之间差异较大。本书重点关注制造业企业创新的产出，因为产出是以结果为导向的，反映企业成功将创新投入转化为成果，能够更直观地体现企业的创新能力和水平，也更具有现实意义。综上，本书提及的创新是指制造业企业通过基础研究、应用研究、试验发展等创造性活动形成的，以专利申请衡量的创新产出，包括发明专利、实用新型专利、外观设计专利这三种类型。

本书根据创新动机、难度和社会效益差异，参考黎文靖和郑曼妮（2016）的分类方式，把更能体现制造业企业关键性技术成果的"发明专利申请"认定为实质性创新，把更侧重于体现企业争取政府支持、迎合监管的"实用新型专利申请"和"外观设计专利申请"认定为策略性创新。

1.3　研究思路、内容和方法

1.3.1　研究思路

本书旨在考察政府补贴与企业规模分布对制造业企业创新的影响效应以及企业规模分布的中介路径作用，并在此基础上将创新细分为实质性创新和策略性创新，考察政府补贴、企业规模分布对不同类型创新的影响是否存在差异以及政府补贴的最适区间。围绕这一主旨，本书按照"提出问题－文献梳理－现状与关系分析－理论推导－实证检验－得出结论"的逻辑思路展开研究。本书的技术路线如图1－1所示。

1.3.2　研究内容

本书共分为7章，具体研究内容如下：

第1章为导论，主要介绍了本书的研究背景与研究意义，对关键概念进行界定，阐明具体的研究内容、方法与研究思路，并说明了本书的创新之处。

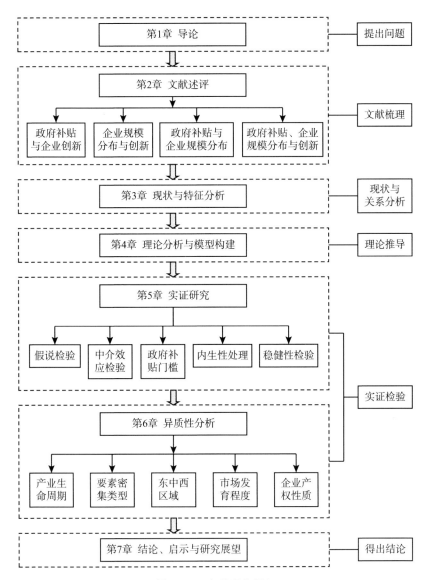

图 1-1　本书研究框架

第 2 章是文献述评，分四小节梳理了相关研究成果。一是政府补贴与制造业创新，主要分为促进作用和抑制作用两类进行阐述；二是企业规模分布与制造业创新，包括理论基础和经验研究，由于现有文献缺乏企业规模分布对企业创新的直接研究，本节从企业规模分布的相关表征（市场竞争、产业集中度、企业规模等）都与创新存在正相关、负相关、U 形、倒

U 形关系等方面入手，阐述现有研究成果，指出相关研究主要集中在企业规模分布的现状和成因；三是政府补贴与企业规模分布，由于缺乏直接相关研究，本节从政府干预的其他手段入手，阐述政府干预会显著影响企业规模分布的相关研究结论；四是政府补贴、企业规模分布与创新的相关综述。最后，总结现有研究结论和不足之处并提出本书的研究视角。

第 3 章是现状与特征分析，阐述了我国政府补贴政策的历史演变、现状和存在的问题，对全国、分地区、分行业的企业规模分布状况进行统计性描述，也分析了制造业创新现状和存在问题，并对政府补贴、企业规模分布和创新三者之间的关系通过散点图进行初步分析，为后续理论模型和实证检验奠定基础。

第 4 章是理论分析与模型构建，一是阐述了幼稚产业保护理论，以及阿吉翁等学者关于产业政策、竞争与经济增长的分析框架，在此基础上引入企业规模分布，作为本书研究思路的理论根基。二是建立一个扩展的"2×2"伯川德模型，考察政府补贴、企业规模分布对制造业创新的影响，为本书的实证分析提供逻辑基础与研究方向。

第 5 章是实证研究，基于中国规模以上制造业企业 1998～2013 年的微观数据实证检验了政府补贴与企业规模分布对制造业创新的影响。首先，构建以制造业企业创新为被解释变量，以政府补贴、企业规模分布及其二次项等指标为解释变量的实证模型进行检验；其次，对企业规模分布在政府补贴影响创新中起到的中介路径作用进行检验；再次，检验了政府补贴的门槛效应，得出政府补贴的最适区间；最后，将创新分为实质性创新和策略性创新，研究政府补贴、企业规模分布对创新的影响是否会因创新类型不同而产生差异。

第 6 章是异质性分析，在第 5 章基础上，基于我国企业规模分布最优状态有别于西方发达国家的原因在于经济发展水平、市场发育程度和企业产权性质三个方面的现实，从上述三个维度入手分析政府补贴、企业规模分布对制造业创新影响的异质性。此外，由于所有分组均呈现出企业规模分布与创新之间显著的倒 U 形关系，本章对每个分组的倒 U 形曲线顶点左右两边分别进行检验，进一步验证在不同企业规模分布状态下政府补贴和企业规模分布变动对创新影响的差异性。

第 7 章是研究结论、政策启示与展望，对本书的研究结论进行总结，并提出相关的政策启示，同时指出未来的研究方向。

1.3.3　研究方法

本书立足于中国现实问题，将企业规模分布纳入政府补贴对制造业创新影响的分析框架中，考察政府补贴、企业规模分布对制造业创新的影响效应。为确保问题研究结论的稳健性和一般性，本书采用以下多种方法进行探讨。

1. 理论演绎法

在借鉴阿吉翁等（2015）关于产业政策和竞争的模型基础上，本书第 4 章构建了一个包含政府补贴、企业规模分布和制造业创新的伯川德理论模型，探讨了政府补贴、企业规模分布分别对创新产生的影响以及传导机制。

2. 实证分析法

本书在第 1 章和第 3 章中通过大量图表描述了我国政府补贴、企业规模分布和制造业创新的现状及存在问题，这些现象引发了本书研究主题，并进而在第 5 章通过 1998～2013 年中国规模以上工业企业非平衡面板数据验证政府补贴、企业规模分布对制造业创新影响的方向和显著性，样本量超过 300 万个，运算时间和难度远大于一般数据样本。为了解决内生性问题产生的影响，本书采用两阶段最小二乘法（2SLS）和工具变量法（Ⅳ），根据第 4 章的理论模型选取工具变量。此外，本书采用非参数百分位 Bootstrap 法和处理了内生性问题的逐步回归法检验企业规模分布在政府补贴对创新影响中起到的中介效应。为了探究政府补贴对创新的促进作用是否存在突变，本书采用门限模型，考察非平衡面板数据的门槛。其中，处理了内生性问题的逐步回归法和非平衡面板数据的门槛效应检验来自相关学者 2019 年、2020 年的最新计量研究成果。

3. 比较分析法

本书将创新区分为实质性创新和策略性创新，比较政府补贴、企业规模分布对不同类型的创新影响是否存在差异。根据产业生命周期、要素密集类型、所属区域、市场发育程度和企业产权属性进行异质性检验，比较政府补贴、企业规模分布对不同分组样本的创新影响是否存在差异。

1.4 本书创新点

与现有文献相比，本书研究的创新点主要体现在以下两方面。

（1）发现我国制造业企业规模分布与创新之间呈倒 U 形关系，且企业规模分布的最优状态是向下偏离齐夫分布。现有研究达成的共识是我国的企业规模分布帕累托指数小于 1，明显偏离西方发达国家经验数据得到的齐夫分布（帕累托指数为 1）。有学者提出，我国的生产率水平决定了我国的最优企业规模分布未必就是齐夫分布（李旭超等，2017）。本书构建理论模型，将政府补贴、企业规模分布和制造业创新纳入同一个框架进行分析，并通过实证检验发现，制造业的企业规模分布显著影响创新，企业规模分布与创新之间呈倒 U 形关系。对我国制造业企业创新而言，企业规模分布的最优状态（帕累托指数为 0.759）是向下偏离西方发达国家经验数据得到的齐夫分布（帕累托指数为 1）。与西方发达国家产生差异的原因在于我国的经济发展水平、市场发育程度和企业产权性质。这个结论是对我国制造业企业规模分布的基本判断，对于深入认识我国制造业企业规模分布以及今后继续研究企业规模分布的影响效应有重要意义。

（2）拓展了阿吉翁等学者关于产业政策与竞争的模型，得到更具一般化的结论。产业政策是否应该实施、是否有效是学界和政界共同关注的热点，但并未取得共识。阿吉翁等学者关于产业政策与竞争的模型，被认为是研究产业政策作用机制和效果的经典文献。本书在其模型基础上进行拓展，引入企业规模分布，研究政府补贴、企业规模分布对制造业创新的影响，尝试构建一个更具一般性、更能体现资源跨企业配置情况的分析框架。通过构建理论模型，一方面发现政府补贴通过影响企业规模分布进而影响制造业创新，即企业规模分布是政府补贴影响制造业企业创新的中介路径；另一方面，从理论模型和实证检验上论证企业规模分布对制造业创新的影响效应，弥补当前企业规模分布相关研究集中在现状和成因的不足。

第 2 章

文 献 述 评

　　本章梳理了政府补贴与企业规模分布对制造业企业创新的影响研究现状并进行评述,内容安排如下:一是政府补贴对制造业创新的影响,主要分为促进作用和抑制作用两类;二是阐述了制造业企业规模分布对创新的影响,包括在企业规模分布的理论基础和经验研究方面国内外学者的结论,指出相关研究主要集中在企业规模分布的现状和成因;三是政府补贴与企业规模分布,由于缺乏直接相关研究,从政府干预的其他手段阐述了政府干预显著影响企业规模分布的研究结论;四是政府补贴、企业规模分布与创新的相关综述;最后,总结现有研究结论和不足之处并提出本书的研究视角。

2.1　政府补贴与制造业创新

　　政府补贴对创新的影响效应在实证研究中没有达成一致结论。学者们分别验证了政府补贴对创新的促进或抑制作用,也有部分学者在考虑特定条件后,分析了促进和抑制作用的转换条件和机制。

2.1.1　政府补贴对制造业创新的促进作用

企业研发活动具有典型的正外部性，同时也具有较大的不确定性和投资风险，这些特点抑制了企业进行研发的积极性，而政府补贴缩小了企业私人收益和社会收益之间的差距，相当于提高了企业研发的预期私人收益，因此会促进企业加大研发力度（Wolff and Reinthaler，2008；Kleer，2010）。对政府补贴"促进作用"的探讨，比较多学者认可的结论是政府补贴会增加企业的研发投入，主要原因如下。

1. 杠杆效应

政府补贴推动企业内部增加研发支出，有效改善企业研发投入不足的问题（Griliches，1980；Greenwald and Stiglitz，1986；Tommy，2009），这种改善在小企业中表现尤为明显（Lach，2002；Gerhard et al.，2004）。因此，政府补贴会激发技术创新投入的乘数效应（王俊，2010），在一定程度上解决企业发展初期的研发资金瓶颈（周亚虹等，2015）。在国外的经验研究中，对澳大利亚、意大利、德国等国家的实证检验均支持了这个观点（Streicher，2004；Oliviero，2011；Bjor et al.，2012）。从撬动的杠杆程度来看，阿尔姆斯和恰尔尼茨基（Almus and Czarnitzki，2003）采用德国数据检验发现，公共资金每增加1个百分点可以刺激企业研发投入增加4个百分点；施特莱彻（Streicher，2004）采用澳大利亚的数据检验发现，1欧元的公共资金可以激发40美分的企业内部研发投入。对我国国有大中型工业企业的研究也表明，政府补贴的杠杆效应显著，且随着工业化程度的提高，政府补贴的杠杆效果越来越好（廖信林等，2013）。

2. 信号效应

政府补贴多数时候并不具有普惠性，因此企业获得政府研发补贴本身就意味着对企业研发能力的肯定（Kleer，2010）。政府补贴相当于释放出有利信号，代表得到政府补贴的项目或企业受政府重点关注且市场潜力巨大、品牌信誉良好，有利于吸引银行贷款和社会资金投入，缓解企业融资约束（Meuleman and Maeseneire，2012；傅利平、李小静，2014）。

研发投入增加可能会促进创新质量和效率改进，但创新本身具有高风险、高不确定性，只有研发成功的企业，其研发投入才是有效的，而研发成功同时又会引起旧技术、旧产品被淘汰，产生损失。所以，政府补贴虽然有利于促使企业增加研发投入，但未必能够增强企业创新能力（张海洋，2010）。进一步研究发现，政府补贴要达到显著促进创新的效果，有时需要满足一些特定条件或者区分不同的对象，并且政策效果也存在一定的边界。

（1）从创新类型考虑，学者们通过多种不同的分类方式得到近乎一致的结论，认为政府补贴对创新数量的促进作用明显大于创新质量。对创新质量的衡量包括发明专利（黎文婧、郑曼妮，2016）、科学研究（叶祥松、刘敬，2018）、专利授权率（尚洪涛、宋雅希，2020）等，相应地，对创新数量的衡量包括外观设计专利和实用新型专利（黎文婧、郑曼妮，2016）、实践创新技术开发（叶祥松、刘敬，2018）、专利申请数（尚洪涛，宋雅希，2020）等。

（2）政府补贴效果与企业自身条件有很大关系。从企业能力、所有制和生命周期等自身条件角度考虑，一是基于企业自身能力视角考察，发现政府在选择补贴对象时应重点考虑企业的"吸收能力"，考察企业现有的研发资本存量和人员投入水平，因为这在一定程度上决定了企业能否有效吸收和利用政府的研发补贴（白俊红、李婧，2011）。二是基于所有制的视角考察发现，政府补贴对民营企业创新绩效的促进作用更大，在要素市场扭曲程度低的地区这种促进效果更明显（杨洋等，2015）。补贴对国有企业的创新能力有显著的负向效应（曹平、王桂军，2018）。细分了行业之后，逯东、朱丽（2018）得到不同的结论，认为战略性新兴产业政策促进了受支持企业的创新，但这一影响主要表现在市场化程度较低地区的国有企业中，在非国有企业中并不显著。三是基于企业生命周期视角考察，处于成熟期的企业，政府补贴对其研发创新存在显著的激励效应，对成长期和衰退期企业的影响较小（童锦治等，2018）。

（3）政府补贴效果会受到企业策略性反应的影响。从企业可能采取策略性反应的角度考虑，政府补贴实施过程中存在信息不对称和寻租问题，当违规风险较低时，企业会策略性地满足政策门槛，获取政策扶持，却未必会沿着政策导向发展。黎文婧、郑曼妮（2016）将创新区分为推动企业技术进步的实质性创新和迎合监管与政府创新政策的策略性创新，发现选择性产业政策只激励了企业的策略性创新，这意味着企业为了迎合地方官员的政治需求，获得更多财税补助，更倾向于进行短期能出成果的创新，结果是增加了创新的数量，而没有提高创新的质量。杨国超等（2017）利用《高新技术企业认定管理办法》确立的公司研发投入占销售收入之比这一"一刀切"的微观认定门槛，研究发现企业会通过会计科目调整或实际业务活动操纵增加研发投入以满足相关标准、获得更多税收优惠和政府补助，但这并不能提高企业的创新产出，反而导致了研发绩效下降。邢会等（2019）在此基础上，进一步区分了政策类型，提出科技投入、人才投入和信息服务等供给面产业政策和政府采购、用户补贴、价格指导、应用示范等需求面产业政策促进了企业的实质性创新，而政府补贴、税收优惠、金融支持和知识产权等环境面政策却诱发了企业的迎合性创新。

（4）从补贴强度来看，政府补贴对研发投入和创新要取得促进作用存在一个适度区间。对产品创新而言，政府补贴强度的最优区间是 $[0.0009，0.0399]$，一旦超过这个强度，政府补贴反而会抑制企业的产品创新（毛其淋、许家云，2015）。对研发投入的杠杆效应而言，政府补贴强度为 $[0，0.0214]$ 时补贴效率最高，此时补贴强度每提高 1 个百分点，企业研发投入将增加约 26.58 个百分点，且民营性质、东部地区和高端制造业行业领域的企业在补贴最优区间内对企业研发投入的影响系数更大（张辉等，2016）。路春城、吕慧（2019）采用制造业上市公司数据得出的补贴强度最优区间为 $[0，0.0211]$，与张辉等（2016）利用中国工业企业数据库 2005～2007 年的微观面板数据得出的结论非常接近，并在此基础上进一步细分了政府补贴强度对制造业企业、特定规模企业的补贴杠杆边际效应。张杰（2020）基于 2008～2014 年全国企业创新调查数据库的企业数据，首次提出政府创新扶持补贴政策对民营企业的创新投入总体上呈现出显著的 U 形激励效应，这意味着政府创新补贴的规模必须达到一定临界值才会对企业创新投入产生挤入效应，否则产生挤出效应。陈亮（2020）采用 2011～2016 年我国制造业上市公司面板数据的检验结果与张杰（2020）不谋而合。

2.1.2　政府补贴对制造业创新的抑制作用

部分学者在研究中发现，政府补贴在实施过程中也可能出现事与愿违的情况，对企业创新产生"抑制作用"，主要体现为以下效应。

1. 挤出效应

政府补贴并不一定会对企业研发投入产生挤入效应或互补效应，反而可能会产生挤出效应，政府研发补贴会使私人资金从原有预算中挤出，政府资金因为私人投资的减少而失去作用（Wallsten，2000；Montmartin and Herrera，2015；张杰，2015）。挤出效应的大小与补贴时间有关，事前补贴有助于引导企业加大研发投入，但是当政府补贴达到一定规模时，继续增加补贴会挤出企业自身的研发支出（Wallsten，2000），反而抑制了企业创新（Boeing，2016）。

2. 供求效应

政府研发补贴会增加研发要素需求（David et al.，2000），在供给不变的情况下导致研发要素价格提升，进而提高企业研发成本，降低企业研发积极性（Lach，2002），导致企业研发支出减少（陈钰芬等，2012）。

3. 诅咒效应

产业政策会给鼓励性行业带来信贷、税收、财政补贴、土地、IPO 融资等各种资源，大量资金和企业进入，容易滋生寻租现象并导致产能过剩、资源浪费（Brollo et al.，2013），降低企业创新激励和整体创新效率，形成所谓的政治资源"诅咒效应"，即政治资源加剧了企业粗放式发展，阻碍了企业自主创新（袁建国等，2015）。戴小勇、成力为（2019）的研究也支持了这个观点，认为政府补贴反而会降低企业的成本加成率，导致企业以降价的方式参与产品市场竞争，其定价能力与产品竞争力并没有得到提高。

4. 资源错置效应

由于政府补贴等产业政策存在一定的选择性，干预的是部分行业、部分企业，会促使生产要素在不同政策支持力度的企业之间流动和重新配置。当生产要素从低政策支持力度但高生产率的企业流向高政策支持力度但生产率不一定高的企业时，就产生了资源错置（张龙鹏、汤志伟，2018）。当扶持政策导致低生产率的企业没能及时退出市场、高生产率企业难以进入市场时，市场的进入退出机制被扭曲，会出现"僵尸"企业、体制性产能过剩等问题，而"僵尸"企业会通过加剧资源约束、扭曲信贷配置和损害行业公平竞争等渠道显著降低其他企业的创新能力（王永钦等，2018）。

综上所述，政府补贴对创新的促进效果会受到创新类型、企业自身条件、企业可能采取的策略性反应、补贴强度等多个因素的影响。而政府补贴对创新的抑制，主要是通过对私人研发投入的挤出、对研发要素供需的扭曲、降低企业竞争力和资源错置等传导机制实现。

2.2　企业规模分布与制造业创新

2.2.1　企业规模分布的理论基础

企业规模分布的理论基础主要有两个，一个是吉布莱特定律（Gibrat's Law），另一个是齐夫定律（Zipf's Law）。

吉布莱特定律是由法国学者吉布莱特（Gibrat，1931）在《非均衡经济学》一书中提出的，其基本思想是企业的成长是一个随机过程，成长率与其初始规模无关，最终企业的规模分布收敛服从对数正态分布。该理论也被称为比例效应定律（Law of Proportionate Effect），其主要假设是：（1）不同规模的企业拥有相同的平均成长率；（2）不同规模企业的成长率方差相同；（3）企业之间的成长不存在自相关性；（4）企业之间没有互动；（5）企业规模分布服从对数正态分布。吉布莱特（1931）采用 1896～1921 年法国农业和商业的全国、区域性数据检验了收入分布和制造业企业规模分布的定律，得到非常好的拟合度。此后，卡莱斯基（Kalecki，1945）对这一定律进行数学化表达，并发现在企业数目固定的经济体中，比例效应定律表明规模分布的方差会无限增大，这对许多经济现象而言并不现实，于是提出一些附带约束条件、允许未设定的经济因素推动成长的随机过程。

帕累托（1897）对收入分布研究时发现，个人收入不小于某个临界值

的人数 N 与临界值的常数次幂存在反比关系，即 $N = \dfrac{A}{(x+b)^{\theta}}$。其中，$\theta$ 是帕累托指数，A 和 b 为常数，且 b 经常被假设为 0，x 则是临界值。齐夫定律起源于美国语言学家齐夫（Zipf）对词汇使用频率规律的统计分析。齐夫（Zipf，1949）在《人类行为和最省力原则》一书中对多本小说里面词汇的使用频率 f 和频率的排序（从高到低）r 之间的关系进行统计，发现 $r \times f = c$ 且 c 保持相对稳定。上述表达式我们可以转换为 $c/f = 1/r$，这其实是帕累托定律的特例。齐夫定律实质上就是幂指数 θ 为 1 的帕累托定律，数学表述为 $S_r \sim 1/r$，其中 S_r 是排名第 r 位的个体的规模。就企业规模分布来说，齐夫定律的内涵是企业规模分布至少在上尾服从帕累托分布，理想状况是幂指数 θ 为 1。当幂指数 θ 大于 1 时，企业整体规模分布相对均匀，幂指数 θ 越大，这种均匀状态越明显，大企业的优势越不突出。当幂指数 θ 小于 1 时，意味着企业整体规模分布相对不均匀，幂指数 θ 越小，这种不均匀状态越明显，大企业相对于小企业而言优势越明显。

2.2.2　企业规模分布的经验研究

吉布莱特定律的提出启发了学者关于企业规模分布特征和内在机理的相关研究。学者们采用不同国别、行业的数据和多种企业规模衡量方式来考察企业规模分布是否符合吉布莱特定律，得到了不一致的结论。首先，部分学者验证支持了吉布莱特定律（Hart and Prais，1956；Hart，1962；Hart and Oulton，1997；Cabral and Mata，2003）。与此同时，更多的学者检验发现吉布莱特定律在现实中不成立（Mansfiled，1962；Hymer and Pashigian，1962）并分析了原因（Ijiri and Simon，1971；1974）。约万诺维奇（Jovanovic，1982）提出"噪音"选择模型，认为市场信息不对称和资本市场不完全的条件会造成企业规模、企业成长偏离吉布莱特定律。多位学者从沉淀成本的角度解释了企业规模和成长之间的负相关关系（Dixit，1989；Hopenhayn，1992；Cabral，1995）。

国内对企业规模分布是否符合吉布莱特定律的研究既有对全国企业规模分布总体特征的观察，也有对个别行业的企业规模分布进行考察，研究较为细化。石建中（2010）采用我国 2004 年、2006 年和 2007 年规模以上工业企业数据绘制企业规模分布图，结果显示我国的企业规模分布大体上服从对数正态分布，但是企业规模分布存在市场集中度偏低、行业和地区分布不均衡的问题。张巍等（2013）基于 2008～2012 年国内互联网行业上市公司数据检验发现，互联网行业并不遵循吉布莱特定律，企业成长率与企业期初规模存在显著的相关关系。李洪亚（2014，2016）用员工数量衡量企业规模，发现我国工业企业的规模分布和成长并不遵循吉布莱特定律，企业规模分布从偏态分布向正态分布演化，企业规模分布存在"规模依赖"性较强的特点：企业规模越小，规模分布越偏离对数正态分布，企业规模越大，分布越趋向对数正态分布。

相对于吉布莱特定律的验证而言，对齐夫定律的经验研究相对起步较晚，主要集中在两个方面：一是验证经济体的企业规模分布是否服从齐夫定律，二是针对偏离齐夫定律的情况，分析偏离的原因。

有学者通过模型证明齐夫定律是企业规模均匀分布的理想状况，反映资源在市场充分竞争环境下的最优配置结果（Takayasu and Okuyama，1998）；拉姆斯登和基斯－海帕尔（Ramsden and Kiss-Haypal，2000）利用广义齐夫定律模型 $S_r = P(r + \rho)^{-1/\theta}$（其中，$S_r$ 是排名第 r 位的企业的规模，ρ 和 θ 是分布参数，ρ 是竞争指数，θ 是帕累托指数），使用欧美和日本等发达国家的数据，发现竞争参数 ρ 与竞争的排斥程度相关，$\rho \to 0$ 表示完全竞争的特例，即在市场"无形之手"引导下，企业规模分布遵循齐夫定律。赫尔南德斯佩雷斯等（Hernandez-Perez et al.，2006）使用拉姆斯登和基斯－海帕尔的模型来研究南美洲发展中国家，发现企业规模分布的参数（ρ 和 θ）显著不同于发达国家，尤其是表示竞争排斥程度的 ρ 显著高于发达国家。

在对齐夫定律的验证中，最有名的是阿克斯特尔（Axtell，2001）在《自然》杂志（Science）上提出的论断。他用美国 1988～1997 年纳税企业的全部样本进行检验，发现用不同指标来衡量企业规模，结果企业规模分布都服从齐夫定律，因此他提出，齐夫分布是任何经验上准确的企业理论都必须符合的明确目标。随后，学者们采用多个国家和行业的数据去验证这个论断。

对发达国家的考察发现，企业规模分布大多符合齐夫定律。藤原（Fujiwara，2004）用 1992～2001 年 45 个欧洲国家 26 万个企业数据，以总资产、销售额和员工数量三种方式来衡量企业规模，发现企业规模分布的上尾服从齐夫分布。有学者采用美国统计局 2002 年的企业数据验证发现，企业规模分布右尾服从齐夫分布，系数为 1.06（Luttmer，2007）。有学者采用美国 2004 年 500 强企业数据，以市场价值（股权和债权之和）衡量企业规模，结果也服从齐夫定律，系数 1.01（Gabaix and Landier，2008）。学者们对意大利（Cirillo，2010）和法国（Giovanni et al.，2011）进行考察，发现上述经济体的企业规模分布基本遵循齐夫定律。

国内学者在验证我国企业规模分布是否服从齐夫定律时较多地关注影响企业规模分布的因素，检验结果发现，不管是以国内整体还是以省份、单个行业为考察对象，我国的企业规模分布系数普遍小于 1，向下偏离齐夫定律。从全国整体来看，方明月等（2010）对我国工业企业 1999 ~ 2005 年的总体规模分布进行检验，发现企业总体规模分布（帕累托指数均小于 1）偏离了齐夫定律。分省来看，各省企业规模分布的帕累托指数普遍严重偏离齐夫定律，大型企业占据显著的优势地位而中小企业发展不足（杨其静等，2010）。分行业来看，不同的行业特点也会导致不同的企业规模分布。国内制造业规模分布不服从齐夫定律，而生产性服务业基本服从齐夫定律（张虎等，2018）；战略性新兴产业的企业规模分布服从对数正态分布，向下偏离齐夫分布（郭晓丹，2013）；银行业 1999 ~ 2007 年的企业规模分布帕累托指数均小于 1，地区和行业层面的帕累托指数均呈现稳步上升的趋势（支宏娟等，2018）。

西方发达国家的经验数据得出，企业规模分布的最优分布是齐夫分布（即帕累托指数等于 1），而我国的现实是企业规模分布向下偏离齐夫分布，帕累托指数小于 1，这是学者们得到的共识。这种偏离，对中国经济而言是有利还是不利？换言之，对中国而言，最优的企业规模分布是否就是西方经验得出的齐夫分布？李旭超等（2017）通过理论模型推导得出，当不存在资源错置时，个体企业的最优规模仅与自身生产率及行业特征相关，每个企业的最优规模构成行业乃至整个经济体的最优企业规模分布，因此，中国自身的生产率决定了中国特色的最优企业规模分布且这个最优分布会明显偏离 1。

基于我国总体、分省、分行业的企业规模分布大多偏离齐夫分布的现实情况，学者们进一步研究了影响我国企业规模分布的因素，探究我国企业规模分布为何与发达国家存在如此明显的区别。实证检验表明，影响我国企业规模分布的主要宏观因素是经济发展水平、市场发育程度、开发程度，主要微观因素是融资约束和创新。

经济发展水平。实证检验发现，人均 GDP、城市化水平等体现经济发展水平、市场规模的指标都会显著影响企业规模分布（杨其静等，2010）。随着人均 GDP 的提升，社会需求扩大，对不同规模企业的销售额和雇员数量都有拉动作用，但是对小企业而言刺激更大，能够促使更多中小企业增加投资，扩大资产规模，从而企业规模分布趋于更均匀。城市化水平的提升，促使更多大企业在大城市集聚，这种集聚带来了人口的集聚，引起需求上升，又吸引了更多的大企业集聚，形成市场需求和企业规模相互促进的循环。同时，集聚导致土地、劳动力等要素成本上升，劳动密集型企业出于降低成本的考虑，自然选择转移，剩下能够留在大城市的主要是知识和技术密集型的企业，尤其是大企业。因此，从销售额或资本的角度来衡量企业规模，则城市化水平的提高会促使企业规模分布更加偏离齐夫分布，城市化水平越高，大企业比重越大（张虎、韩爱华，2018）。

市场发育程度。实证检验证明，市场化程度与企业规模分布的帕累托指数呈显著的正相关关系，这代表了当市场发育程度较高，政府廉洁且较少干预企业行为、市场以非国有制企业为主体、产品和要素市场、法律制度环境、市场中介组织等因素都发育良好时，企业将公平竞争和自由成长，企业规模分布将更接近齐夫分布（杨其静等，2010；支宏娟等，2018）。

开放程度。以进出口总额和 GDP 的比值来衡量开放程度，发现开放程度提高会促使企业规模分布更不均匀。这是因为在参与国际竞争过程中，大企业更能够有效利用国际资源和参与国际竞争，扩大其生产和销售规模，对中小企业而言促进作用没有那么明显（杨其静等，2010）。

资源错置。李旭超等（2017）通过理论模型推导提出，企业的最优规模与生产率具有一一对应的函数关系，资源错置会扭曲和打乱这种对应关系。采用中国规模以上工业企业 1998～2007 年的数据实证检验发现，资源错置改变了企业规模分布与生产率分布的对应关系，使实际企业规模分布偏离了生产率决定的最优规模分布，其传导机制是生产率高的企业被"约束"而无法成长，生产率低的企业被"补贴"而不合理扩张，结果大企业和小企业都数量不足，中间规模企业偏多。这种现象也被称为中国的企业规模分布"中间迷失"现象，且这种规模分布特征在民营企业中表现更为突出，即民营企业难以做大做强（张少华、张天华，2017）。

融资约束。融资约束对不同规模的企业产生不同程度的影响，进而影响总体企业规模分布。实证检验表明，小企业对现金流量的敏感性较强，融资约束缓解有利于促进其快速成长，缩小与大企业之间的差距，因此融资约束缓解会促使企业规模分布趋于均匀。与此同时，融资约束又具有明显的"规模依赖"特征，大企业由于自身资金充足、实力雄厚，更容易获得融资；而小企业因为资金单薄，可抵押的资产少，具有更高的违约风险，不容易获得融资。当企业规模分布不均匀时，小企业的融资困境就加剧了。因此，企业规模分布和融资约束之间存在双向因果关系（刘斌等，2015）。

创新。郭晓丹、刘海洋（2013）用新产品产出率来衡量创新，实证检验发现创新能力的提高会使我国战略性新兴产业的企业规模分布偏离齐夫分布。原因是战略性新兴产业中大企业的技术更先进，创新的优势更强，新产品产出率的提高，更能促进大企业的进一步发展。这在一定程度上加剧了中小企业与大企业之间的差距，导致企业规模分布更不均匀。

部分学者关注了企业规模分布对就业和产出的影响效应。如用企业平均规模来衡量企业规模分布，用欧洲 8 个国家的经验数据检验发现，企业平均规模与生产率增长之间存在正相关关系，而且这种关系会随着研发强度的增加而增加（Patrizio and Fabiano，2003）。有学者研究了企业规模分布对就业的影响，认为大企业比小企业对经济周期更敏感，在经济衰退时大企业裁员比例更高，在繁荣时期则创造更多就业（Moscarini and Postel-Vinay，2012）。有学者发现单个企业的规模会影响企业规模分布变动，而行业的企业规模分布与贸易开放程度共同决定了总产出的波动（Di Giovanni and Levchenko，2012，2014）。有的学者认为，对公司层面的关注很难推断出跨公司资源重新分配对总就业的影响，因此使用企业规模分布可以更综合地捕捉企业层面调整和再分配的总体行业层面效应（Holger et al.，2017）。通过德国、瑞典和英国三个国家的经验数据研究发现，企业规模分布在决定产出变化对就业变化的影响方面起着重要的作用。在小企业所占比例较高的行业，产出变化对就业的影响更大。

2.2.3　企业规模分布与创新

日本学者（Takayasu and Okuyama，1998）通过模型证明，齐夫定律是企业规模均匀分布的理想状况，反映了资源在市场充分竞争环境下的最优配置结果。企业规模的分布状态在很大程度上折射出该经济体的生态特征（比如产业集中度、竞争程度、经济发展模式）及其健康状态，从而为制定经济政策提供参考（杨其静等，2010；李旭超等，2017）。由于现有文献并未直接检验企业规模分布对创新的影响效应，本书以产业集中度、市场竞争和企业规模三个维度作为企业规模分布的表征，综述企业规模分布与创新的相关研究。

企业规模、市场竞争和创新之间关系的理论，起源于熊彼特（Joseph Schumpeter）的《资本主义、社会主义和民主》（1942）一书，认为创新活动的制度化、研发实验室对技术创新都起到促进作用，在高集中度的市场中只有大企业才能负担得起研发投入，并具备承受创新成败的能力和一定的市场掌控能力。后来，学者们进一步强调了企业规模在创新中的重要性，认为大企业是引致技术变化最完整的工具，是技术创新的最显著有效的发明者和传播者（Galbraith，1952，1956；Kaplan，1954）。对于熊彼特的假说，阿罗（Kenneth J. Arrow，1962）提出不同看法，他认为，对垄断企业而言无法获得全部的创新收益，反而会因为创新而降低原有的垄断利润。这种替代效应的存在，削弱了垄断企业的创新激励。熊彼特和阿罗的不同观点激发了对市场竞争、企业规模和创新的关注及研究热情。

1. 市场竞争与创新

市场竞争对创新的影响效应，学术界的结论并不一致，可以分为 U 形、倒 U 形、正相关和负相关四种关系。竞争对产业内部企业创新活动会产生两种效应：一是"熊彼特效应"，由于企业创新研发投入需要以企业内源融资为主的大量资金来源，竞争会减少产业内企业的超额利润，因此垄断会增强企业进行创新研发的内在动力；二是"逃离竞争效应"，即企业有通过创新来逃离产业内其他竞争企业的内在动力（Aghion et al.，2005）。多方向创新、累积创新以及创新租的保护动机是构成逃离竞争效应的三个来源（Dinopoulos and Syropoulos，2007）。在不同市场化发展阶段以及产业所面临的竞争状态下，熊彼特效应和逃离竞争效应两种博弈力量的相互作用和此消彼长导致竞争与创新之间呈现 U 形或倒 U 形关系（Aghion et al.，2005；Hashmi，2013）。

聂辉华等（2008）利用 2001～2005 年全国规模以上工业企业构成的面板数据，使用 Tobit 模型检验了影响中国企业创新活动的因素，发现企业的创新与规模、市场竞争都是倒 U 形关系。而张杰（2014）用我国 1999～2007 年工业企业调查数据进行验证却得到不一样的结论，他提出中国情景下竞争和创新之间呈现显著且稳健的正向关系，但竞争只对民营企业创新研发活动产生激励效应，而对国有及外资企业均未产生激励作用，这表明仅在民营企业中存在逃离竞争的创新效应，反映国有企业和外资企业由于垄断地位或超国民待遇，从而导致竞争对创新内生激励作用的扭曲性。徐晓萍等（2017）验证支持聂辉华的观点，并指出这种倒 U 形关系在民营企业中更加陡峭。夏清华、娄汇阳（2018）通过调查问卷得到与张杰相反的结论，认为企业的垄断势力对商业模式创新的三个子维度（价值主张创新、价值创造创新、价值获取创新）均具有正向影响。

也有学者综合验证市场竞争和企业规模对创新的影响。邢斐、王红建（2018）以沪深 A 股上市公司 2008～2012 年的数据作为样本，验证企业规模、市场竞争以及两者的各种组合对中国研发补贴政策绩效的调节作用，认为在市场竞争程度较小的行业中，不应资助规模过大的企业；在市场竞争程度较强的产业中，应避免资助规模过小的企业。

2. 产业集中度与创新

产业集中度与创新之间的关系学者们并没有得到一致的结论，基本可分为倒 U 形、正相关和负相关三种类型。

倒 U 形关系。谢勒（Scherer，1967）运用 1960 年 58 个美国制造业行业数据对市场结构与 R&D 强度的关系进行研究，首次提出两者之间呈倒 U 形关系。当四厂商集中度（CR4）为 50%～55% 时，研发人员强度最大。此后许多学者运用不同的样本对这一关系进行了验证，探讨研发强度最大时的四厂商集中度（Kelly，1970；Levin、Cohen and Mowery，1985；Braga and Willmore，1991）。

正相关关系。罗森博格（Rosenberg，1976）运用 1960 年《财富》"500 强"企业中的 100 个企业数据进行研究，在控制了技术机会、进入壁垒等变量后，发现市场集中度对研发（R&D）人员强度有显著正影响。贾德洛（Jadlow，1981）、盖尔（Gayle，2001）的研究也支持了该观点。吴福象、周绍东（2006）用中国工业企业数据检验发现，集中度过低、企业规模差异过小是制约我国企业创新的重要因素，因为企业把资源用到争取市场份额和维持生存的激烈竞争中去，而无法积累大量的资金进行新产品的开发和工艺技术的改进。

负相关关系。威尔逊（Wilson，1977）采用美国1971年56个三位数产业的350个企业数据，在控制了新产品生产所面临的技术机会和产品构造的复杂程度两类技术环境因素后，发现四厂商集中度对研发强度有显著负影响。部分学者得到的结论与威尔逊（1977）一致（Angelmar，1985；Acs and Audretsch，1988；Blundell，Griffith and Van Reenen，1995），认为垄断中存在的代理成本对创新的负向作用超过了熊彼特假说中期望垄断租金对创新的正向作用，从而市场力量对创新表现出负的净效应。对我国1995～2004年高技术产业①的实证检验发现，产业集中度与研发强度之间呈反比例关系，原因在于当时中国的市场机制还很不完善，高技术产业刚刚起步，相较于外国的发展也有很大差距（卜振兴、陈欣，2010）。

基于行业特性的相关性分析。另外一些学者发现，对行业特性进行分类之后，正相关和负相关关系可以存在于同一个研究框架内。在高技术产业中，市场集中度越高，则该产业的研发强度越低；在低技术产业中，市场集中度与研发强度的关系不具有一致性（Adams，1970；Globerman，1973）。同样是考虑行业的技术含量，菲利普斯（Phlips，1971）却得到相反的结论，他运用比利时301个企业数据研究表明，市场集中度对高技术产业研发人数有显著正影响，但对中低技术产业的影响并不显著。在解决市场集中度和研发强度互为因果的内生性问题后，卢恩（Lunn，1989）发现市场集中度对技术落后产业的研发强度有显著正影响，但对技术先进产业的研发强度表现出负的作用，在知识产权缺乏保护的产业中，市场力量在促进研发投资上将起到更大作用。市场力量与产业研发强度的关系取决于产业研发专用性程度，当产业研发专用性程度较低时，市场力量对产业

---

① 根据2002年7月国家统计局印发的《高技术产业统计分类目录的通知》，中国高技术产业的统计范围包括航空航天器制造业、电子及通信设备制造业、电子计算机及办公设备制造业、医药制造业和医疗设备及仪器仪表制造业共五个行业。

研发强度才有促进作用（Lee，2005）。

3. 企业规模与创新

企业规模与创新之间关系的理论，起源于熊彼特的《资本主义、社会主义和民主》（1942）一书。熊彼特认为，创新活动的制度化、研发实验室对技术创新都起到促进作用，在高集中度的市场中只有大企业才能负担得起研发投入，并具备承受创新成败的能力和一定的市场掌控能力。加尔布雷斯（Galbraith，1952，1956）、卡普兰（Kaplan，1954）进一步强调了企业规模在创新中的重要性，认为大企业是引致技术变化的最完整的工具，是技术创新的最显著有效的发明者和传播者。对熊彼特的假说，阿罗（1962）提出不同看法。阿罗认为，对垄断企业而言无法获得全部的创新收益，反而会因为创新而降低原有的垄断利润。这种替代效应的存在，削弱了垄断企业的创新激励。

熊彼特和阿罗的不同观点引起了学者们对企业规模和创新的关注和研究热情。但是经验研究尚未得到一致的结论。本书将企业规模和创新的经验研究文献分为两类，一类是检验两者之间的关系，另一类是阐述不同的企业规模对企业创新模式选择的影响。

从目前的研究成果看，企业规模和创新之间的关系并没有得到一致结论，主要可以归纳为四种：正相关、负相关、U 形和倒 U 形。

正相关关系。谢勒（Scherer，1991）、拉尔（Lall，1992）认为，企业规模和创新之间呈正相关关系。盖尔（Gayle，2001）利用 1976~1995 年美国 4 800 多家企业的数据，发现企业规模（销售额）和市场集中度均对创新（专利被引用次数）具有显著的正效应。对我国来说，这种正效应主要来源于非国有企业，而要素市场不完善和融资约束可能是企业规模和创新之间正向关系的主要原因（周黎安，2005）。但是这种促进作用并非持续不变。以高技术产业为例，加入世界贸易组织前的影响显著为正，而"入世"后的影响方向不能确定（戴魁早，2013），可能的原因是大企业资金雄厚、人员素质和管理水平较高，且拥有规模经济和范围经济，在"入世"后国内外市场打通，产品和要素流动带来与以往不同的机遇与挑战，小企业既可以通过参与国际分工获得技术溢出和技术扩散等动态收益，又可以更方便地利用全球创新网络获得创新的外部规模经济和范围经济，同时保持着高效的组织运转，可以更灵活地针对消费者的需求进行创新（李晓华，2005），这都有利于小企业创新效率的提升。此外，企业规模对技术创新的积极影响会随公司规模增大而减弱（李宇、张瑶，2014）

负相关关系。部分学者认为，受到大企业的官僚体制和垄断势力对技术创新动力的压制等原因影响，技术创新会随企业规模扩张而下降（Hamberg，1966；Nelson，1982）。此外，"大企业病"，即企业规模扩张后在创新激励、决策和管理等方面变得迟钝和僵化，在面临危机和机遇时不能作出准确判断（Agrawal，1992；Boone，2000），尤其会抑制企业家精神发挥作用，导致大企业出现"创新者的困境"（The Innovator's Dilemma），从而抑制产业创新活性，延缓产业技术更新换代的频率。基于上述两个原因，产品创新的投入比例随着企业规模的上升而下降（Cohen and Klepper，1996；叶林，2014）。企业规模（以员工人数的对数衡量）每增长10%，企业创新密度（专利数除以员工人数）会下降0.018（Ufuk Akcigit et al.，2018）。

倒U形关系。谢勒（Scherer，1965）采用1955年全球500强企业中的448个企业的样本数据，首次实证研究得出技术创新与企业规模呈倒U形关系，整体上技术创新水平随企业规模扩张先增加后减少。此后，许多学者也支持了这个结论（Grabowski，1968；Howe and Mcfetridge，1976；Loeb and Lin，1977；Soete，1979）。聂辉华等（2008）用2001~2005年中国规模以上工业企业数据，运用Tobit模型考察影响中国企业创新活动的因素，发现企业的创新与规模之间呈倒U形关系，一定程度的规模有利于促进企业创新。倒U形关系的形成是组织变量与市场力量对不同规模企业技术创新的选择，倒U形关系实际上进一步放宽了"熊彼特假设"的行业约束条件（高良谋，2009）。李大军（2014）在控制了股权集中度、市场势力和行业特征等变量的影响后，发现战略性产业的企业规模与创新绩效呈倒U形关系。

U形关系。部分学者的经验研究也发现了企业规模和创新之间不是线性关系，而呈现出正U形关系（Bound et al.，1984；Pavitt and Townsend，1987；Acs and Audretsch，1987），即研发强度随着企业规模变大先下降后上升，这意味着中等规模企业的研发强度最弱。在细分行业和考虑宏观环境因素的前提下，我国学者也得出相同的研究结论。李大军（2014）发现竞争性产业的企业规模与创新绩效表现为正U形关系，与战略性产业刚好相反。董宁和金祥荣（2018）提出，在企业经营环境较好的地区，企业的产品创新投入比重与企业规模呈负相关关系，而在企业经营环境较差的地区，两者呈 U 形关系，这可能是受到国内市场环境不够完善、产品技术含量较低使得较大规模的企业进行过程创新的动力不足造成的。

企业规模不仅会影响企业创新的结果，而且会影响企业选择的创新类型和模式。在创新的不同阶段，不同规模的企业发挥作用不同；而在创新的内容上，不同规模企业的资源禀赋不同，选择创新的侧重点也会有差异。

大企业拥有更加充裕的资金资源和强大的市场开发能力，更擅长性能改进、质量提高等方面的工艺创新，占据的市场份额大，研发活动更持续、更规范，但是决策链条长导致市场敏锐度、技术创新速度上反而不如中小企业；中小企业决策层次少，对市场变化反应更敏感，且经营权和所有权不分离，产生了较大的创新激励，因此创新行为则更加进取、灵活和有弹性（池仁勇，2002；安同良，2006）。因为不同规模的企业在创新过程中具有不同的优劣势，学者们将创新进行不同角度的分类来研究不同规模企业的创新模式选择。本书将学者们的分类归为两大类型，一类是根据创新的不同阶段展开研究，另一类是根据创新的内容或侧重点展开研究。

将创新划分为不同阶段，不同规模的企业在各个阶段中扮演的角色不同。厄特巴克（Utterback，1994）以技术特征为标准，将技术创新分为产品创新和工艺创新，并以此为基础分析了一种新技术被市场认可所经历的技术突变、动荡期和主流设计的三阶段生命周期，其中技术突变往往来源于小型企业，技术动荡期则充满了市场不确定性，而到了主流设计阶段，大企业是主要力量，因为大企业有足够的资金和资源通过降低成本和完善工艺进一步完善新技术。孙早等（2016）认为战略性新兴产业的企业创新多属于全局性的、跳跃式的和革命性的"突破式创新"，而传统产业的创新更倾向于局部的、连续的、改良性质的"渐进式创新"。战略性新兴产业的创新可分为早期、中期和后期三个阶段。早期，大量掌握了前沿技术的小企业涌入市场，但这些企业尚处于学习和适应阶段，对市场的把控能力有限，且面临外部融资约束，难以快速扩张。中期，随着行业的成熟和不确定性减少，企业面临优胜劣汰，最终形成较为集中的市场结构（徐朝阳和周念利，2015）。当少数几个掌握核心技术的大企业控制了大部分甚至全部的市场份额时，这种垄断地位会不断地削弱其创新激励，甚至会侵占创新资源。

根据创新的内容或侧重点来分析不同规模企业的创新模式。学者们提出，技术创新会随着企业规模变化在创新资源获取、驱动方式、研发重点等方面相应发生变化（Nooteboom and Vossen，1995）。在研发费用高昂的资本密集型行业，工艺创新和产品创新主要由大公司垄断，而产品资本强度和发展成本较低的行业，创新主要由小公司完成（Freeman and Soete，1997）。有学者从组织支持角度将技术创新分为破坏性技术创新和延续性技术创新，认为要进行技术上的突破，首先要破坏原有的组织规则，重新进行资源配置。小企业由于尝试成本低、更灵活，在破坏性技术创新上更容易取得成功（Christensen，1997）。

池仁勇（2002）认为大企业和中小企业在技术创新的多角化与专门化（横向化和纵向化）、研发的独立性与合作性、技术创新侧重点上有所差异。首先，大企业拥有健全的市场网络、雄厚的资金和充足的研发人员，倾向于开展多角度的创新以充分利用技术外溢；而中小企业具有更高的技术创新敏感性，在某些专业领域进行纵向创新方面做得更出色。其次，中小企业因为内部资源有限，在技术创新时更注重寻找外部合作单位，以提高企业的技术创新能力和市场竞争力。最后，大企业更倾向于进行工艺创新，而小企业则倾向于产品创新。高良谋（2009）提出，不同规模企业的资源存量和灵活性不同，最终导致了企业技术创新的方式不同。小企业主要进行非定向性创新，而大企业主要进行定向性创新。非定向性创新是小企业为了满足市场需求的快速变化、应对市场竞争，对原有主导技术和技术范式的突破，创新的结果具有明显的不可预测性。定向创新是大企业在确定主流产品之后，为降低成本和完善功能而开展的工艺创新，这种创新锁定了原有的技术轨道，目标明确、结果可预测。

有学者建立内生增长模型并基于美国专利数据提出，大企业更偏向于内部创新以改进现有产品，而新进入者和小企业更倾向于投资外部创新以获得新产品，因此小企业的重大发明相对比率较高（Ufuk and William，2018）。这是因为，随着企业规模的扩大，新产品开发会对企业原有产品产生一定的替代效应，削减现有产品利润，大企业一般现有产品利润较大，因此需要更谨慎地衡量外部创新的利弊。通过对创新引起的经济增长进行分解，发现 19.8% 的增长来自现有企业的内部创新努力，54.5% 来自现有企业的外部创新努力，25.7% 来自新进入者。不同类型的创新，对经济增长有不同的贡献率，而企业规模又是决定企业创新类型的关键因素，因此，经济体中企业规模的整体分布状态会影响创新类型分布，进而影响经济增长。

市场竞争、产业集中度和企业规模都是影响企业创新的重要因素，但是影响方向具有不确定性。本书认为造成这个结果的原因有两个。一是在实证检验中遗漏重要变量。单个企业的创新受到很多因素影响，早期由于数据可得性等限制，许多学者在研究中对宏观因素的关注度不够，忽略了宏观因素或者部分微观因素对企业个体创新的影响，造成研究结果的差异。二是在指标选取和数据范围上的差异。首先，创新的分类方式多种多样，可根据发展阶段，也可根据创新的内容来划分，不同的划分方式可能导致检验出来企业规模和创新之间的关系不一样。其次，创新的衡量方式尚未形成共识，受到数据局限性等客观原因影响，有的学者用创新投入，有的学者用创新产出，创新产出有的是用专利申请数，有的是用获准的专利数等，而创新的投入和产出之间又存在一个滞后期和成功率的问题，因此不同的数据得出的结论就不一样。最后，样本范围差异，全国整体情况和区域情况的差异、全行业和部分行业的差异、不同产权企业之间的差异也是造成结果不确定性的原因。

2.3　政府补贴与企业规模分布

政府补贴是政府干预的一种手段，由于缺乏政府补贴对企业规模分布的直接相关研究，本书阐述了学者们从政府干预的其他手段去研究政府干预对企业规模分布影响的结论，作为研究政府补贴影响企业规模分布的参考。

从企业规模分布的经验研究中，学者们普遍发现我国企业规模分布明显偏离国外经验数据得到的齐夫分布，探究了影响我国企业规模分布现状的原因，发现政府干预在我国企业规模分布中发挥了重要作用。目前学者们研究政府干预对企业规模分布的影响主要从地方政府财政支出、环境规制、关税减让、行政审批制度改革四个角度展开。

杨其静等（2010）将地方政府财政支出细分为财政分权程度、财政支出力度、行政管理支出比重、基本建设支出比重、科学技术支出比重等若干个指标。实证检验结果表明，地方政府财政支出对企业规模分布产生了显著的影响。一方面，财政分权程度、财政支出力度、科学技术支出比重的提高会促使企业规模分布更不均匀，因为地方政府将大量的财政支出用于帮助大企业，且地方政府财力越大，这种帮扶力度越大；地方政府对当地国有企业的帮扶主要通过"科学技术支出"的方式向其提供财政补贴，这些措施造成企业规模分布向大中型企业集中。另一方面，行政管理支出比重、基本建设支出比重提高会促使企业规模分布均匀，因为行政管理支出主要用于维持政府运行，政府正常运行有助于维持良好的市场秩序，让企业充分竞争和自由成长。相对于有能力克服公共基础设施不完善的大企业而言，基本建设支出比重提高会改善中小企业的生存和发展环境，从而改善其发展预期，促进其投资和成长，使得企业规模分布更均匀。

孙学敏、王杰（2014）提出，环境规制提高了重度污染行业的企业规模分布帕累托指数，促使企业规模分布更加均匀。相比于东部发达地区，环境规制对中西部地区企业规模分布帕累托指数的影响力度更大。

盛斌、毛其淋（2015）从我国加入 WTO 后关税减让的角度来衡量贸易自由化对企业规模分布的影响，结果发现最终产品的关税减让对小企业造成较大负面冲击，而中间投入品的关税减让更有利于中小企业成长，总体而言，政府采取的关税减让措施有助于使企业的规模分布变得更加均匀。

张天华等（2019）以我国 2001 年前后的行政审批中心大范围设立为研究对象，考察行政审批制度改革对企业规模分布的影响，发现行政审批制度改革显著提高了企业规模分布帕累托指数，缓解了我国企业规模分布帕累托指数普遍偏低这种"经济扭曲"。

2.4 政府补贴、企业规模分布与创新

由于政府补贴、企业规模分布这两个因素各自对创新的影响都没有形成一致结论，有学者就将三个因素综合考虑进行研究。

以市场竞争或产业集中度作为企业规模分布的表征，阿吉翁等（Aghion et al.，2015）采用 1998～2007 年中国工业企业数据验证指出，促进竞争的产业政策可以促进生产率和生产率的增长。如果没有产业政策的干预，富有创新精神的企业可能就会选择在其他产业经营，以避免同类产品之间的激烈竞争，由此导致行业中存在的"垄断竞争效应"会弱化企业的创新激励。通过税收减免、政府补贴等产业政策，引导企业进入同一产业，能够降低产业集中度，强化企业的创新激励。产业政策对同行业内企业的差异化程度越低、越有利于市场竞争，政策效果越好；体现普惠性与促进市场竞争的产业政策能够激励企业创新，改善企业间的资源配置效率，发挥企业进入与退出市场对加总生产率的促进作用（戴小勇、成力为，2019）。从政策力度来看，适度的补贴才能激励企业进行产品创新，高额度补贴反而会让企业进行"寻补贴"投资而抑制创新（毛其淋、许家云，2015；叶祥松、刘敬，2018）。产业政策存在一个基于行业竞争程度与资本密集度两大行业异质性为判别特征的最优实施空间，产业政策越偏离最优实施空间，施政效果可能越会背离政策制订者的初衷（黄先海等，2015）。

以企业规模作为企业规模分布的表征，塞鲁利和波蒂（Cerulli and Potì，2012）对意大利政府研发补贴进行了实证研究，认为大企业资金多、风险承受能力强，导致政府的研发补贴对大企业自身研发投入会产生促进效应，但对小企业研发投入会产生挤出效应。白俊红（2011）的研究也认可了这个观点，企业规模越大，越有利于政府补贴发挥作用。与此同时，也有学者提出不同的观点。恰尔尼茨基（Czarnitzki，2011）等学者认为大企业资金量大，对研发投资相对不敏感，小企业资金量小，面临融资约束的可能性更大。政府补贴为企业项目提供了一个积极的保证作用，从而促进中小企业融资，增加中小企业研发投入（Meuleman and Maeseneire，2012）。王永进等（2017）基于 1998～2007 年中国工业企业大样本数据提出，竞争缺乏和差别化政策均显著抑制了大企业的技术创新和成长，原因在于政府扶植和补贴会帮助其获得较高的市场份额和垄断利润，从而缺乏足够的激励进行技术创新。

2.5 进一步述评

笔者将已有研究的主要结论总结如下。

(1) 政府补贴对创新的作用可能是促进也可能是抑制。起到促进作用主要是因为政府补贴发挥了"杠杆效应"和"信号效应",促进效果会受到创新类型、企业自身条件、企业可能采取策略性反应、政策影响范围和对象等多个因素的影响。而政府补贴对创新的抑制,主要是通过对私人研发投入的"挤出效应"、对研发要素供需的扭曲("供求效应")、滋生寻租和资源错置("诅咒效应")等传导机制实现。

(2) 发达国家的企业规模分布大多服从齐夫定律,而包括我国在内的发展中国家在一定程度上向下偏离该定律。偏离的原因,学者们认为是经济发展水平、市场发育程度、开发程度、政府干预等宏观因素和融资约束、创新等微观因素。

(3) 企业规模分布的表征——市场竞争、产业集中度和企业规模,都是影响创新的重要因素,但是影响方向都具有不确定性,主要包括正相关、负相关、U形和倒U形四种关系。

(4) 政府补贴、企业规模分布对创新的作用效果,现有研究从企业规模分布的三个表征出发,研究其与政府补贴对创新的影响。学者们得到的共识是促进竞争、降低产业集中度的政府补贴能够促进创新,但政策力度应该适度,一旦过度补贴,反而会抑制创新。分歧则是从企业规模的视角来看,部分学者认为企业规模越大,越有利于政府补贴发挥作用,但也有学者提出产业政策对大企业的干预只会抑制大企业的成长和创新。

现有研究虽然对政府补贴、企业规模分布对企业创新开展了研究也得到一些结论,但是还有以下三个需要完善的地方。

(1) 对企业规模分布的影响效应研究不足。现有的相关研究大多将企业规模分布作为因变量,研究企业规模分布特征和造成这些特征的原因,对企业规模分布的影响效应研究还相对较少。与企业规模分布相近的城市规模分布研究中,已有学者研究城市规模分布的经济效应(谢小平、王贤彬，2012；丁从明等，2015；孙斌栋、李琬，2016）、收入分配效应（赵颖，2013）、公共支出效应（王伟同、魏胜广，2016）、污染减排效应（陆铭、冯皓，2014）。相比之下，企业规模分布的影响效应研究还有很大的扩展空间。

（2）企业规模分布对创新的影响的研究结论存在较大分歧。对企业规模分布影响创新的研究，学者们主要从市场竞争、产业集中度和企业规模这三个角度出发，但这三者都只能部分表征企业规模分布，不能完全替代企业规模分布的内涵，因此得到的结论分歧较大，难以形成共识。

（3）政府补贴对创新的影响效应研究未能充分考虑行业特征的影响。从现有研究结论看，政府补贴对创新有促进作用，也有抑制作用，学者们存在较大分歧。本书认为产生这些分歧的原因是学者们分析的切入点不同。部分学者仅仅关注政府和企业两者的角色，忽略了企业所处的行业会对政府补贴政策效果产生影响。部分学者考虑了市场竞争、资源配置等行业变量来分析政府补贴对制造业创新的影响，但这些变量未能全面体现行业特征。

基于上述情况，本书立足以下两点开展研究。一是以帕累托指数来衡量企业规模分布，研究企业规模分布的影响效应。正如霍尔格等（Holger et al.，2017）所说，对公司层面的关注很难推断出跨公司资源重新分配所产生的影响效应，因此使用企业规模分布可以更综合地捕捉企业层面调整和再分配的总体行业层面效应。由于企业规模分布的三个表征对创新的影响具有多种可能性，学者们未能达成共识，本书尝试从以企业规模分布的帕累托指数作为自变量，这样比从产业集中度、市场竞争等表征更全面，更能够避免"只见树木不见森林"的局限性。二是将企业规模分布纳入政府补贴对企业创新的研究框架，试图得到一个更具一般性的结论。基于我国的企业规模分布偏离齐夫定律的事实，本书尝试探究企业规模分布对创新的影响，论证对我国而言最能促进企业创新的企业规模分布未必是齐夫分布，并探讨在我国的企业规模分布现状下政府补贴如何才能显著促进创新，试图得到一个更具一般性的结论。

2.6 本 章 小 结

本章梳理了政府补贴与企业规模分布对企业创新影响的研究现状并进行评述。一是从促进和抑制作用两个角度阐述了政府补贴对企业创新的影响；二是分析了企业规模分布的理论基础，包括国内外学者的研究结论，指出相关研究主要集中在企业规模分布的现状和成因的不足；三是阐述了政府干预会显著影响企业规模分布的相关研究结论，最后论述政府补贴、企业规模分布与创新的相关文献。由于现有文献缺乏直接相关研究，本章从企业规模分布的相关表征（市场竞争、产业集中度、企业规模等）都与创新存在正相关、负相关、U 形关系、倒 U 形关系入手，阐述现有研究成果，指出现有文献的不足之处在于对企业规模分布的影响效应研究较少、对企业规模分布与创新、政府补贴与创新的研究结论存在较大分歧，并提出本书的研究视角：以帕累托指数来衡量企业规模分布，将企业规模分布纳入政府补贴对企业创新的研究框架，探究企业规模分布对创新的影响，并尝试分析中国的最优企业规模分布是否与西方发达国家一致，试图得到一个更具一般性的结论，希望对政府补贴、企业规模分布的影响效应研究进行有益补充。

第3章

政府补贴、企业规模
分布与制造业创新：
现状与特征分析

　　自熊彼特以来，创新成为经济学研究的核心课题。改革开放之后，尤其是随着市场经济体制的建立和对外开放的逐步深入，我国经济有过几十年的高速发展，产业政策也不断调整细化。但无论产业政策如何调整，促进创新几乎一直都是政策调控的重点之一，创新的地位和作用甚至越来越重要。企业是创新的主体，单个企业的规模，以及由此形成的整个行业的规模分布和特点，代表了一个行业内部的资源配置情况和竞争激烈程度。政府补贴是政府"有形之手"的重要手段，企业规模分布是市场"无形之手"形成的资源配置状况，两者都会对制造业创新产生影响。本章分为三节，第一节梳理了我国政府补贴、企业规模分布和企业创新的现状及特点，为了细化研究，基于我国国情，从行业、区域和产权性质三个角度对现状进行阐述，其中行业按照产业生命周期、要素密集度来分组，区域按照市场化程度和地域进行分组，产权性质按照国有和非国有分组；第二节主要从现状中初步分析3个变量之间的相互关系；第三节是本章小结。为了充分了解现实情况演变和近年来的特点，本章采用中国工业企业数据库数据分析了 1998～2013 年的特征事实，并通过对各年份统计年鉴的整理，分析了截止到 2018 年的相关情况。

3.1 现 状 分 析

3.1.1 政府补贴的政策演变与现状

我国的政府补贴最初是在两个方面发挥作用：一是稳定物价，二是弥补企业亏损，这是由新中国成立初期计划经济体制所决定的。我国的政府补贴最早可以追溯到 1953 年国家对絮棉等商品给予 5 000 万元经营补贴，补贴的目的是促进絮棉生产和商品流通，稳定物价，避免调价引起连锁反应（刘尚希等，2019）。从 1958 年起，财政开始对部分生产经营亏损的国有企业进行补贴。20 世纪初 60 年代初，受到连续几年自然灾害的影响，我国粮食明显减产，市场出现通货膨胀现象。为此，财政投入 20 亿元补贴，提高农副产品收购价格，同时维持销售价格不变。此后十几年，我国政府补贴规模越来越大，种类越来越多。1978 年，我国价格补贴、企业亏损补贴和税收优惠合计占财政支出比重达到 14.4%。[1] 改革开放后，我国推行价格改革，对财政补贴制度也进行改革。20 世纪 90 年代后期，我国政府补贴支出占比逐渐下降。1995 年，物价补贴和企业亏损补贴合计占财政支出比重为 9.7%。[2]

20 世纪 90 年代，随着市场经济体制的逐步建立，我国开始执行产业政策，而政府补贴的作用也逐步转变，不再局限于稳定物价和弥补企业亏损，而是成为产业政策的重要手段之一，体现出引导产业发展的作用。1994 年，国务院发布我国第一部传统意义上的产业政策《90 年代国家产业政策纲要》（以下简称《纲要》）。《纲要》指出，制定产业政策是国家加强和改善宏观调控，有效调整和优化产业结构，提高产业素质，促进国民经济持续、快速、健康发展的重要手段，并提出制定国家产业政策必须

---

① 孙开. 我国财政补贴的现状与对策 [J]. 学术研究，1992（3）：15–18.
② 数据来源：中国统计年鉴（1996）.

遵循的四个原则：一是符合工业化和现代化进程的客观规律，密切结合我国国情和产业结构变化的特点；二是符合建立社会主义市场经济体制的要求，充分发挥市场在国家宏观调控下对资源配置的基础性作用；三是突出重点，集中力量解决关系国民经济全局的重大问题；四是具有可操作性，主要通过经济手段、法律手段和必要的行政手段保证产业政策的实施，支持短线产业和产品的发展，对长线产业与产品采取抑制政策。通过这四个原则，可以窥见当时产业政策思路的两个特点：一是尊重客观规律和市场特点，逐步淡化计划经济体制的管控，承认并允许充分发挥市场对资源配置的基础性作用，前提是在国家宏观调控下，这种前提符合当时中国国情；二是具有很强的现实针对性，既要集中资源解决重大问题，又要支持短线产业和产品发展，满足现实生活生产需要。

《纲要》针对产业政策要重点解决的问题提出了六点具体措施。在《纲要》和此后发布的一系列产业政策中，计划管理性的政策措施逐渐退出舞台，投资审批、行业准入、财政税收、金融等政策工具逐渐成为主流，基本形成了由产业结构政策、产业技术政策、产业组织政策及行业专项政策构成的产业政策体系（江飞涛，2018）。《纲要》提出的产业组织政策的目标中，对不同类型和规模的企业已有明确的引导方向：对规模经济效益显著的产业，应形成以少数大型企业（集团）为竞争主体的市场结构；对产品由大量零部件组成的产业，应形成大、中、小企业合理分工协作、规模适当的市场结构；对规模经济效益不显著的产业，应鼓励小企业的发展，形成大、中、小企业并存、企业数目较多的竞争性市场结构。《纲要》提出的产业技术政策重点及配套措施目的在于促进创新，提高我国产品的质量、技术性能和企业技术水平。

进入 21 世纪，我国加入世界贸易组织，面对经济全球化的发展演变和国内区域间经济发展的不平衡不协调，为推进产业结构优化升级，国务院 2005 年颁布《促进产业结构调整暂行规定》（以下简称《暂行规定》），提出了产业结构调整的 8 个方向和重点，其中一个便是加快发展高技术产业，进一步增强高技术产业对经济增长的带动作用。在另一个重点方向"优化产业组织结构"中，《暂行规定》提出要提高企业规模经济水平和产业集中度，对不同规模的企业有不同的引导方向：对大企业是提出要加快大型企业发展，形成一批拥有自主知识产权、主业突出、核心竞争力强的大公司和企业集团；对中小企业是提出要充分发挥中小企业的作用，推动中小企业与大企业形成分工协作关系，提高生产专业化水平，促进中小企业技术进步和产业升级。

《暂行规定》指出，产业结构调整的目标是推进产业结构优化升级，促进一二三产业健康协调发展，逐步形成农业为基础、高新技术产业为先导、基础产业和制造业为支撑、服务业全面发展的产业格局，坚持节约发展、清洁发展、安全发展，实现可持续发展。《暂行规定》提出产业结构调整的四个原则：一是坚持市场调节和政府引导相结合，充分发挥市场配置资源的基础性作用，加强国家产业政策的合理引导，实现资源优化配置。二是以自主创新提升产业技术水平，把增强自主创新能力作为调整产业结构的中心环节，建立以企业为主体、市场为导向、产学研相结合的技术创新体系，大力提高原始创新能力、集成创新能力和引进消化吸收再创新能力，提升产业整体技术水平。三是坚持走新型工业化道路，以信息化带动工业化，以工业化促进信息化，走科技含量高、经济效益好、资源消耗低、环境污染少、安全有保障、人力资源优势得到充分发挥的发展道路，努力推进经济增长方式的根本转变。四是促进产业协调健康发展，发展先进制造业，提高服务业比重和水平，加强基础设施建设，优化城乡区域产业结构和布局，优化对外贸易和利用外资结构，维护群众合法权益，努力扩大就业，推进经济社会协调发展。对比《暂行规定》和《纲要》的四个原则，可以明显看出经济阶段发展的差异。两个文件时隔 20 年，我国经济已实现了量和质的双重飞跃。在这个阶段，不变的是坚持政府和市场两者相结合、经济发展和社会环境各方面相协调这两个大的方向，变的是随着经济水平提升，产业发展明显突出了科技含量、创新能力，传统的粗放式增长已无法满足经济发展需要。

针对我国发展过程中面临的经济增长过度依赖能源资源消耗、经济结构不合理、自主创新能力较弱、经济效益有待提高等一系列问题，国务院制定《中长期科学和技术发展规划纲要（2006－2020 年）》（以下简称《规划纲要》），明确阐述未来一段时期我国科技发展的指导方针、总体发展战略、战略目标、重点任务和重大措施等内容，提出要把提高自主创新能力摆在全部科技工作的突出位置，把提高自主创新能力作为国家战略。《规划纲要》指明了我国 11 个重点领域及其优先主题。《规划纲要》提出，当前和今后一个时期科技体制改革的四项重点任务分别是：支持鼓励企业成为技术创新主体；深化科研机构改革，建立现代科研院所制度；推进科技管理体制改革；全面推进中国特色国家创新体系建设。为确保各项任务的落实，《规划纲要》也制定了相关配套政策措施，包括：实施激励企业技术创新的财税政策，加强对引进技术的消化、吸收和再创新，实施促进自主创新的政府采购，实施知识产权战略和技术标准战略，实施促进创新创业的金融政策，加速高新技术产业化和先进适用技术的推广，完善军民结合、寓军于民的机制，扩大国际和地区科技合作与交流，提高全民族科学文化素质、营造有利于科技创新的社会环境。其中，实施激励企业技术创新的财税政策，提出在进一步落实国家关于促进技术创新、加速科技成果转化以及设备更新等各项税收优惠政策的基础上，积极鼓励和支持企业开发新产品、新工艺和新技术，加大企业研究开发投入的税前扣除等激励政策的力度，实施促进高新技术企业发展的税收优惠政策，对购买先进科学研究仪器和设备给予必要税收扶持政策。

为保障《规划纲要》的顺利执行，国务院专门出台配套措施。其中，在科技投入力度方面，提出大幅度增加科技投入、确保财政科技投入的稳定增长、统筹落实重大专项经费等具体措施。在优化财政科技投入结构方面，提出财政科技投入重点支持基础研究、社会公益研究和前沿技术研究，建立对公益性行业科研的稳定支持机制，重点解决国家、行业和区域经济社会发展中的重大科技问题。在创新投入机制方面，提出整合政府资金，加大支持力度，引导和支持大型骨干企业开展竞争前的战略性关键技术和重大装备的研究开发，加大对科技型中小企业技术创新基金等的投入力度，鼓励中小企业自主创新等措施。《规划纲要》首次明确提出了"自主创新""企业是创新的主体"等重大观念，对我国科技发展是里程碑式的事件，也成为此后我国政府对创新补贴的方向指引。

面对多年来粗放型经济造成的能源资源消耗过度、产能过剩等矛盾和问题，党的十八届三中全会报告指出，加快转变经济发展方式，加快建设创新型国家，把创新提高到前所未有的重要位置。2015 年，国务院印发了《关于大力推进大众创业万众创新若干政策措施的意见》，2016 年出台《国家创新驱动发展战略纲要》，2017 年出台《国务院关于强化实施创新驱动发展战略进一步推进大众创业万众创新深入发展的意见》（以下简称

《意见》），力求进一步系统性优化创新创业生态环境，强化政策供给。其中，《意见》对不同规模企业创新的扶持和引导方向也有所不同。比如在实施企业创新创业协同行动方面提出，支持大型企业开放供应链资源和市场渠道，推动开展内部创新创业，带动产业链上下游发展，促进大中小微企业融通发展；在完善债权、股权等融资服务机制方面提出，为科技型中小企业提供覆盖全生命周期的投融资服务，稳妥推进投贷联动试点工作，推广专利权质押等知识产权融资模式，鼓励保险公司为科技型中小企业知识产权融资提供保证保险服务，对符合条件的由地方各级人民政府提供风险补偿或保费补贴。

我国科技创新几十年来的巨大进步离不开政府财政资金的支持。2016年国家财政科技支出为7 761亿元，是1980年的120倍，1981~2016年年均增长14.2%。2017年，规模以上工业企业享受研发费用加计扣除减免税和高新技术企业减免税的企业分别达到2.44万家和2.42万家，分别是2009年的3.3倍和3.5倍，减免金额分别达到570亿元和1 062亿元，分别是2009年的3.1倍和3.4倍。① 单个企业的规模，以及由此形成的整个行业的规模分布和特点，是政策施策的考量标准之一。比如，政府主导的科技型中小企业技术创新基金自1999年启动以来，到2019年底累计安排资金约350亿元。2009年，国务院印发《关于进一步促进中小企业发展的若干意见》，针对营造有利于中小企业发展的良好环境、切实缓解中小企业融资困难、加大对中小企业财税扶持力度等8个方面提出了29条具体意见。其中，加大对中小企业的财税扶持力度主要有三方面内容。

一是加大财政资金支持力度，逐步扩大中央财政预算扶持中小企业发展的专项资金规模，重点支持中小企业技术创新、结构调整、节能减排、开拓市场、扩大就业，以及改善对中小企业的公共服务。加快设立国家中小企业发展基金，发挥财政资金的引导作用，带动社会资金支持中小企业发展。地方财政也要加大对中小企业的支持力度。

二是落实和完善税收优惠政策，由财政部、税务总局会同有关部门研究制定税收政策促进中小企业发展。为有效应对国际金融危机，扶持中小

① 资料来源：科技进步日新月异 创新驱动成效突出——改革开放40年经济社会发展成就系列报告之十五，http://www.stats.gov.cn/ztjc/ztfx/ggkf40n/201809/t20180912_1622413.html，2018年9月12日。

企业发展，自 2010 年 1 月 1 日至 2010 年 12 月 31 日，对年应纳税所得额低于 3 万元（含 3 万元）的小型微利企业，其所得减按 50% 计入应纳税所得额，按 20% 的税率缴纳企业所得税。中小企业投资国家鼓励类项目，除《国内投资项目不予免税的进口商品目录》所列商品外，所需的进口自用设备以及按照合同随设备进口的技术及配套件、备件，免征进口关税。中小企业缴纳城镇土地使用税确有困难的，可按有关规定向省级财税部门或省级人民政府提出减免税申请。中小企业因有特殊困难不能按期纳税的，可依法申请在三个月内延期缴纳。

三是进一步减轻中小企业社会负担，凡未按规定权限和程序批准的行政事业性收费项目和政府性基金项目一律取消。全面清理整顿涉及中小企业的收费，重点是行政许可和强制准入的中介服务收费、具有垄断性的经营服务收费，能免则免，能减则减，能缓则缓。严格执行收费项目公示制度，公开前置性审批项目、程序和收费标准，严禁地方和部门越权设立行政事业性收费项目，不得擅自将行政事业性收费转为经营服务性收费。进一步规范执收行为，全面实行中小企业缴费登记卡制度，设立各级政府中小企业负担举报电话。健全各级政府中小企业负担监督制度，严肃查处乱收费、乱罚款及各种摊派行为。任何部门和单位不得通过强制中小企业购买产品、接受指定服务等手段牟利。严格执行税收征收管理法律法规，不得违规向中小企业提前征税或者摊派税款。

2020 年，在疫情防控的背景下，为帮助中小企业实现有序复工复产，工信部出台 20 条措施，从财政、金融、支持创新、公共服务等方面加大对中小企业的支持力度。2022 年 3 月，为支持小微企业的发展，提振市场主体信心、激发市场主体活力，财政部和国家税务总局联合发文，加大小微企业增值税期末留抵退税政策力度，将先进制造业按月全额退还增值税增量留抵税额政策范围扩大至符合条件的小微企业（含个体工商户，下同），并一次性退还小微企业存量留抵税额，及时缓解了小微企业的现金流压力，帮助小微企业渡过难关。此后，两部门再次发文，将符合条件的部分行业中型、大型企业的存量留抵退税也一次性予以退还。

在一系列政策作用下，我国财政对科技的投入呈现出总量增加、结构分化的特点。总量增加是指从绝对值上看，财政每年对科技投入的绝对量保持上涨。结构分化，因为政府补贴更倾向于支持成熟期、资本密集型、高市场化地区以及国有企业，存在"强者更强"的马太效应，但对于实际上更需要政府扶持的成长期、技术密集型、创新能力更强的非国有企业，政府扶持力度还有很大提升空间。

1. 政府补贴整体呈现总量增加、占比下降的特点

我国财政对科技的投入总量持续增加，来自政府的研发经费从 2003 年的 461 亿元增长到 2018 年的 3 979 亿元，绝对值增长了约 8.6 倍。但是从比重上看，对全行业的政府资金占研发经费比重呈现出微弱的下降趋势，从 2003 年的接近 30% 下降到 2018 年的约 20%，对规模以上工业企业而言政府资金比重一直处于 5% 以下（见图 3-1）。可见，政府对制造业研发的扶持力度远低于对全行业的扶持力度。

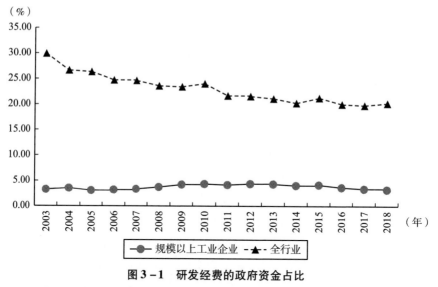

图 3-1　研发经费的政府资金占比

数据来源：各年度中国科技年鉴，作者整理得出。

与政府资金占比下降形成鲜明对比的是，研发经费中来自企业自身的资金占比在 20 年间呈现稳步上涨趋势，从 1998 年的 72.34% 到 2000 年超过 80%，2009 年超过 90%，2016～2018 年超过 95%，如表 3-1 所示。这体现出在规模以上工业企业的研发中，企业自身的主体地位非常突出，企业研发主要依靠自身资金投入。

表 3 - 1　　　　　　规模以上工业企业研发经费中企业资金占比

年份	1998	1999	2000	2001	2002	2003	2004	2005	2006	2007	2008
占比 (%)	72.34	76.69	80.66	84.11	84.11	84.32	86.00	88.47	87.63	88.72	89.01

年份	2009	2010	2011	2012	2013	2014	2015	2016	2017	2018
占比 (%)	93.71	93.62	94.23	94.10	94.03	94.46	94.35	95.07	95.58	95.64

数据来源：各年度中国科技年鉴，作者整理得出。

2. 政府补贴结构分化明显，存在马太效应

从不同产业生命周期的企业①（见表 3 - 2）看，成长期企业的研发经费支出最多，占三类企业总量的一半以上，而成熟期企业的研发经费内部支出来源于政府的占比略高于成长期企业，说明成长期企业自身创新意愿很强，但不是政府补贴的最重要群体。政府补贴更倾向于针对已有创新成果的成熟期企业，因为此时企业各方面条件更成熟，创新成功概率更高，能够间接地反映政府补贴卓有成效。但事实上，恰恰是成长期企业的创新最需要得到政府扶持，因为此时企业为了提升市场竞争力，有强烈的创新意愿，但创新能力还不成熟，在资金、人才、成果转化等方面存在短板，如果政府给予扶持，将有利于大大提升企业的创新成功概率。但是成长期企业存在的短板，也同时意味着政府补贴效果的不确定性高于成熟期企业，因此成熟期企业更能得到政府补贴的青睐。

---

①　借鉴季良玉、李廉水（2016）的做法，运用产出增长率法、产业生长曲线法、综合指标分析法等方法，把我国制造业按产业生命周期划分为成长期、成熟期和衰退期行业。其中，成长期行业共 9 个，包括印刷业、记录媒介的复制业，文教体育用品制造业，化学原料及化学制品制造业，医药制造业，专用设备制造业，金属制品业，通用设备制造业，电气机械及器材制造业，通信设备、计算机及其他电子设备制造业；成熟期行业共 14 个，包括农副食品加工业，食品制造业，饮料制造业，烟草制品业，纺织业，纺织服装、鞋、帽制造业，皮革、毛皮、羽毛（绒）及其制品业，木材加工及木、竹、藤、棕、草制品业，家具制造，橡胶制品业，非金属矿物制品业，有色金属冶炼及压延加工业，交通运输设备制造业，仪器仪表及文化、办公用机械制造业；衰退期行业共 4 个，包括造纸及纸制品业，石油加工、炼焦及核燃料加工业，化学纤维制造业，黑色金属冶炼及压延加工业。

表 3 - 2　　　2018 年规模以上工业企业研发经费来源比较：生命周期

生命周期	研发经费内部支出（万元）	研发经费内部支出占比（%）	其中，政府资金（万元）	其中，企业资金（万元）	政府资金占比（%）	企业资金占比（%）
成长期	71 231 001	57.17	2 441 570	68 084 606	3.43	95.58
成熟期	42 040 094	33.74	1 490 717	40 011 113	3.55	95.17
衰退期	11 321 872	9.09	80 491	11 129 917	0.71	98.30

数据来源：中国科技统计年鉴（2019），作者整理得出。

衰退期企业得到的政府资金占比明显低于成长期和成熟期的企业，说明政府扶持企业的导向符合产业生命周期规律，对衰退期的行业扶持力度低有利于这些行业内的企业正常退出市场，发挥市场优胜劣汰的机制。

从不同要素密集类型的企业[①]看（见表 3 - 3），资本密集型企业的研发经费支出总额最大（占比高达 58.96%），超过技术密集型企业和劳动密集型企业之和。从研发经费来源的比重看，政府资金对技术密集型企业的扶持力度最大（占比 4.21%），其次是资本密集型企业（占比 3.20%），这体现了现阶段我国对技术密集型企业的重视。

表 3 - 3　　　2018 年规模以上工业企业研发经费来源比较：企业类别

企业类别	研发经费内部支出（万元）	研发经费内部支出占比（%）	其中，政府资金（万元）	其中，企业资金（万元）	政府资金占比（%）	企业资金占比（%）
劳动密集型	20 296 967	16.29	359 584	19 723 534	1.77	97.17
资本密集型	73 455 953	58.96	2 353 780	70 176 305	3.20	95.54
技术密集型	30 840 047	24.75	1 299 415	29 325 797	4.21	95.09

数据来源：中国科技统计年鉴（2019），作者整理得出。

---

①　借鉴王志华、董存田（2012）做法，把我国制造业按要素密集度划分为劳动密集型、资本密集型和技术密集型。其中，劳动密集型行业 13 个，包括农副食品加工业、食品加工业、食品制造业、纺织业、服装及其他纤维制品制造业、皮革、毛皮、羽绒及其制品业、木材加工及竹、藤、棕、草制品业、家具制造业、印刷业、记录媒介的复制业、文教体育用品制造业、橡胶制品业、塑料制品业、非金属矿物制品业、金属制品业；资本密集型行业 12 个，包括饮料制造业；烟草加工业；造纸及纸制品业；石油加工及炼焦业；化学原料及化学制品制造业；化学纤维制造业；黑色金属冶炼及压延加工业；有色金属冶炼及压延加工业；普通机械制造业；专用设备制造业；交通运输设备制造业；电气机械及器材制造业；技术密集型行业 3 个，包括医药制造业；通信设备、计算机及其他电子设备制造业；仪器仪表及文化、办公用机械制造业。

不同要素密集度的企业得到的政府补贴平均金额（见图 3 - 2）与政府资金来源趋势存在差异。资本密集型企业得到的政府平均补贴金额最高，1998 年为 203.38 千元，分别是劳动密集型企业（58.14 千元）、技术密集型企业（133.86 千元）的 3.5 倍、1.5 倍。2013 年，资本密集型企业得到的政府补贴平均金额提高到 420.31 千元，分别是劳动密集型企业（161.66 千元）、技术密集型企业（301.47 千元）的 2.6 倍、1.4 倍，差距比 1998 年有所缩小。

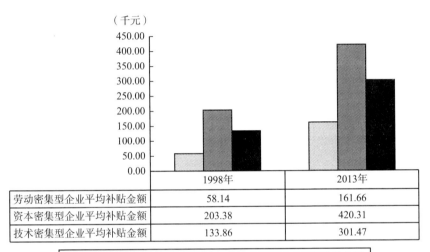

（千元）

	1998年	2013年
劳动密集型企业平均补贴金额	58.14	161.66
资本密集型企业平均补贴金额	203.38	420.31
技术密集型企业平均补贴金额	133.86	301.47

□ 劳动密集型企业平均补贴金额　■ 资本密集型企业平均补贴金额
■ 技术密集型企业平均补贴金额

图 3 - 2　我国不同要素密集类型企业的平均政府补贴金额（千元）

数据来源：中国工业企业数据库，作者整理所得。

受地理环境、资源禀赋等多种因素影响，我国早期区域经济格局是"东轻西重"（张天华等，2019）。改革开放后，国家对区域发展战略进行了重大调整，采取了许多向东部沿海地区倾斜的战略决策举措，东部地区的企业也因此获得更大的政策红利，东、中、西部经济差距逐渐拉开。20世纪 90 年代，随着市场经济拉开序幕，东部地区率先开展了体制机制的全面改革，人才、资金等要素进一步向东部地区转移，东、中、西三大区域的发展差距迅速扩大。2000 年，党中央提出"西部大开发"政策，促进区域间经济协调发展。可以看到，在不同的历史时期，国家对不同区域实行的政策具有一定差异，对同一个地区的政策也非一成不变，而这些政策调整将会改变企业所处的宏观环境和享受的政策福利，也可能会对企业获得政府补贴、企业规模分布、创新造成一定影响。

从区域视角①看（见表3-4），研发经费中的政府资金比例自东向西递增，企业资金比例则相反。2018年东、中、西部地区研发经费来源中，政府资金的比重分别是2.4%、3.63%和7.78%。政府资金在中西部地区的比例更高，这是因为中西部地区的研发经费总额大幅低于东部，也体现了中央对中西部地区的政策倾斜和扶持。

表3-4　　　　2018年规模以上工业企业研发经费来源区域比较

区域	研发经费内部支出（万元）	研发经费内部支出占比（%）	其中，政府资金（万元）	其中，企业资金（万元）	政府资金占比（%）	企业资金占比（%）
东部	86 976 795	69.38	2 090 697	83 866 043	2.40	96.42
中部	24 674 934	19.68	895 534	23 538 712	3.63	95.40
西部	13 709 826	10.94	1 066 649	12 503 403	7.78	91.20

数据来源：中国科技统计年鉴（2019），作者整理得出。

不同区域的企业得到政府补贴平均金额（见图3-3）与政府资金占比一样，呈现出自东向西逐渐递增的趋势。2013年与1998年相比，东部和中部地区企业得到的政府补贴平均金额增长都不到1倍，而西部地区则从1998年的193.19千元增长到2013年的501.17千元，增幅约2.6倍。

市场发育程度受到经济发展水平的影响，同时又会影响企业规模分布。较高的市场发育程度意味着市场机制灵活、要素供给充分且结构合理、市场需求和容量较大，有利于为企业提供完善的基础设施、市场监管，从而带来公平竞争的机会和企业自由成长的空间。基于此，本书使用了樊纲等编制的省份层面市场化指数来衡量当地的市场化水平，根据省份在样本期内市场化水平取平均值，将各省按照排名顺序划分为市场化程度

---

① 参考国家统计局对东中西部地区的划分标准，将样本划分为东部、中部和西部三个区域。东部地区包括北京、天津、河北、辽宁、上海、江苏、浙江、福建、山东、广东、海南；中部地区包括山西、内蒙古、吉林、黑龙江、安徽、江西、河南、湖北、湖南；西部地区包括广西、重庆、四川、贵州、云南、陕西、甘肃、青海、宁夏、新疆、西藏。

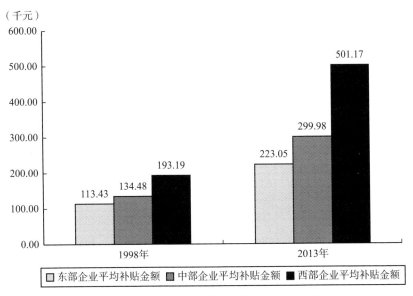

图 3 – 3 我国东部、中部、西部企业的平均政府补贴金额

数据来源：中国工业企业数据库，作者整理所得。

低、中、高三个组别。① 从不同市场化程度区域看（见表 3 – 5），市场化程度越低，研发经费内部支出的政府资金占比越高，政府的扶持力度越大，体现了政府为改善区域间经济协调发展问题、缩小区域间贫富差距所作的努力。

表 3 – 5 2018 年规模以上工业企业研发经费来源比较

研发经费内部支出 （万元）		其中： 政府资金 （万元）	其中： 企业资金 （万元）	政府资金占比 （%）	企业资金占比 （%）
高市场化地区	89 041 277	2 275 370	85 718 711	2. 56	96. 27
中市场化地区	32 185 995	1 290 501	30 616 458	4. 01	95. 12
低市场化地区	8 320 992	666 845	7 558 358	8. 01	90. 83

数据来源：中国科技统计年鉴（2019），作者整理得出。

───────────

① 高市场化程度的省份有 10 个，分别是浙江、广东、江苏、上海、福建、天津、北京、山东、辽宁、重庆；中市场化程度的省份有 10 个，分别是安徽、河南、四川、河北、湖北、江西、湖南、吉林、海南、广西；低市场化程度的省份有 11 个，分别是黑龙江、内蒙古、山西、云南、陕西、宁夏、贵州、甘肃、新疆、青海、西藏。

从企业产权性质的角度看，国有企业在一定程度上体现了政府意志，决定了其所承担的社会责任要比其他企业更重大，同时也可能获得更多的政府资源。在 2018 年的规模以上工业企业研发经费来源（见表 3 - 6）中，国有企业的 R&D 经费内部支出有 13.16% 来自政府资金，远高于非国有企业的 3.2%。

表 3 - 6　　2018 年规模以上国有和非国有工业企业研发经费来源比较

研发经费内部支出（万元）	其中：政府资金（千元）	其中：企业资金（千元）	政府资金占比（%）	企业资金占比（%）
国有企业	834 378	109 815	718 157	13.16	86.07
非国有企业	128 713 886	4 122 900	123 175 370	3.20	95.70

数据来源：中国科技统计年鉴（2019），作者整理得出。

从国有和非国有企业得到的政府补贴总量（见图 3 - 4）来看，1998 年国有和非国有企业得到的政府补贴总量几乎平分秋色，分别占 49.19% 和 50.81%。到 2013 年，两者得到的政府补贴总量差距悬殊，非国有企业占比上升到 84.63%，约是国有企业（占比 15.37%）的 5.5 倍，成为政府补贴的主要对象。

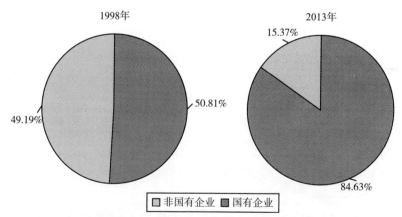

图 3 - 4　我国国有企业和非国有企业得到的政府补贴总量占比

数据来源：中国工业企业数据库，作者整理所得。

　　非国有企业整体得到的政府补贴占比虽然超过 80%，但是因为企业数量庞大，每个企业得到的平均补贴金额远低于国有企业。从图 3 - 5 可以看到，1998 年非国有企业得到的平均政府补贴金额为 9.180 万元，国有企业是 23.022 万元。到了 2013 年，非国有企业得到的平均补贴金额增长了不到 3 倍，略超过 1998 年国有企业的水平。但此时国有企业得到的平均补贴金额已比 1998 年增长约 13 倍，达到 307.786 万元，国有和非国有企业之间的差距大幅扩大。可见，1998 ~ 2013 年间，企业得到的平均政府补贴金额逐步提高，但是国有企业的提高速度远快于非国有企业。

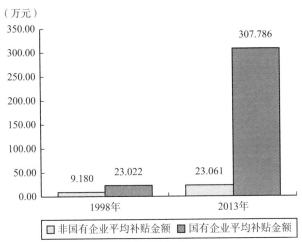

图 3 - 5　我国国有企业和非国有企业的平均政府补贴金额

数据来源：中国工业企业数据库，作者整理所得。

　　3. 政府补贴政策存在规范性、精准性、有效性不足的问题

　　目前我国政府补贴种类繁多、标准各异，从补贴支持的环节来看，涵盖了研发、生产、流通、消费等；从补贴形式看，包括直接补助、以奖代补、贷款贴息等；从补贴资金来源看，包括来自中央、省级、市级和县级。名目繁多的政府补贴，对促进企业经营发展、开展技术研发起到一定的引导和支持作用，但是政府补贴在管理和执行中存在的一些问题也不容忽视。

　　（1）政府补贴缺乏顶层设计和统一规范。税收优惠和政府补贴同为产业政策的重要手段，税收在我国更能体现"法定"的原则，企业享受的税

收优惠也更多是由中央层面统一制定，各地区落实执行。而政府补贴更多地体现了地方政府的自由裁量权。在中央层面，政府补贴主要由国务院、国家发展改革委、财政部等部门文件进行规范，缺乏法律法规来统一规范政策要求、政策目标。为了应对经济下行、财政收入放缓、刚性支出趋增等压力，各省份甚至各市都可以根据自身发展需要出台政府补贴政策，导致政府补贴在实施过程中的名目繁多、期限长短不一、数额多寡不等，缺乏严格统一的规范。

以近年来兴起的科技创新券①为例，创新券自设立以来，作为政府购买服务和财政后补助的政策工具，多地开始积极实行，但创新券的额度各地差异较大。比如北京规定，在每一个申报周期，小微企业和创业团队申请创新券的最高补贴不超过 50 万元；②江苏省规定，同一法人单位年度累计奖励金额不超过 50 万元；③上海规定，原则上每家企业每年度最高申领额度一般不超过 20 万元，每个创客（或团队）每年度最高申领额度一般不超过 10 万元；④深圳市规定，按申请单位类别不同，创新券申领设置不同额度，其中，中型、小型、微型企业和创客团队每年申领额度上限分别是 20 万元、10 万元、5 万元、2 万元；⑤贵州省规定，订立技术开发合同和技术转让合同的，创新券发放的最高额度不超过 50 万元，订立技术咨询合同和技术服务合同的，最高额度则不超过 20 万元。⑥

（2）政府补贴的精准性有待加强。一直以来，单个企业的企业规模是政府制定政策时常用的划分标准之一。尤其是中小微企业，由于其在市场上的地位普遍相对弱势，常成为政府扶持对象。比如前文所讲的科技创新

① 创新券是政府针对中小企业创新需求设立的政府投入机制，最初起源于荷兰，2012 年我国部分地方开始试点。

② 资料来源：北京市财政局、北京市科委：《首都科技创新券资金管理办法》，2018 年 6 月 21 日，http://kfqgw.beijing.gov.cn/cxyz/kjcgzhczq/kjzc/201806/t20180621_416.html。

③ 资料来源：关于印发《江苏省科技创新券试点方案》的通知，2020 年 8 月 3 日，http://kxjst.jiangsu.gov.cn/art/2020/8/3/art_48967_9425188.html。

④ 资料来源：关于印发《上海市科技创新券管理办法（试行）》的通知，2018 年 11 月 22 日，http://www.czj.sh.gov.cn/zys_8908/zcfg_8983/zcfb_8985/jkww_9022/201903/t20190329_180127.shtml。

⑤ 资料来源：深圳市科技创新委员会关于印发《深圳市科技创新券管理办法》的通知，2020 年 2 月 12 日，http://stic.sz.gov.cn/xxgk/ztzl/gfxwj/content/post_7117480.html。

⑥ 资料来源：贵州省科技创新券管理办法，2014 年 12 月 30 日，https://baike.so.com/doc/25821679-26964160.html。

券就是专门针对中小微企业设立的。这个政策只以企业规模作为是否符合政策对象范围的标志，而对企业所处的行业整体情况并没有进行考量，这样未必能够体现政策对行业发展的导向，也在一定程度上体现了政策精准性不足的问题。

前文的分析可以看出，政府补贴更倾向于支持创新能力本已相对较强的成熟期、资本密集型、高市场化地区以及国有企业，但对实际上更需要政府扶持的成长期、技术密集型、非国有企业，政府扶持力度反而相对小，这意味着政府补贴效果存在"强者更强"的马太效应，并不利于激发和促进更多企业创新。

（3）政府补贴的绩效管理不到位。目前对政府补贴的监管主要在于补贴申请和发放环节，即监督申请主体是否符合补贴申请条件、符合条件者的补贴是否发放到位，而对于补贴的绩效，政府部门并未完全纳入考虑范围。部分政府补贴被纳入绩效管理范围，但绩效考核的是政府补贴的杠杆效应、乘数效应，拉动了社会资本的投资情况，而对创新产出方面政府补贴真正发挥的作用则鲜有涉及。

依然以科技创新券为例，在本书收集的北京、江苏、上海、深圳、贵州五地的创新券管理办法中，仅有上海和贵州提及创新券的绩效评价，其中贵州是由省科技厅（知识产权局）对科技创新券使用情况进行绩效评价，对绩效考核为优秀的企业继续申请科技创新券的予以优先支持；上海则聘请第三方机构对创新券资金支出进行绩效评价，将绩效评价结果作为改进预算管理和安排以后年度预算的重要依据。而北京、江苏、深圳的管理办法中关于创新券的监督管理只提及不得转让、赠送、买卖等，在申请中不得提供虚假信息或虚构创新券合同等内容，更多是针对申请者的资质真实性有效性进行规范，没有对创新券的绩效进行追踪。

3.1.2　企业规模分布的特征

企业规模分布在很大程度上折射出一个经济体的生态特征及其健康状态（杨其静等，2010；李旭超等，2017）。国外研究认为，齐夫分布，即帕累托指数为1是企业规模分布的理想状态，反映了资源在市场充分竞争环境下的最优配置结果（Takayasu and Okuyama，1998；Axtell，2001）。

从我国情况看，不管是全样本还是分组样本，企业规模分布都呈现出逐渐上升的趋势，且分样本的企业规模分布在 2011 年之后趋于一致，但是在行业、区域、企业产权性质上，企业规模分布都体现出一定的异质性。

（1）全国总体企业规模分布呈现上升趋势，企业间规模差距逐步扩大。

从表 3 - 7 列（2）可以看出，全样本的帕累托指数从 1998 年的 0.5405 到 2013 年的 0.8405，虽然中间个别年份有波动，但总体上升趋势明显。帕累托指数越大意味着企业间的规模差距越大，因此可看出在 1998～2013 年间企业发展存在一定程度分化，大企业成长得更大，这也是适应全球化趋势、参与国际竞争的需要。

（2）从行业视角看，衰退期行业的企业规模分布更稳定，劳动密集型行业的企业规模分布指数更高。

从不同产业生命周期的行业看，见表 3 - 7 的列（3）、列（4）、列（5），在 2002 年之前，处于衰退期的行业，其企业规模分布的帕累托指数高于成长期和成熟期企业，可能的原因是对衰退期企业而言，行业发展处于下坡阶段，行业发展外围环境恶化，企业难以再高速增长和扩大规模，呈现出稳定甚至萎缩的趋势，而大企业因职工人数多、体量大，维持成本高，萎缩速度可能更快，因此企业间规模差距小于成长期和成熟期企业。成长期、成熟期企业由于行业发展前景较好，也更有可能享受到政策红利，因此企业成长较快，大企业基于自身资源优势容易获取更多资源，存在一定程度的"马太效应"，企业间规模差距容易扩大，因此成长期、成熟期行业的企业规模分布帕累托指数增长相对明显，而衰退期行业的企业规模分布帕累托指数相对稳定。

从表 3 - 7 列（6）、列（7）、列（8）看，不同要素密集类型的行业中，劳动密集型制造业在 21 世纪前十年的帕累托指数明显高于资本密集型和技术密集型制造业。可能的原因是我国劳动密集型制造业在改革开放之后率先得到大力发展，"三来一补"加工制造成为我国经济发展的重要成分，与此同时资本密集型和技术密集型所需要的资金、技术在当时的经济阶段中尚不成熟，因此这两类行业发展速度慢于劳动密集型行业。进入 21 世纪之后，劳动密集型行业普遍竞争比较充分和激烈，难以再有此前的高速增长，企业间的规模差距较小。三类企业在 2011 年呈现明显的收敛态势，此后帕累托指数没有明显差异。

表 3-7　　　　　　　　1998~2013 年企业规模分布帕累托指数

年份	全样本	分产业生命周期			分要素密集类型		
		成长期	成熟期	衰退期	劳动密集型	资本密集型	技术密集型
(1)	(2)	(3)	(4)	(5)	(6)	(7)	(8)
1998	0.5405	0.5503	0.5263	0.6311	0.5465	0.5435	0.5052
1999	0.5484	0.5524	0.5373	0.6124	0.5403	0.5489	0.5152
2000	0.5591	0.5597	0.5541	0.6080	0.5748	0.5566	0.5058
2001	0.5995	0.6023	0.5930	0.6340	0.6316	0.5857	0.5378
2002	0.6281	0.6349	0.6209	0.6381	0.6616	0.6109	0.5485
2003	0.6306	0.6249	0.6368	0.6091	0.6758	0.5999	0.5479
2004	0.7248	0.7231	0.7340	0.6722	0.7998	0.6878	0.5984
2005	0.7374	0.7360	0.7556	0.6445	0.8130	0.6947	0.6076
2006	0.7379	0.7355	0.7571	0.6427	0.8138	0.6934	0.6103
2007	0.7494	0.7513	0.7698	0.6310	0.8313	0.7013	0.6313
2008	0.7464	0.7471	0.7783	0.6145	0.8180	0.7055	0.6265
2009	0.7187	0.7260	0.7339	0.6051	0.7863	0.6815	0.6192
2011	0.6898	0.6903	0.6880	0.6973	0.6879	0.6926	0.6790
2012	0.8444	0.8460	0.8430	0.8474	0.8352	0.8511	0.8543
2013	0.8405	0.8357	0.8484	0.8216	0.8428	0.8362	0.8517

注：(1) 所有的帕累托指数均在 1% 水平上显著，下同。
(2) 2010 年因数据质量被广泛质疑，参考其他学者做法（陈林，2018），不纳入研究范围。

　　纺织服装、鞋、帽制造业是我国传统劳动密集型行业。从表 3-8 可见，1998~2004 年该行业帕累托指数明显高于其他行业，尤其是 2004 年达到峰值 0.959，此后开始呈现微弱下降趋势。各行业在 2011 年呈现明显的收敛状态，此后行业间差距相比 2011 年之前明显缩小，各行业之间的资源配置情况相对接近。

　　从表 3-8 看，烟草行业在 2011 年之前的帕累托指数长期明显低于其他行业，这可能和我国烟草行业长期以来执行专卖、专营制度有关。[①] 2008

_____

　　① 部分学者提出，专卖制度是造成我国烟草企业规模小、分布散、技术低、销售乱的根本原因（刘炼、杨翔，2002）。

表3-8　1998~2013年各行业企业规模分布响应累托指数

行业	1998年	1999年	2000年	2001年	2002年	2003年	2004年	2005年	2006年	2007年	2008年	2009年	2011年	2012年	2013年
农副食品加工业	0.498	0.491	0.506	0.526	0.573	0.584	0.666	0.711	0.725	0.740	0.731	0.706	0.690	0.850	0.859
食品制造业	0.425	0.430	0.440	0.470	0.507	0.529	0.613	0.676	0.694	0.740	0.730	0.701	0.686	0.822	0.838
饮料制造业	0.442	0.456	0.468	0.473	0.498	0.491	0.535	0.576	0.617	0.657	0.667	0.661	0.677	0.859	0.835
烟草制品业	0.436	0.412	0.405	0.398	0.389	0.346	0.364	0.385	0.390	0.401	0.412	0.407	0.701	0.914	0.890
纺织业	0.660	0.645	0.668	0.706	0.660	0.753	0.852	0.854	0.850	0.855	0.842	0.811	0.689	0.851	0.853
纺织服装、鞋、帽制造业	0.674	0.678	0.71	0.802	0.818	0.85	0.959	0.92	0.900	0.884	0.873	0.837	0.683	0.849	0.862
皮革、毛皮、羽毛（绒）及其制品业	0.619	0.581	0.623	0.687	0.713	0.753	0.855	0.847	0.839	0.815	0.780	0.762	0.683	0.790	0.836
木材加工及木、竹、藤、棕、草制品业	0.551	0.561	0.600	0.683	0.705	0.771	0.912	0.912	0.897	0.906	0.858	0.824	0.706	0.811	0.832
家具制造业	0.474	0.509	0.546	0.585	0.624	0.627	0.781	0.801	0.802	0.826	0.807	0.772	0.682	0.836	0.839
造纸及纸制品业	0.650	0.655	0.662	0.722	0.729	0.677	0.836	0.796	0.800	0.789	0.782	0.760	0.689	0.837	0.811
印刷业和记录媒介的复制	0.481	0.475	0.461	0.485	0.519	0.506	0.564	0.618	0.644	0.87	0.869	0.858	0.684	0.849	0.834
文教体育用品制造业	0.580	0.628	0.620	0.684	0.743	0.695	0.831	0.836	0.853	0.866	0.839	0.833	0.689	0.839	0.833
石油加工、炼焦及核燃料加工业	0.562	0.523	0.499	0.502	0.535	0.523	0.555	0.531	0.522	0.504	0.505	0.474	0.709	0.873	0.863
化学原料及化学制品制造业	0.591	0.577	0.589	0.620	0.656	0.606	0.727	0.715	0.723	0.729	0.704	0.701	0.688	0.852	0.839
医药制造业	0.563	0.556	0.571	0.574	0.597	0.613	0.627	0.685	0.686	0.702	0.621	0.671	0.694	0.854	0.817

续表

行业	1998年	1999年	2000年	2001年	2002年	2003年	2004年	2005年	2006年	2007年	2008年	2009年	2011年	2012年	2013年
化学纤维制造业	0.648	0.580	0.531	0.599	0.571	0.619	0.663	0.672	0.664	0.644	0.652	0.652	0.712	0.831	0.797
橡胶制品业	0.585	0.628	0.646	0.671	0.693	0.596	0.770	0.755	0.788	0.784	0.777	0.740	0.703	0.844	0.839
塑料制品业	0.604	0.599	0.632	0.703	0.720	0.733	0.880	0.877	0.87	0.861	0.853	0.822	0.685	0.818	0.833
非金属矿物制品业	0.622	0.645	0.646	0.675	0.704	0.667	0.790	0.801	0.786	0.801	0.787	0.751	0.682	0.838	0.850
黑色金属冶炼及压延加工业	0.633	0.606	0.606	0.601	0.606	0.584	0.632	0.604	0.605	0.604	0.566	0.557	0.697	0.854	0.828
有色金属冶炼及压延加工业	0.597	0.629	0.632	0.627	0.642	0.611	0.674	0.647	0.627	0.616	0.605	0.699	0.854	0.848	—
金属制品业	0.586	0.617	0.606	0.674	0.729	0.691	0.840	0.841	0.829	0.810	0.819	0.777	0.692	0.836	0.845
通用设备制造业	0.587	0.601	0.619	0.649	0.688	0.696	0.794	0.815	0.803	0.805	0.805	0.769	0.696	0.849	0.844
专用设备制造业	0.527	0.533	0.525	0.562	0.584	0.586	0.711	0.744	0.746	0.777	0.772	0.758	0.698	0.846	0.814
交通运输设备制造业	0.458	0.469	0.475	0.496	0.512	0.525	0.590	0.640	0.640	0.670	0.683	0.649	0.687	0.859	0.843
电气机械及器材制造业	0.580	0.578	0.600	0.643	0.665	0.653	0.731	0.727	0.714	0.712	0.703	0.686	0.688	0.848	0.836
通信设备、计算机及其他电子设备制造业	0.511	0.511	0.513	0.534	0.542	0.544	0.589	0.592	0.588	0.605	0.598	0.596	0.676	0.861	0.847
仪器仪表及文化、办公用机械制造业	0.508	0.529	0.512	0.572	0.586	0.583	0.652	0.683	0.710	0.750	0.746	0.714	0.685	0.833	0.860
工艺品及其他制造业	0.568	0.58	0.576	0.691	0.725	0.740	0.860	0.852	0.843	0.841	0.832	0.793	0.695	0.847	0.772
废弃资源和废旧材料回收加工业	—	—	—	—	—	0.691	0.830	0.782	0.750	0.706	0.722	0.662	0.682	0.847	0.765

注：数据来源于中国工业企业数据库，由作者计算得出，个别行业因数据缺失无法计算得出帕尔托累托指数。

55

年,《中华人民共和国反垄断法》开始实施,烟草行业也受到反垄断规制,市场秩序得到进一步监管,商品和服务的价格也受到调控,这可能是烟草行业帕累托指数在 2009 年开始持续显著提升的重要原因。

（3）从区域视角看,东中西区域整体呈上升趋势,区域间差距逐渐缩小,企业规模分布的帕累托指数随市场化程度的提高而提高。

从表 3-9 列（3）、列（4）、列（5）可以看到,我国企业规模分布的特点是:东部、中部、西部各区域在 1998~2013 年整体呈上升趋势,区域间差距逐渐缩小,在 2012~2013 年时各区域的企业规模分布趋于一致。我国东部、中部、西部的经济发展水平存在一定差距,企业规模分布的帕累托指数在 2008 年之前差距较为明显。受国际金融危机影响,2008年开始三个区域的帕累托指数都呈下降趋势,其中西部地区在 2011 年下降最为严重,此后逐渐恢复上升,2012~2013 年三个区域的帕累托指数非常接近。

从表 3-9 列（6）、列（7）、列（8）看,在不同市场化程度的地区,我国企业规模分布的特点是市场化程度越高的地区,其企业规模分布的帕累托指数越高,在 1998~2013 年之间不同市场化程度的地区帕累托指数都呈上升趋势。

表 3-9　　　　1998~2013 年各区域的企业规模分布帕累托指数

年份	全样本	区域			市场化程度		
		东部	中部	西部	高	中	低
(1)	(2)	(3)	(4)	(5)	(6)	(7)	(8)
1998	0.5405	0.5822	0.5269	0.4723	0.5949	0.5370	0.4583
1999	0.5484	0.5848	0.5432	0.4860	0.5922	0.5482	0.4624
2000	0.5591	0.6017	0.5511	0.4825	0.6084	0.5638	0.4595
2001	0.5995	0.6569	0.5657	0.4995	0.6687	0.5749	0.4814
2002	0.6281	0.6723	0.5873	0.5466	0.6815	0.5940	0.5359
2003	0.6306	0.6953	0.6196	0.4615	0.7077	0.6170	0.4313
2004	0.7248	0.7718	0.6554	0.6053	0.7788	0.6635	0.5657
2005	0.7374	0.7645	0.7086	0.6437	0.7730	0.7011	0.6058
2006	0.7379	0.7602	0.7190	0.6496	0.7686	0.6996	0.6314

续表

年份	全样本	区域			市场化程度		
		东部	中部	西部	高	中	低
(1)	(2)	(3)	(4)	(5)	(6)	(7)	(8)
2007	0.7494	0.7642	0.7318	0.6961	0.7733	0.7116	0.6839
2008	0.7464	0.7524	0.7314	0.7301	0.7580	0.7302	0.6876
2009	0.7187	0.7272	0.7053	0.7011	0.7315	0.7092	0.6581
2011	0.6898	0.6899	0.6895	0.5219	0.6894	0.6887	0.7022
2012	0.8444	0.8416	0.8505	0.8469	0.8426	0.8500	0.8445
2013	0.8405	0.8396	0.8453	0.8359	0.8401	0.8438	0.8328

注：数据来源于中国工业企业数据库，由作者计算得出。

从各省的情况看（见表 3 - 10），绝大部分省份的帕累托指数呈现平稳上升趋势，只有河北等个别省份波动较大。浙江、江苏两省在 1998 ~ 2008 年的帕累托指数略高于其他省份，尤其是浙江省更明显。1998 年，全国和大部分省份的帕累托指数处于（0.4，0.7）区间，而浙江省的帕累托指数相对较高，接近 0.8，此后有过波动，在 2004 年达到最高值 0.943，接近 1，之后出现下降趋势，直到 2012 年、2013 年与大部分省份相比已没有明显差异，各省之间的差距呈现明显缩小趋势。

（4）从企业产权性质的角度看，2011 年之前非国有制企业的企业规模分布帕累托指数明显高于国有企业。

将表 3 - 11 列（3）、列（4）对比发现，非国有制企业在 2011 年之前的帕累托指数明显大幅高于国有企业，因此有学者认为国有企业是我国企业规模分布偏离齐夫分布的主要原因（方明月、聂辉华，2010）。这体现出 2011 年之前我国国有企业的规模不均匀情况非常明显，大企业和小企业之间规模差距较大。2011 年之后，国有和非国有企业之间的帕累托指数高度一致，这可能得益于我国在 1995 ~ 2004 年进行的第二轮国企改革。这轮改革重点调整国有企业的战略布局，国资和国企从制造业大量退出，将更多资源集中投资于基础产业（开采业、能源产业）与服务业。2011 年之后，改革成效逐渐显现，国资和国企在绝对量上都大幅度发展壮大，企业规模均匀程度有所提升，国有资本规模从 2005 年的 86 231.3 亿元增

表3-10 1998~2013年全国和各省企业规模分布累帕累托指数

地区	1998年	1999年	2000年	2001年	2002年	2003年	2004年	2005年	2006年	2007年	2008年	2009年	2011年	2012年	2013年
全国	0.541	0.548	0.559	0.600	0.628	0.631	0.725	0.737	0.738	0.749	0.746	0.719	0.690	0.844	0.841
北京	0.419	0.438	0.446	0.472	0.478	0.552	0.550	0.603	0.628	0.768	0.775	0.748	0.689	0.827	0.840
天津	0.454	0.437	0.397	0.473	0.423	0.381	0.456	0.525	0.521	0.516	0.627	0.560	0.667	0.826	0.858
河北	0.547	0.551	0.579	0.597	0.607	0.589	0.674	0.666	0.652	0.644	0.674	0.648	0.697	0.838	0.834
山西	0.525	0.498	0.523	0.558	0.592	0.612	0.619	0.654	0.673	0.711	0.611	0.620	0.705	0.854	0.817
内蒙古	0.499	0.484	0.525	0.556	0.554	0.562	0.632	0.609	0.658	0.679	0.694	0.641	0.696	0.827	0.866
辽宁	0.499	0.526	0.558	0.592	0.652	0.711	0.664	0.748	0.762	0.780	0.750	0.718	0.696	0.833	0.844
吉林	0.429	0.459	0.487	0.507	0.498	0.573	0.470	0.713	0.723	0.703	0.720	0.683	0.683	0.815	0.848
黑龙江	0.468	0.485	0.471	0.508	0.530	0.526	0.601	0.660	0.663	0.716	0.734	0.666	0.705	0.819	0.832
上海	0.660	0.635	0.660	0.737	0.775	0.783	0.810	0.775	0.780	0.779	0.776	0.703	0.696	0.851	0.840
江苏	0.756	0.695	0.719	0.751	0.776	0.778	0.879	0.800	0.797	0.790	0.770	0.750	0.688	0.852	0.830
浙江	0.798	0.721	0.765	0.848	0.853	0.864	0.943	0.911	0.887	0.870	0.847	0.843	0.691	0.831	0.850
安徽	0.624	0.619	0.621	0.694	0.693	0.666	0.734	0.730	0.725	0.734	0.715	0.720	0.692	0.868	0.844
福建	0.650	0.642	0.673	0.686	0.694	0.759	0.825	0.811	0.804	0.803	0.783	0.757	0.693	0.845	0.842
江西	0.494	0.496	0.489	0.478	0.522	0.569	0.574	0.758	0.770	0.798	0.858	0.805	0.671	0.868	0.867
山东	0.649	0.605	0.656	0.684	0.708	0.719	0.794	0.785	0.782	0.764	0.729	0.708	0.678	0.841	0.844
河南	0.606	0.622	0.620	0.626	0.637	0.642	0.711	0.746	0.748	0.738	0.723	0.763	0.682	0.852	0.840

续表

地区	1998 年	1999 年	2000 年	2001 年	2002 年	2003 年	2004 年	2005 年	2006 年	2007 年	2008 年	2009 年	2011 年	2012 年	2013 年
湖北	0.576	0.593	0.600	0.549	0.610	0.671	0.749	0.688	0.728	0.758	0.758	0.726	0.701	0.855	0.835
湖南	0.535	0.553	0.581	0.624	0.608	0.711	0.753	0.803	0.804	0.814	0.834	0.779	0.691	0.786	0.856
广东	0.592	0.627	0.674	0.692	0.699	0.723	0.772	0.773	0.755	0.762	0.742	0.744	0.685	0.844	0.831
广西	0.463	0.458	0.474	0.479	0.484	0.524	0.522	0.622	0.632	0.767	0.735	0.737	0.000	0.821	0.840
海南	0.471	0.467	0.457	0.448	0.521	0.521	0.513	0.478	0.481	0.736	0.632	0.692	0.789	0.887	0.904
重庆	0.593	0.647	0.625	0.705	0.658	0.752	0.759	0.804	0.764	0.794	0.767	0.703	0.000	0.867	0.842
四川	0.547	0.556	0.591	0.611	0.631	0.621	0.705	0.694	0.680	0.691	0.743	0.748	0.456	0.847	0.841
贵州	0.419	0.445	0.446	0.448	0.482	0.506	0.478	0.512	0.548	0.634	0.656	0.662	0.491	0.809	0.871
云南	0.476	0.486	0.476	0.484	0.493	0.511	0.602	0.651	0.643	0.698	0.691	0.682	0.781	0.879	0.832
陕西	0.443	0.461	0.457	0.488	0.519	0.518	0.524	0.598	0.615	0.688	0.718	0.654	0.828	0.888	0.798
甘肃	0.467	0.492	0.484	0.535	0.763	0.296	0.544	0.571	0.595	0.584	0.742	0.716	—	0.813	0.814
青海	0.379	0.367	0.402	0.354	0.439	0.438	0.487	0.523	0.488	0.552	0.555	0.522	—	0.755	0.811
宁夏	0.456	0.462	0.510	0.504	0.513	0.612	0.608	0.687	0.732	0.742	0.724	0.714	—	0.863	0.802
新疆	0.439	0.432	0.435	0.447	0.488	0.510	0.564	0.598	0.648	0.749	0.740	0.736	—	0.827	0.837

注：数据来源于中国工业企业数据库，由作者计算得出，2011 年个别省份因数据缺失无法计算帕累托指数。

长到 2011 年的 466 830.9 亿元，7 年内增长 4.41 倍（平新乔，2015），国企和非国企找到各自发展的空间，国企在基础性行业中占据主体地位，而民营和外资在制造业中占主体地位，两者呈现出相辅相成、错位发展的格局，市场资源配置也得到进一步优化。

表 3-11 列（4）中的非国有企业的企业规模分布帕累托指数相对稳定在 0.8 左右，个别年份出现波动，但总体变化趋势没有国有企业那么明显。这反映出非国有企业的企业规模相对比国有企业更均匀，规模差距较小。原因是资源错置导致生产率高的企业难以成长（李旭超等，2017），大量的民营企业难以做强做大，企业间的规模差距相对较小，这被学者称为我国的规模分布"中间缺失"现象（张少华、张天华，2017）。而规模差距小、集中度较低，产生的直接后果是制约了企业的创新（吴福象、周绍东，2006）。

表 3-11　　1998~2013 年不同产权性质的企业规模分布帕累托指数

年份	全样本	国有企业	非国有企业
(1)	(2)	(3)	(4)
1998	0.5405	0.4313	0.8013
1999	0.5484	0.4233	0.7795
2000	0.5591	0.4181	0.7350
2001	0.5995	0.4171	0.7522
2002	0.6281	0.4094	0.7627
2003	0.6306	0.3922	0.7215
2004	0.7248	0.3661	0.8513
2005	0.7374	0.4017	0.7944
2006	0.7379	0.3978	0.7808
2007	0.7494	0.4751	0.7642
2008	0.7464	0.5569	0.7533
2009	0.7187	0.5319	0.7266
2011	0.6898	0.6881	0.6899
2012	0.8444	0.8462	0.8442
2013	0.8405	0.8509	0.8403

注：数据来源于中国工业企业数据库，由作者计算得出。

3.1.3　制造业创新的现状与特征

改革开放 40 多年来，我国工业取得了举世瞩目的成就，建立了门类齐全的现代工业体系，制造业的成绩更是引人注目，我国制造业占全球的比重从 1990 年的 2.7% 提高到 2010 年的 19.8%，此后连续多年稳居世界第一。[①] 在 GDP 高速增长的前提下，我国研发支出占 GDP 比重从 1996 年至今持续增长，如图 3 - 6 所示，2002 年首次突破 1%；2014 年又突破 2%，达到 2.02%；2017 年提升至 2.13%，在全球排名第 13 位，整体上已超过欧盟 15 国平均水平，达到中等发达国家水平。2019 年，我国研发支出占比提高到 2.23%，与美国、日本、德国等发达国家的差距逐步缩小。

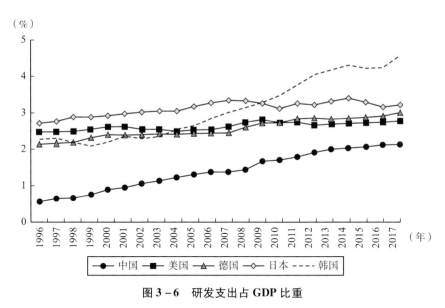

图 3 - 6　研发支出占 GDP 比重

数据来源：世界银行数据库，https：//data.worldbank.org.cn/，2020 年 6 月 19 日。

2004 年至今，我国制造业增加值占 GDP 比重一直在 30% 左右（见图 3 - 7），从 2015 年开始有所降低，维持在约 29%。这个比重的降低，一方面符合产业发展规律，即随着经济发展第二产业占 GDP 比重会逐渐

---

① 改革开放铸就工业辉煌　创新转型做强制造大国——改革开放 40 年经济社会发展成就系列报告之六，http：//www.stats.gov.cn/ztjc/ztfx/ggkf40n/201809/t20180904_1620676.html。

降低，第三产业占比会逐步超过第二产业，另一方面也跟我国工业尤其是制造业本身"大而不强"不无关系。"大"体现在不管是制造业增加值总量还是制造业增加值，中国都已成为世界第一，汽车等产品的产量也多年蝉联世界第一；而"不强"则体现为"三低三高"，即低技术、低利润、低端市场和高能耗、高污染、高对外依存度。我国制造业长期处在价值链"微笑曲线"的中低端，大量核心技术和高端装备依靠进口，自主创新能力不足。近年来，我国制造业发展也在积极寻求转型，尤其是 2008 年国际金融危机的重创，倒逼我国制造业由数量规模扩张向质量效益提升转变。

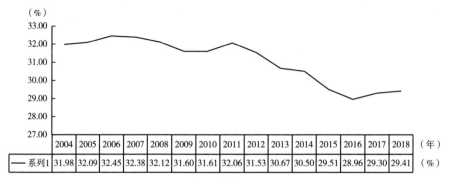

图 3 - 7　制造业增加值占 GDP 比重

数据来源：联合国数据库，http：//unstats. un. org/unsd/。

我国制造业创新的特点，从研发投入来看是投入总量持续增加但与发达国家相比还有较大差距，从专利产出来看，创新的不均衡特点突出。

1. 研发投入持续增加

我国规模以上工业企业研发经费支出从 2004 年的 1 104. 5 亿元到 2019 年的 13 538. 5 亿元，增长十倍以上，研发经费支出占主营业务收入比重也从 2004 年的 0. 56 提高到 2018 年的 1. 25 （见图 3 - 8），可见企业的研发意愿和实际投入呈明显的增长趋势。但是从制造业研发支出占制造业增加值比重可以看出我国制造业的投入水平与发达国家相比还存在明显差距 （见图 3 - 9）。而在制造业内部结构中，我国高技术制造业①的研发投入

---

① 按照《高技术产业（制造业）分类（2017）》，高技术制造业是指国民经济行业中 R&D 投入强度相对高的制造业行业，包括医药制造，航空、航天器及设备制造，电子及通信设备制造，计算机及办公设备制造，医疗仪器设备及仪器仪表制造，信息化学品制造 6 大类。

明显偏低。2019 年，我国高技术制造业研发经费支出占规模以上制造业研发经费支出的比重为 28.1%，[①] 远低于 2018 年美国的 73.3%、日本的 41.2%、德国的 34.3%、韩国的 58.7%。[②] 投入不足，也直接制约了高技术制造业、高端制造业的发展质量。现有研究表明，我国高端制造业的附加

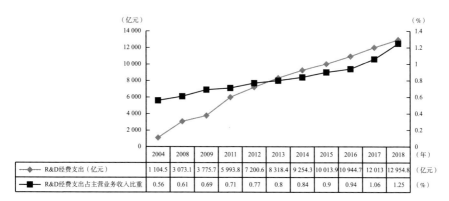

	2004	2008	2009	2011	2012	2013	2014	2015	2016	2017	2018	
R&D经费支出（亿元）	1 104.5	3 073.1	3 775.7	5 993.8	7 200.6	8 318.4	9 254.3	10 013.9	10 944.7	12 013	12 954.8	（亿元）
R&D经费支出占主营业务收入比重	0.56	0.61	0.69	0.71	0.77	0.8	0.84	0.9	0.94	1.06	1.25	（%）

图 3 - 8 规模以上工业企业研发经费支出

数据来源：国家统计局。

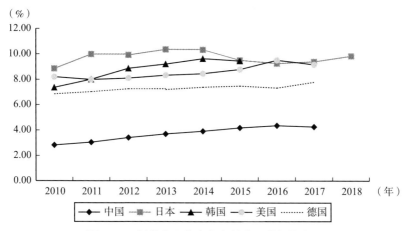

图 3 - 9 制造业研发支出占制造业增加值比重

数据来源：研发数据来自 OECD 数据库，https：//stats. oecd. org/，2020 年 6 月 22 日；制造业增加值来自联合国数据库，http：//unstats. un. org/unsd/，2020 年 6 月 22 日。

---

① 2019 年全国科技经费投入统计公报，http：//www. gov. cn/xinwen/2020 - 08/27/content_5537848. htm。

② 世界银行数据库，https：//data. worldbank. org. cn/，2020 年 6 月 30 日。

值率低于制造业平均水平，也低于以要素密集型为主的低端制造业，因此，高端制造业的增长及其在产业结构中比重的提高反而阻碍了工业经济增长质量的提升，对我国经济增长的集约化水平产生了显著的抑制作用（傅元海等，2016）。

2. 专利产出高度集中在成长期、资本密集型、东部、高市场化程度企业

创新具有很大不确定性，因此除了研发投入外，我们更多地关注创新产出，只有产出才能体现创新的社会和经济价值。从研发支出看，增速加快，制造业企业的创新意识明显增强，但是在质量效益、结构优化、持续发展方面还是差强人意。2018年，中国制造业劳动生产率为28 974.93美元/人，仅为美国的19.3%、日本的30.2%和德国的27.8%。[①]

专利是一个国家创新能力的重要体现之一。发明专利占比在一定程度上体现了创新的质量和水平。从发明专利申请数占三类专利申请数的比重（见图3-10）来看，规模以上工业企业的发明专利占比一直高于全行业的发明专利占比，自21世纪以来这个占比总体呈现出增长态势，最高时占比超过40%（2016年占比40.12%）。总的来看，我国规模以上工业企业的专利整体技术含量不断提升。

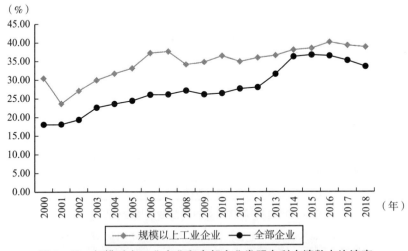

图3-10 规模以上工业企业和全部企业发明专利申请数占比演变

数据来源：作者根据各年度中国科技统计年鉴整理得出。

---

① 数据来源：2019年12月28日由中国工程院战略咨询中心、机械科学研究总院装备制造业发展研究中心、国家工业信息安全发展研究中心联合发布的《2019中国制造强国发展指数报告》。

从处于不同产业生命周期的行业（见表 3 - 12）来看，处于成长期的行业在专利申请总数（617 444 件）和发明专利申请数占比（41.60%）上都明显高于另外两个时期的行业，可能的原因是成长期的行业由于发展前景好，企业间竞争激烈，尤其是每年新进入企业可能较多，对在位企业形成较大的竞争压力，因此企业必须通过加强技术研发创新，获得专利来维持自身竞争优势。对衰退期企业而言，虽然专利申请数总量少（27 154件），但发明专利占比（37.63%）却高于成熟期企业（32.30%），可能的原因是对衰退期企业而言，如果要继续在市场上生存，其不得不通过发明专利这种技术含量较高的专利来提高自身竞争力，以免被竞争对手击败和被市场淘汰。对衰退期企业维持生存而言，实用新型专利、外观设计专利相对能够发挥的作用没有发明专利那么大。

表 3 - 12　　　2018 年不同产业生命周期的规模以上工业企业专利申请

产出生命周期	专利申请数（件）	专利申请数占比（%）	发明专利申请数（件）	发明专利占总专利申请数比重（%）
成长期	617 444	67.91	256 829	41.60
成熟期	264 667	29.11	85 495	32.30
衰退期	27 154	2.99	10 217	37.63

　　数据来源：《中国科技统计年鉴 2019》，作者整理得出。

从不同要素密集类型的行业（见表 3 - 13）看，2018 年三类企业中的资本密集型企业的专利申请总量最大。而技术密集型企业的发明专利申请数占比最高，这与技术密集型行业本身对技术创新要求较高有关。劳动密集型企业不管是专利申请总数还是发明专利占比，比重都是最低，充分体现了劳动密集型企业在三类企业中技术含量最低的特点。

表 3 - 13　　　2018 年不同类型规模以上工业企业专利申请

企业类型	专利申请数（件）	专利申请数占比（%）	发明专利申请数（件）	发明专利申请数占比（%）
劳动密集型	193 273	21.23	56 252	29.10

续表

企业类型	专利申请数（件）	专利申请数占比（%）	发明专利申请数（件）	发明专利申请数占比（%）
资本密集型	490 801	53.92	176 180	35.90
技术密集型	226 190	24.85	120 532	53.29

数据来源：《中国科技统计年鉴 2019》，作者整理得出。

　　从区域视角（见表 3 - 14）看，东部地区在专利申请总数上有优势，但是在结构上略逊色于中西部地区。2018 年东部地区的总量优势明显，专利申请数（694 239 件）是中部地区（180 133 件）的 3.85 倍、西部地区（82 926 件）的 8.37 倍。东部地区发明专利数（268 227 件）是中部地区（71 079 件）的 3.77 倍，是西部地区（32 263 件）的 8.31 倍。从发明专利占专利申请数的比重来看，中部地区（39.46%）最高，西部地区（38.91%）次之，而东部地区（38.64%）占比相对最低。可见东部地区虽然在总量上有绝对优势，但是发明专利占比反而低于中部地区和西部地区。

表 3 - 14　　　　　　2018 年各区域规模以上工业企业专利申请

区域	专利申请（件）	发明专利申请（件）	发明专利申请数占比（%）
东部地区	694 239	268 227	38.64
中部地区	180 133	71 079	39.46
西部地区	82 926	32 263	38.91

数据来源：《中国科技统计年鉴 2019》，作者整理得出。

　　从不同市场化程度的地区（见表 3 - 15）来看，不同市场化程度地区之间发明专利申请数占比差距不大（分别是 38.58%、39.26%、40.37%）。

表 3 - 15　　　　2018 年不同市场化程度的地区规模以上工业企业专利申请

市场化程度	专利申请（件）	发明专利申请数（件）	发明专利申请数占比（%）
高	695 005	268 109	38.58
中	217 976	85 571	39.26
低	44 317	17 889	40.37

数据来源：《中国科技统计年鉴 2019》，作者整理得出。

从企业产权性质的角度（见图 3 - 11）看，2003 ~ 2018 年国有企业和非国有企业的发明专利申请数占比都有所提升，其中国有企业的提升尤为明显。在 2009 年之前，国有企业的发明专利占比低于非国有企业，而2009 年之后，国有企业的占比提升较快，尤其是 2013 年之后与非国有企业之间的差距明显拉开。2018 年，国有企业发明专利申请数占其总专利申请数的 47.69%，远高于非国有企业的 38.72%。

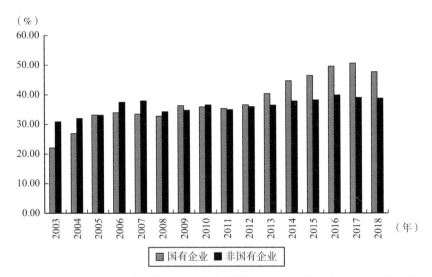

图 3 - 11　国有和非国有规模以上工业企业发明专利申请数占专利申请总数比重

数据来源：作者根据各年度中国科技统计年鉴整理得出。

总体来看，我国制造业创新存在两方面的问题。

一方面，研发经费投入力度不足，制造业大而不强、全而不优。

虽然制造业研发支出绝对值在过去 20 多年间呈增长趋势，但是从图 3 - 7 可以看出，我国制造业研发支出占制造业增加值比重与发达国家相比存在明显差距，制造业的研发经费投入力度还有很大的提升空间。与此同时，从图 3 - 1 可以发现，研发经费中政府资金的比重，制造业明显低于全行业，这意味着制造业的创新主要靠"自力更生"。图 3 - 2 也反映出资本密集型企业得到的平均补贴数额高于技术密集型企业，这反映了政府对技术密集型企业的扶持力度还有很大提升空间。虽然企业是创新的主体，我国制造业门类齐全，但是制造业大而不强、全而不优的特点非常突出，基础创新能力依然薄弱，关键核心技术受制于人、卡脖子、掉链子的风险明显增多，因此加大政府扶持力度和制造业研发经费投入力度、提升制造业创新能力和核心技术迫在眉睫。

创新具有很大不确定性，因此除了研发投入外，我们更多地关注研发绩效，只有绩效才能体现创新的社会和经济价值。根据 OECD 数据库的统计数据（见表 3 - 16），不管是 500 强企业的研发支出还是三方同族专利[①]、商标，我国跟发达国家比都存在明显差距。虽然研发支出增速较快，企业的创新意识明显增强，但是我国制造业在质量效益、结构优化、持续发展方面还是不尽如人意。

表 3 - 16　　　　　　　　　2010 年研发绩效比较

国家	500 强企业研发支出（每单位 GDP）	三方同族专利（每单位 GDP）	商标（每单位 GDP）
中国	24.810	16.148	3.794
日本	147.541	200.000	52.686
韩国	107.165	137.647	65.393
美国	115.819	119.836	101.421
德国	120.196	151.714	105.785

数据来源：OECD 数据库，https：//stats.oecd.org/。

根据世界知识产权组织（WIPO）、美国康奈尔大学和欧洲工商管理学院（INSEAD）共同发布的《2020 年全球创新指数报告》（以下简称《报告》），在《报告》涵盖的 129 个国家和经济体中，中国排名 14 位，与 2019 年持平，是全球创新指数前 30 名中唯一的中等收入经济体。这说明我国的创新水平处于持续改进的态势。但是从创新质量、内部结构来看，我国的创新与发达国家比还有较大差距。

首先，研发经费投入结构亟待改进。我国研发投入多年持续增长，但

---

① 三方同族专利（triadic patent families）是 OECD 关于创新与技术指标中的重要统计指标。OECD 对三方同族专利所下定义为：来自欧洲专利局、日本专利局、美国专利与商标局保护同一发明的一组专利。

是投入经费的结构并不合理，科学研究投入明显不足。2015 年，我国基础研究和应用研究的投入占总研发投入比重为 16%，而美国、日本、英国、法国等国家分别达到 37%、32%、60% 和 62%（见图 3 - 12）。中国科学研究的主要问题不仅是基础研究投入不足，更重要的是应用研究差距比较大，不到美国和日本的一半，与英国和法国的差距更大。

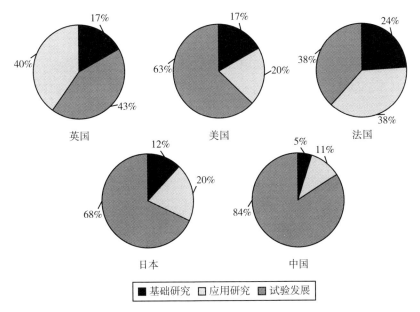

图 3 - 12 中国与其他部分国家的研发投入结构比较

数据来源：《中国研发经费报告（2018）》。

其次，高技术含量的发明专利占比较低。从专利申请来看，虽然我国发明专利申请数连续多年位居世界第一，但是发明专利申请占比较低、高质量技术创新较少。1978～2017 年，美国申请专利中 90.43% 为发明专利，英国为 72.27%、日本为 82.92%、法国为 68.81%、德国为 80.5%，而我国申请专利中发明专利仅占 35.53%（占比最高的年份也未能达到 40%），与上述国家差距悬殊。与此同时，我国实用新型专利的申请数量几乎呈现爆炸式增长，实用新型专利的申请数量占世界总量的比重从 2001 年的 44.94% 上涨到 2015 年的 93.55%，几乎陷入了实用新型专利持续高速增长反而导致国家创新水平难以提升的"实用新型专利制度使用陷阱"。

2019 年，我国发明专利、外观设计专利和实用新型专利的申请数量比重分别是 32%、16%、52%，实用新型专利占比过半，发明专利比重甚至有所下降。

研发投入结构不合理、发明专利的比重低，在一定程度上制约了我国创新质量的提升。近年来，我国的知识产权贸易逆差处于波动上涨趋势，月平均贸易逆差从 2015 年的约 108 亿元上涨到 2019 年的约 159 亿元，2020 年 5 月甚至高达 203 亿元，这与我国货物和服务贸易顺差多年来持续高达几千亿元形成鲜明对比。

另一方面，制造业创新产出不均衡，呈现出一定的集聚效应。

从专利的角度看，制造业创新产出的不均衡体现在企业规模、产权性质和区域等维度。1998 ~ 2013 年，我国规模以上工业企业基于企业规模的创新基尼系数高于 0.53，专利申请高度集中在规模位于前 20% 的大企业中；从专利比率①看，国有企业的专利比率明显低于民营企业或外资企业，也就是说，拥有同样资产的前提下，民营和外资企业能够创造的专利明显多于国有企业；从区域来看，东部地区专利申请数几乎占据全国三分之二，企业创新集中在以上海为中心的长三角地区、以深圳为中心的珠三角地区和以北京为中心的环渤海地区（寇宗来、刘学悦，2020）。

3.2 三者关系特征

为了初步探究政府补贴、企业规模分布和创新之间的关系，本节以中国工业企业数据库和中国专利数据库的数据，以企业样本绘制政府补贴、企业规模分布和创新三者关系②的散点图，并将政府补贴与创新、企业规模分布与创新两个关系以拟合线形式展现（见图 3 – 13）。

---

① 专利比率 = 专利申请数量/资产总额。
② 为保持研究的延续性，本节用于绘制三者关系图的指标衡量方式与第 5 章实证保持一致，政府补贴、企业规模分布和创新三个指标的具体衡量方式详见第 5 章，不在此处详述。

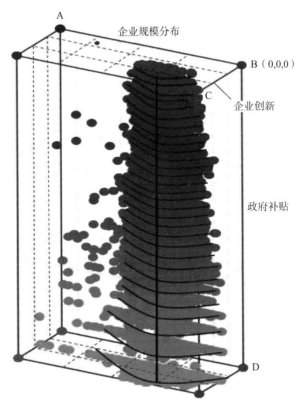

图 3 – 13　政府补贴、企业规模分布、创新三者关系

1. 政府补贴与创新的关系

从图 3 – 13 可以看出，当我们以政府补贴（BD）作为 x 轴，企业创新（BC）作为 y 轴，B 为零点时，政府补贴与创新之间初步呈现出线性关系，即当政府补贴变化时，创新会随之变化。但这种线性关系是正相关还是负相关，在图中难以直观地体现。

结合前文分析的现实情况看，政府补贴尤其是针对科技创新的补贴在过去几十年中规模不断增加，而我国的创新也飞速增长，两者之间可能存在正相关关系，政府补贴的存在补充了企业资金的不足，在一定程度上缓解了企业尤其是中小企业的资金瓶颈。政府补贴与创新之间的关系，本书将在后续的理论模型和实证检验中得到进一步的结论。

2. 企业规模分布与创新的关系

继续分析图 3 - 13, 当我们以企业规模分布（AB）作为 x 轴, 企业创新（BC）作为 y 轴时, 可以观察到企业规模分布与创新之间呈现出接近于倒 U 形的非线性关系, 即随着企业规模分布的变大, 创新会随之增长, 但是这种增长不是无止境的, 而是存在一个拐点, 当企业规模分布达到拐点时, 继续增长则会引起创新的下降。

企业规模分布与企业创新的倒 U 形关系, 意味着如果以促进创新为目标, 则企业规模分布并不是越大越好, 在达到拐点之前, 企业规模分布变大会促进创新, 而达到拐点之后, 企业规模分布变大反而会抑制创新。现有研究对西方发达国家经验数据的检验表明, 企业规模分布的最优状态是帕累托指数为 1, 即齐夫分布。那么, 对我国的企业创新而言, 企业规模分布的拐点是不是意味着帕累托指数为 1 呢？本书将在后续理论模型或实证检验中进行验证。

由于政府补贴与企业规模分布之间的关系在图 3 - 13 中难以直接观察, 本书将在后续理论模型和实证检验中加以探索。

3.3　本 章 小 结

本章分析了我国政府补贴、企业规模分布和制造业创新的现状、特征和存在问题。总的来看, 我国政府的补贴政策随着经济体制、经济发展水平的变化而调整, 政府促进科技创新的投入在过去很长一段时间持续增长, 但是政府资金占研发经费的比重呈现出略微下降的趋势, 政府科技支出的主力由中央政府逐渐过渡为地方政府, 政府补贴在实施中存在着缺乏顶层设计和统一规范、绩效管理不到位等问题。我国的企业规模分布整体向下偏离齐夫分布, 帕累托指数从 1998 年的 0.541 上升到 2013 年的 0.841, 总体上升趋势明显; 企业规模分布会随着行业所处的产业生命周期、要素密集类型而产生差异, 也会随着区域、市场化程度高低和企业产权性质而有所不同。我国的制造业发展在过去几十年间取得了质的飞跃, 制造业创新也有很大进步, 但是与发达国家相比, 我国制造业创新还存在着研发经费投入结构不合理、高技术含量的发明专利占比较低等问题。通过绘制散点图初步探究政府补贴、企业规模分布与创新之间的关系，发现政府补贴与创新之间呈现出线性关系，而企业规模分布与创新之间呈现出接近于倒 U 形的非线性关系。本章对现状分析和变量间关系的初步认识为后文的理论模型、实证检验奠定了基础，探索了方向，后续将通过理论模型和实证检验得到三者之间的精确关系。

第 4 章

政府补贴、企业规模分布
与制造业创新：理论
分析与模型构建

本章从理论上分析了政府补贴、企业规模分布对企业创新的影响并构建理论模型进行论证。首先，在李斯特（Friedrich List）等学者的幼稚产业保护理论和菲利普·阿吉翁（Philippe M. Aghion）等学者关于产业政策、竞争和经济增长的分析框架基础上，引入企业规模分布视角，从理论上分析政府补贴、企业规模分布对企业创新的影响。其次，构建一个扩展的"2×2"伯川德模型论证政府补贴、企业规模分布对企业创新的影响及传导机制，探讨政府补贴、企业规模分布促进企业创新的阈值。本模型与阿吉翁等学者模型的区别在于，本模型引入了企业规模分布，通过企业规模分布来阐述政府补贴对企业创新的影响机制。本章是全文的理论基础，为后续实证检验奠定了方向。

4.1　理　论　分　析

4.1.1　政府补贴政策促进企业创新效应的理论分析

1. 政府补贴促进企业创新的政策框架

政府补贴政策促进企业创新不是简单的相加关系，而是涉及政府、市场和企业的复杂系统关系（见图4-1）。作为政府调控的重要手段，政府补贴政策的目标是落实新发展理念、提升全社会创新能力、推动高质量发展。企业则通过创新提升产品和服务质量，获取更多利润，因而企业有着内生的创新需求，但创新能否持续，取决于创新转化为企业市场占有率的能力和企业利润的提升情况。从内在逻辑和利益角度看，政府和企业在创新上既具有统一性，即两者在创新发展上都能实现自身的利益目标，也有对立性，即在达到目标的过程中两者的利益并非始终一致，补贴政策的引导激励并不必然会转化为企业真正的创新行为和创新能力的提升，这对矛盾关系的解决就在于政策效应的大小。"效应"是从政策作用对象视角观察和评判政策效果，重在"应"字，也就是企业在政府补贴政策面前如何

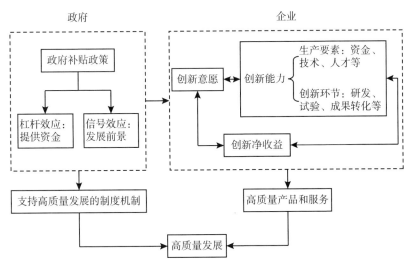

图4-1　政府补贴政策促进企业创新效应的系统框架

应对，如何反应，以及应对和反应的程度等。从形式上看，政府补贴政策对促进企业创新可能存在效应，但不是真正的效应，必须看补贴政策的引导激励能否真正作用和改变影响企业创新的行为本身及其结果，如果是，才能真正促进企业创新，补贴政策效果相应得到实现。反之，补贴政策目标就难以实现，政策就难以奏效，补贴资金的效果也就大打折扣甚至无效，这就是对政府补贴政策支持企业创新效应的系统认识。

2. 政府补贴政策促进企业创新效应的内涵

从统一性角度看，政府与企业在创新上具有一致性，政府补贴政策目标的实现与企业创新能力的提升和有效创新产出的增长是内在的、一致的。政府补贴政策的目标和效果不取决于政策本身，而是取决于企业创新行为及其结果，只有企业响应政府补贴政策的引导激励正确有效地实施创新并通过创新获取预期利益时，政策的目标才能顺利实现。政策效应越强，政策效果和企业的创新产出收益也就越大，政策支持企业创新也才更可持续。企业作为创新的主体，是否愿意持续开展创新取决于三个要素的综合权衡：创新意愿、创新能力①和创新净收益。企业是否有创新意愿，源于企业对创新的预期收益和研发成本的比较，只有创新所取得的预期收益大于研发成本，即创新净收益大于 0，企业才有创新意愿。而创新净收益的预期，又跟企业的创新能力紧密相关，在研发成本不变的前提下，创新能力越强，则创新成功率越高，预期收益越高。因此，创新意愿、创新能力和创新收益三者相互影响相互作用形成企业创新的闭环。创新收益的高低决定了企业是否有创新意愿，而创新收益高低又受制于企业的创新能力。取得创新收益后，企业有能力购置研发所需要的生产要素，又能够进一步提升创新能力、强化创新意愿。企业要取得创新成功，三个要素相互作用，推动企业不断创新。政府补贴政策作为外在因素，是企业创新行为改变的条件和激发因素，其机理在于通过影响企业创新三要素，引导和激励企业创新的内部循环。首先，政府补贴政策以税收优惠、奖金补贴等方式体现了直接降低企业研发成本、提高创新净收益的作用。其次，政府补贴政策通过"杠杆效应""信号效应"为企业吸引融资、人才等生产要素

---

① 创新能力，是指企业具备了创新所需要的资金、技术、人才等生产要素并有效利用，开展研发、试验取得创新成果并进行转化的能力。

提供有利条件，间接提升了企业的创新能力。创新净收益和创新能力的双提升能进一步强化创新意愿，从而不断加大投入提升能力，形成良性循环。

从对立性角度看，政府补贴政策并不必然转化为企业有效的创新行为，也就是说政策的效应并不会自动实现。被补贴企业对补贴政策的敏感性，是补贴政策能否实现目标的重要决定因素。企业在不具备创新能力或者创新行为不能转化为企业创新能力的增强和市场占有及利润的增长时，企业创新无利可图或不可持续，但为了获取政府补贴这块"馅饼"，就会迎合政府需要，搞形式上的创新。这个时候，补贴政策也引导企业行为发生了改变，但并不是政府期望企业有效创新的行为，而是变成了扭曲的结果，偏离政策的初衷。政策失效不仅意味着政策不能发挥促进企业创新的应有的作用和财政投入的浪费，而且还会造成企业创新行为的扭曲，给高质量发展造成负面影响。从补贴政策的系统框架看，把握其效应应关注以下几个问题。一是科学甄别创新的类型和质量。在经济赶超阶段，低质量的创新可以成为经济增长动力，但是对我国现阶段的经济发展水平而言，如果继续保留大量的低质量创新将有碍国家创新水平的继续提升。比如，我国实用新型专利的申请数量占世界总量的比重从 2001 年的 44.94% 上涨到 2015 年的 93.55%，几十年的持续高速增长却对发明专利产生挤出效应，陷入"实用新型专利制度使用陷阱"（毛昊等，2018）。这就需要引起政府部门的注意，对不同历史时期、处于不同经济发展阶段的地区的补贴对象要有所区分，支持适应当地经济发展的创新类型。二是准确评估真实的创新意愿。企业的创新意愿受制于企业的创新能力和创新净收益。如果一个企业自身创新能力薄弱，明显难以取得创新成功，却有强烈的创新意愿并申报政府补贴，那么政府就需要甄别是否出现了"骗补式创新"，即企业以创新的名义申请补贴而实际上并不开展创新。三是找准影响创新能力的关键薄弱环节。企业创新的三个要素中，政府补贴政策并不能直接作用于企业创新意愿，而是通过直接影响企业创新净收益和间接影响企业创新能力来影响企业的创新意愿。对不同的企业而言，其创新的薄弱环节不同，比如有的企业开展基础研究缺乏的是资金，有的企业缺的是技术，有的企业缺的是人才等。政府补贴政策应该有针对性，比如对基础研究类型的创新是加大资金扶持力度，对缺乏相关技术人才的行业是采用人才引进优惠措施等方式，才能帮助企业补齐短板，更好地提升创新能力。四是加强对政府补贴的绩效管理。政府的资金来源于税收，政府资金的使用绩效受到社会的广泛关注。创新本身周期长，不确定性大，不能简单以短期成效作为绩效目标，而应对补贴资金的用途进行追踪，合理设置中长期绩效目标，加强实地考察，避免企业通过会计科目造假等方式从形式上应付财政部门的绩效评价，却舍本逐末，不将精力放在通过补贴资金的有效使用提升自身的创新能力上。

3. 从政策效应视角看当前补贴政策效果

从理论研究角度看，学者们的研究对政府补贴政策影响企业创新的传导机制、企业创新的影响因素和内部运行缺乏深入分析，对补贴政策的机制设计也较少探讨。笔者认为原因在于对政策效果和政策效应未做区分，直接从企业行为及其结果的角度来分析评判政策效果，而实际上补贴政策的效果取决于政策效应，因为政策施行到政策目标实现之间存在传导环节，需要企业产生真正创新的行为，而且企业本身也具有创新的内在需求，政策的关键在于使政策的信号和作用与企业的创新行为相叠加或培育其创新行为后再相叠加，否则政策的引导激励最终会落不到实处甚至落空。企业创新被学者们当成一个"黑箱"，更多地从外在和结果角度来度量，缺乏深入分析，导致学者们难以针对关键问题提出提升系统性和有针对性的解决办法。

从政策实践角度看，当前政策效应不强影响了政策效果的实现。一是政府补贴政策对企业实质性创新的支持力度不足。政府补贴政策要达到目标，要筛选出创新意愿和创新能力（或潜力大）兼具的企业加以补贴。并且要落脚到企业创新能力的要素，如资金、技术、人才及其有效运用上。但现有政策主要是释放信号效应，激发了企业进行相对投入小、周期短、风险低的策略性创新，对更需要政策扶持的实质性创新识别不足。如我国专利申请数连续多年位居世界第一，但发明专利申请占比较低、高质量技术创新较少。1978 到 2017 年，我国申请专利中发明专利仅占 35.53%[①]，远低于美国的 90.43%、英国的 72.27%、日本的 82.92% 和德国的

———————
① 数据来源：智慧芽（PatSnap）全球专利检索数据库分析报告，https：//www.sohu.com/a/386777364_116513。

80.5%。二是政府补贴的对象筛选机制不合理，加剧了企业创新的"马太效应"。目前我国政府补贴种类繁多、标准各异，既有事前补贴，也有事后补贴。事前补贴基于补贴对象以往的成果，而事后补贴更是在企业创新成功后才予以补贴，起到的是强者恒强的"马太效应"，不利于激发更多的企业进行创新，造成创新者的垄断地位，不利于加快全社会的创新步伐。三是对政府补贴的绩效管理不到位。现有的绩效评价强调目标、指标，忽视主体行为及努力结果，不适用于不确定性强、周期长、成效存在滞后性的创新的绩效管理。目前政府补贴监管注重审核申请主体的资格和流程，绩效尚未完全纳入考虑范围。部分纳入绩效管理范围的也只是考核补贴的杠杆效应、乘数效应和社会资本投资拉动情况，对创新产出和效应则鲜有涉及。以近年来兴起的科技创新券为例，创新券自设立以来，作为政府购买服务和财政补贴的政策工具，多地开始积极实行，在各省市公布的创新券管理办法中，仅有少部分提及创新券的绩效评价，评价结果作为企业继续申请科技创新券的参考依据或以后年度预算的重要依据。更多的省市在管理办法中关于创新券的监督管理只提及不得转让、赠送、买卖等，在申请中不得提供虚假信息或虚构创新券合同等内容，主要是针对申请者的资质真实性有效性进行规范，没有对创新券的绩效进行追踪。

4.1.2　政府补贴、企业规模分布影响企业创新的理论分析

幼稚产业保护理论最初由美国第一任财政部长亚历山大·汉密尔顿（Alexander Hamilton）在 1791 年提出。此后，德国经济学家李斯特在其 1841 年出版的《政治经济学的国民体系》一书中系统地加以阐述。李斯特认为，生产力是决定一国兴衰存亡的关键，而保护民族工业就是保护本国生产力的发展，因此国家和政府需要为民族工业发展提供支持和保护。

幼稚产业保护理论认为，在一个经济体中既有传统产业也有新兴产业，新兴产业发展尚未成熟，初始成本较高，与国外成熟产业相比缺乏竞争力。但是随着时间推移，新兴产业可以通过"干中学"逐步提高效率、降低成本，甚至产生正向溢出效应，带动传统部门的生产率提高。在新兴产业发展阶段，如果国际贸易自由化盛行，本地消费者对新兴产业产品的需求可能会转移到国外进口产品上，因为国外同类产业发展成熟，进口产

品成本和价格更低，这样就不利于本国新兴产业发展，新兴产业发展带来的溢出效应也随之减弱。新兴产业和传统产业的发展受限，直接影响了一国的经济增长，因此幼稚产业保护理论提出，政府在幼稚产业发展过程中不能作为"守夜人"，要做"植树人"，要制订积极的过渡性保护、扶植政策，利用关税等手段使幼稚产业免于国外同类产业的激烈竞争，为其发展营造良好的国际国内环境，最终提高幼稚产业的竞争力和比较优势，从而促进本国经济发展。

幼稚产业发展理论在第二次世界大战后成为许多发展中国家实施产业政策的依据和导向。到了20世纪80年代，幼稚产业发展理论受到诸多质疑，原因在于：一是保护国内企业免受国外竞争的产业政策阻碍了竞争；二是政府在界定受保护产业范围时存在一定的随意性，增强了企业寻租的动机。在实证检验中，受到关税保护的产业或企业，其生产率也没有比不受保护的产业或企业高（Krueger and Tuncer，1984）。对幼稚产业保护理论的进一步经验研究发现，技能密集型（skill-intensive）产业的关税保护与一个国家的生产率增长呈显著的正相关关系（Nunn and Trefler，2010），但这种关税保护是否以降低竞争程度为代价，则不得而知。

在幼稚产业保护理论和相关研究结论的基础上，阿吉翁等学者（2015）提出了关于产业政策、竞争和经济增长的分析框架，认为管理得当的产业政策，尤其是有利于促进竞争的产业政策，可以促进生产率增长。阿吉翁通过"垄断替代效应"（monopoly replacement effect）和"逃离竞争效应"（escape-competition effect）来阐述自己的逻辑。在一个经济体中，如果没有产业政策干预，创新能力较强的大企业会选择分散在不同的行业中，避免扎堆在同一行业产生激烈竞争。当大企业分散在不同的行业时，行业中会形成较高的产业集中度，此时大企业由于规模经济的存在，容易取得垄断地位。根据阿罗（Kenneth Joseph Arrow，1962）的观点，对垄断者而言，创新带来的只是新旧垄断租金的更替，因此垄断企业没有太大的动力去创新，这就是"垄断替代效应"。创新是经济增长的重要源泉和动力，当企业缺乏创新动力时，对整个行业和社会经济发展而言是不利的。因此，如果产业政策促使大企业尽可能地聚集在同一个行业中，将会降低该行业的产业集中度，大企业难以获得垄断地位和超额利润，不得不通过创新来逃避跟其他大企业之间的竞争，这就是"逃离竞争效应"。因此，阿吉翁的理论逻辑是，在没有产业政策干预时，容易出现"垄断替代效应"，大企业分散在多个行业中，缺乏创新的动力，不利于经济增长；当产业政策干预，促使大企业集聚时，加剧了行业中的竞争，大企业不得不进行创新以求"脱颖而出"，免于跟其他大企业的竞争，这就是"逃离竞争效应"。阿吉翁的逻辑继承了幼稚产业理论关于产业政策有利于促进经济增长的观点，但是又存在不同之处。幼稚产业理论认为，竞争不利于本国经济增长，而阿吉翁的观点是竞争有利于促进企业创新，从而促进经济增长。

本书在阿吉翁的理论框架上加以拓展，引入"企业规模分布"视角，分析政府补贴、企业规模分布对企业创新的影响。企业规模分布是一个经济体或行业内不同规模的企业的累积分布状态。以帕累托指数来衡量企业规模分布时，根据西方发达国家的经验研究，帕累托指数为 1 代表了企业规模分布的最优状态。以帕累托指数 1 作为分界点，当帕累托指数小于 1 时，本书称为低企业规模分布状态，在此规模分布下，指数越小代表大企业的市场影响力、市场势力越大，企业之间的规模差距越大。当帕累托指数大于 1 时，意义则相反，本书称为高企业规模分布状态，在此规模分布下，指数越大意味着行业中的企业越均匀，规模差距越小。

本书的整体思路是，假设在一个经济体中，有两个行业和两家大企业，以及大量小企业，如果没有政府补贴的影响，创新能力较强的大企业会选择分散在不同的行业中，避免扎堆在同一行业产生激烈竞争。当大企业分散在不同的行业时，行业中大企业数量少、小企业数量多，企业间的规模差距大，近似于"低企业规模分布状态"。在此状态下，由于大企业数量极少且具备规模经济优势，小企业难以与之抗衡，大企业容易取得垄断地位和超额利润，对垄断者而言，创新带来的只是新旧垄断租金的更替，因此垄断企业没有太大的动力去创新，这种"垄断替代效应"会抑制企业的创新意愿。为了促进企业创新，政府出台补贴政策，导致大企业选择集聚的预期收益大于分散的预期收益，从而促使大企业集聚在同一行业中。与大企业分散在不同行业相比，此时由于两个大企业集聚，该行业内的企业间规模差距缩小，企业规模均匀程度有所提高，近似于"高企业规模分布"状态。也就是说，补贴政策的出台，影响了大企业选择要进入的行业，也导致了行业中大企业数量的变化，带来企业规模分布的变化。在高规模分布状态下，由于大企业不再具备"一家独大"的优势，而是面临着来自另一家大企业的竞争，不得不进行创新以形成优势提高收益，追求"逃离竞争效应"。大企业可选择的创新有两种类型，一是难度大收益大的实质性创新，二是难度小收益小的策略性创新。如果政府补贴对两种创新的补贴力度不同，将会影响企业选择的创新类型。因此，政府补贴政策的出台会影响企业规模分布，而政府补贴和企业规模分布的变化都会影响企业创新。

4.2　模　型　构　建

4.2.1　模型设定

借鉴阿吉翁等（2015）的思路，假设一个两部门经济，存在大企业甲、乙和大量小企业。

（1）需求。市场上存在以不同技术生产的两种产品 A 和 B，其消费量分别以 x_A、x_B 表示，代表性消费者的效用函数是：

$$U(x_A, \ x_B) = \log(x_A) + \log(x_B) \tag{4-1}$$

消费市场上完全竞争。假设代表性消费者的收入为 $2E$，产品 $i(i = A$、B）的价格是 p^i，当消费者实现效用最大化时，产品的需求函数为：

$$x_i = E/p^i \tag{4-2}$$

为便于计算，本书假设 $E = 1$。

（2）生产。产品由两个大企业甲、乙和大量小企业进行生产。以边际成本作为衡量企业特征的代理变量，边缘企业的固定边际成本为 c_f，大企业的初始边际成本为 c'。考虑到大企业相对于边缘企业的成本优势，我们设定 $c_f > c'$。为确保均衡数量大于 1，假设 $1 \geqslant c_f > c'$。边际成本是企业特有的，与生产部门无关。

（3）政府补贴。为衡量政府补贴对企业创新的影响，本书假设 τ 为补贴系数且 $\tau \geqslant 1$，则大企业得到补贴后的实际边际成本是 $c = c'/\tau$。τ 越大，企业的实际生产成本越低。

（4）创新行为。为简化模型，我们假设只有大企业甲、乙才能进行创新。假定创新成功会使企业的生产成本下降，由于不同行业的技术进步潜质对研发成功的灵敏度不同，因此带来的成本下降幅度不同。生产 A 产品的行业被称为 A 行业，生产 B 产品的行业我们称为 B 行业，假设 A、B 行业研发成功使其大企业边际成本下降程度表示为：

$$\frac{c}{\gamma_A} = \frac{c}{(\gamma + \delta)} \quad \frac{c}{\gamma_B} = \frac{c}{(\gamma - \delta)} \qquad (4-3)$$

γ_i 表示行业 $i(i=A,\ B)$ 的技术进步潜质且 $\delta > 0$，$\gamma - \delta > 1$，因此可得 $\gamma_A > \gamma_B > 1$。这意味着，行业 A 比行业 B 具有更大的技术进步潜质，当行业 A 进行创新时，成本下降幅度会大于行业 B。

同时，我们假定每个大企业都有同等的概率进行创新。创新的成功概率为 q，而大企业为创新投入的研发成本为 $\frac{q^2}{2}$。

（5）竞争行为。大企业甲、乙可以选择进入同一个行业，也可以选择进入不同行业。除非大企业甲、乙选择进入同一个行业且进行串谋，否则行业内的企业都是进行伯川德竞争。

大企业甲、乙选择进入哪个行业、是否进入同一个行业以及是否串谋，将对行业内的企业规模分布和竞争程度造成较大影响。假设两个大企业成本相同、选择进入同一个行业且串谋成功的概率是 φ。串谋后两者联合垄断，每个企业的期望利润是 $\varphi \frac{1}{2} \frac{c_f - c}{c_f}$。如果串谋失败，企业间进行伯川德竞争。借鉴黄先海等（2015）的思路，将 φ 作为间接反映行业竞争程度的度量指标，φ 越小，行业内竞争越激烈。

$$\varphi = \varphi(G,\ \tau) \qquad (4-4)$$

其中，G 表示影响大企业串谋的其他控制因素，包括法律法规、行业发展现状等相对稳定的社会性因素。相比之下，政府补贴 τ 属于短期且波动较大的影响因素。政府补贴不像公共基础设施一样具有全面普惠性，一般会针对部分行业、部分企业，即政府补贴具有一定的选择性、竞争性。对单个行业而言，由于补贴总量可能是固定的，因此大企业之间有较强的动机通过串谋、策略性投机等方式迎合政策，获取更多政府补贴，以进一步加大自身的竞争优势，补贴系数越大，对企业吸引力越高，串谋成功概率越大。因此，政府补贴 τ 与大企业串谋成功概率 φ 是正相关关系，政府补贴提高会促进大企业串谋成功概率提高，从而抑制了行业的竞争程度。

（6）企业规模分布。根据曼德尔布罗特（Mandelbrot，1952）扩展的广义齐夫定律模型，企业规模分布服从以下定律：

$$S_r = P(r + \rho)^{-1/\theta} \tag{4-5}$$

其中，S_r 是排名第 r 位企业的规模，ρ 和 θ 是分布参数，ρ 是竞争指数，θ 是帕累托指数。按照拉姆斯登（Ramsden，2000）等学者的论证，ρ 和 θ 呈负相关关系。当 θ 为 1 时，企业规模分布状态称之为齐夫分布，代表了企业规模分布的理想状态，反映了资源在市场充分竞争环境下的最优配置结果（Takayasu and Okuyama，1998）。对一个行业而言，θ 大于 1 意味着行业内的大企业数量较少、规模较小，显得相对弱势，企业整体规模分布相对均匀。θ 小于 1 意味着大企业数量较多、规模较大，显得相对强势，企业整体规模分布相对不均匀，θ 越小，这种不均匀状态越明显。可见，θ 越大，企业间的竞争越激烈。由于本书以 φ 作为间接反映行业竞争程度的度量指标，φ 越小，竞争越激烈，因此 θ 和 φ 之间是负相关关系，我们用 $\varphi(\theta)$ 表示。

4.2.2　高企业规模分布下的政府补贴与企业创新

假如两个大企业选择进入同一个行业（假定为行业 A）。在这种情况下，对企业甲来说最重要的竞争者是企业乙，而不是小企业，因此均衡价格会一直维持在 c。此时，产品 A 的消费量 $x^A = 1/c$。

如果企业甲是个潜在创新者，跟其他企业进行伯川德竞争。企业甲选择创新时，将获得全部市场份额 $1/c$，边际利润是 $c - \dfrac{c}{\gamma + \delta}$。如果企业甲不创新，则会以 φ 的概率和企业乙进行串谋，如果串谋成功，价格将被设定为 c_f，占领 $1/c_f$ 的市场份额，得到边际利润 $c_f - c$。如果串谋失败，企业将得不到利润。因此，大企业甲的预期收益可以表示为：

$$\pi^{FI} = \max_q q \frac{\gamma + \delta - 1}{\gamma + \delta} + (1 - q)\varphi(\theta, \tau)\frac{1}{2}\frac{c_f - c}{c_f} - \frac{q^2}{2} \tag{4-6}$$

可得到 q 的最优解是：

$$q^F = \frac{\gamma + \delta - 1}{\gamma + \delta} - \frac{1}{2}\varphi(\theta, \tau)\frac{c_f - c}{c_f} \tag{4-7}$$

式（4-7）可转化为：

$$q^F = 1 - \frac{1}{\gamma_A} - \frac{\varphi(\theta, \tau)}{2} \frac{c_f - c'/\tau}{c_f} \qquad (4-8)$$

由式（4-8）可知，大企业创新的成功概率与行业技术进步潜质、企业规模分布、政府补贴相关。

由于企业规模分布的帕累托指数 θ 与大企业串谋成功概率 φ 负相关，因此企业规模分布的帕累托指数的提高会提高大企业创新的成功概率。帕累托指数越小，意味着企业规模差距越大，规模分布越不均匀。帕累托指数的提高，代表了企业规模分布均匀程度有所提高，小企业和大企业之间的规模差距缩小。大企业因为规模经济的存在，其边际成本低于小企业，也拥有更多资源，比小企业更有扩张的资本和优势。小企业和大企业之间的规模差距缩小，有两种可能的情况：一是大企业维持不变，而小企业规模扩张；二是大企业和小企业的规模都扩张，但是小企业规模扩张比例或幅度更大。不管是哪一种情况，都意味着小企业的竞争力提升了，大企业的原有优势受到威胁，大企业之间的串谋预期收益降低，串谋成功率下降，危机意识增强，转而关注通过创新提升自身优势。而小企业在规模扩张成功后，为了进一步占据市场，可能会选择创新来降低成本或产品差异化从而提高市场份额。因此，得到本书的第一个假说。

假说 1：企业规模分布与创新之间是正相关，企业规模分布的帕累托指数提高会促进企业创新。

政府补贴对创新的影响，从式（4-8）来看，政府补贴强度的提高会降低大企业创新成功概率。大企业的边际成本原本就低于小企业，大企业得到政府补贴后，这种成本优势更加突出，因此大企业宁愿选择不创新。政府补贴的存在降低了大企业实际边际成本。在模型设定中，企业创新是为了降低成本，获得更大的预期收益，但创新需要付出成本也会存在失败的可能。大企业的边际成本小于小企业，而政府补贴只发放给大企业，进一步强化了大企业的成本优势，这意味着大企业得到补贴之后，即使不创新也有明显的成本优势，加剧了大企业和小企业的差距，弱化了市场竞争，因此大企业得到补贴后创新意愿下降。

但是，政府补贴只针对大企业而完全忽略小企业的假设并不完全符合现实。如果我们考虑另一种极端，即政府补贴政策仅用在小企业身上而忽略大企业时，补贴对创新的效果则会发生变化。

式（4-8）可转化为：

$$q^F = \frac{\gamma + \delta - 1}{\gamma + \delta} - \frac{\varphi(\theta, \tau)}{2}\left(1 - \frac{c}{c_f}\right) \qquad (4-9)$$

在式（4-9）中，假设政府补贴仅针对小企业，不再给予大企业，当且仅当此时大企业的边际成本为 c，小企业获得补贴后的实际边际成本为 c_f。在本模型的初始设定中，小企业的边际成本大于大企业的边际成本。当政府补贴施加在小企业身上时，随着补贴强度的调整，将可能出现三种情况。

（1）小企业的实际边际成本大于大企业边际成本。这意味着，政府对小企业的补贴不足以改变现有市场结构，大企业依然有成本优势，大企业和小企业的相对地位没有发生实质性变化。此时，$\left(1 - \frac{c}{c_f}\right) > 0$，政府补贴提高的主要影响效应在于抑制了竞争，进而抑制创新。

（2）小企业的实际边际成本等于大企业边际成本。当政府补贴将小企业的实际边际成本降低到刚好等于大企业的边际成本时，可得 $\left(1 - \frac{c}{c_f}\right) = 0$，相当于行业中所有的企业成本相等，市场结构发生了质的变化。在这种强度的政府补贴下，企业创新成功概率仅跟企业的技术进步潜质相关。

（3）小企业的实际边际成本小于大企业边际成本。当政府补贴强度足够大，导致小企业的实际边际成本小于大企业的边际成本时，可得 $\left(1 - \frac{c}{c_f}\right) < 0$。此时政府补贴的提高强化了小企业的成本优势，缩小小企业与大企业之间的规模差距，促进了市场竞争，进而促进创新。

基于上述分析，我们知道政府补贴既有可能促进创新，也有可能抑制创新。在现实中，正如本书第3章所分析，政府补贴的对象广泛、种类繁多、数额不等，因此政府补贴最终对创新的影响效应是促进还是抑制，需要由实证数据进一步验证。因此，我们得到本书的第二个假说。

假说2：政府补贴会对企业创新产生影响，但是影响的方向具有不确定性。对大企业而言，补贴可能会抑制企业创新；对小企业而言，补贴可能会促进企业创新。

如果企业是潜在的创新者，将式（4-7）代入式（4-6），可得其潜在收益：

$$\pi^{FI} = \frac{(q^F)^2}{2} + \frac{\varphi(\theta, \tau)}{2} \frac{c_f - c}{c_f} \qquad (4-10)$$

如果企业不是潜在的创新者，其获得正利润的前提是其他企业创新失败且大企业甲和乙串谋成功，此时的预期收益是：

$$\pi^{FN} = (1 - q^F) \frac{\varphi(\theta, \tau)}{2} \frac{c_f - c}{c_f} \qquad (4-11)$$

4.2.3 低企业规模分布下的政府补贴与企业创新

考虑两个大企业选择分散在两个行业的情况，假设企业甲进入行业 A，企业乙进入行业 B。此时，每个行业都是由一个大企业和大量边缘企业构成，行业内进行伯川德竞争，企业甲和企业乙在各自的行业内，相对于边缘企业都享有成本优势。代表性消费者在行业 A 的支出用 E 表示，企业甲提出的价格用 p_1 表示，而成本 c_f 是边缘企业的价格。

代表性消费者为满足效益最大化，在企业甲和边缘性企业购买 A 产品的数量是 x_1^A、x_f^A 并满足以下预算约束：

$$p_1 x_1^A + c_f x_f^A \leqslant E \qquad (4-12)$$

当且仅当 $p_1 \leqslant c_f$ 时，$x_1^A > 0$。代表性消费者在行业 A 的支出为 E，那么企业甲的利润是 $E - c_1 x_1^A$，企业甲可选择的最高价格是 $p_1 = c_f$，则可以得到 $x^A = x_1^A$，所以 $x^A = E/c_f$。

两个行业内部都得到均衡。由于设定代表性消费者的收入 $2E = 2$，其在每个行业的支出均为 1，可以得到 $x^A = x^B = 1/c_f$。如果大企业不是潜在创新者（是否是创新者的概率为 1/2），企业的利润是：

$$\pi^{DN} = \frac{c_f - c}{c_f} \qquad (4-13)$$

如果行业 i 中的企业是潜在创新者，选择创新的边际利润是 $c_f - \frac{c}{\gamma_i}$，不创新的边际利润是 $c_f - c$。因此，企业作为潜在创新者，其预期收益和创新概率 q 之间的关系是：

$$\pi_i^{DI} = \max_q q \left(c_f - \frac{c}{\gamma_i} \right) x^i + (1 - q)(c_f - c) x^i - \frac{1}{2} q^2 \qquad (4-14)$$

$$\pi_i^{DI} = \max_q \frac{\gamma_i - 1}{\gamma_i} c x^i + (c_f - c) x^i - \frac{1}{2} q^2 \qquad (4-15)$$

由于 $x^i = 1/c_f$，基于上述预期收益的最优创新概率，即对式（4-9）求导，可得：

$$q_i^D \equiv \frac{\gamma_i - 1}{\gamma_i} \frac{c}{c_f} \qquad (4-16)$$

同时可得：

$$\pi_i^{DI} = \frac{(q_i^D)^2}{2} + \frac{c_f - c}{c_f} \qquad (4-17)$$

对 A 行业和 B 行业来说，最优创新概率是：

$$q_A^D \equiv \frac{\gamma + \delta - 1}{\gamma + \delta} \frac{c}{c_f} \qquad (4-18)$$

$$q_B^D \equiv \frac{\gamma - \delta - 1}{\gamma - \delta} \frac{c}{c_f} \qquad (4-19)$$

基于上述分析，大企业选择分散在不同行业内，每个行业的预期收益是：

$$\pi_i^D = \frac{1}{2} (\pi^{DN} + \pi_i^{DI}) \qquad (4-20)$$

$$\pi_i^D = \frac{1}{4} (q_i^D)^2 + \frac{c_f - c}{c_f} = \frac{1}{4} \left(\frac{\gamma_i - 1}{\gamma_i} \right)^2 \left(\frac{c}{c_f} \right)^2 + \frac{c_f - c}{c_f} \quad i = A, \ B$$

$$(4-21)$$

由于 $\gamma_A > \gamma_B > 1$，从式（4-21）可知，如果 A、B 行业之间的补贴政策一致，那么行业 A 的期望收益更高，两个大企业都更愿意选择进入行业 A。那么，行业 A 将由两个大企业和无数小企业构成，行业 B 仅由无数小企业构成。有且仅当两个行业间的政府补贴政策不一致，在行业技术进步潜质、补贴政策的共同作用下，两个行业的预期收益保持一致时，两个大企业才会选择分散在两个行业。选择分散化，则 A、B 行业都是由一个大企业和无数小企业构成，行业内的企业规模分布发生了明显变化。这种变化，将带来整个行业内企业地位的变化、资源的重新配置等影响，也会导致企业的创新决策相应调整。基于此，我们得到本书的第三个假说。

假说 3：政府补贴通过影响企业规模分布，进而影响企业创新。

假说 3 说明企业规模分布是政府补贴影响企业创新的中介路径。已有文献及现实都表明，政府补贴存在信号效应，当一个行业得到补贴或者相对补贴力度较大，代表其符合政府引导的发展方向，释放出良好预期收益和发展前景的信号，因此会吸引企业进入，反之则可能会引起企业退出。对企业而言，政府补贴的信号效应有利于其缓解融资约束，有更充裕的资金去扩大规模或占领市场。因此政府补贴影响了企业规模分布。在本假说中，两个大企业选择集聚还是分散，会导致其面临的企业规模分布不同、创新决策不同。

4.2.4　企业规模分布阈值与政府补贴阈值

从社会效益的角度看，技术进步产生的社会效益大于企业自身的经济效益，因此政府有动力促进加快技术进步。政府补贴强度达到什么水平会影响企业选择集聚和分散从而促进技术进步，是政府需要考虑的问题。

当式（4-22）成立时，企业选择集聚所产生的全社会研发支出水平将高于选择分散的水平：

$$2q^F \geq q_A^D + q_B^D = \left(2 - \frac{1}{\gamma+\delta} - \frac{1}{\gamma-\delta}\right)\frac{C}{C_f} \qquad (4-22)$$

企业选择集聚而不是分散的前提是，集聚时的预期收益大于等于分散时的预期收益。根据式（4-14）和式（4-21），可得企业选择集聚的前提是 $\pi^F \geq \pi_i^D$，即：

$$\frac{1}{4}\left(\frac{\gamma+\delta-1}{\gamma+\delta} - \frac{\varphi(\theta,\tau)}{2}\frac{c_f-c}{c_f}\right)^2 + \frac{\varphi(\theta,\tau)}{4}\frac{c_f-c}{c_f} \geq \frac{1}{4}\left(\frac{\gamma-\delta-1}{\gamma-\delta}\right)^2\left(\frac{C}{C_f}\right)^2 + \frac{c_f-c}{c_f}$$
$$(4-23)$$

解式（4-23）可得①：

$$\varphi(\theta,\tau)_d = \frac{K_1-1+\sqrt{1-2K_1+K_2^2\left(\frac{c}{c_f}\right)^2+\frac{4(c_f-c)}{c_f}}}{\frac{c_f-c}{2c_f}} \approx \frac{K_1+K_2\left(\frac{c}{c_f}\right)}{\frac{c_f-c}{2c_f}}$$
$$(4-24)$$

---

① $\varphi(\theta)_d$ 的另一个方程解是 $K_1-K_2\left(\frac{c'/\tau}{c_f}\right)\Big/\frac{c_f-c'/\tau}{c_f}$，因不符合现实经济含义，本书不做分析。

其中，$K_1 = 1 - \dfrac{1}{\gamma_A} = 1 - \dfrac{1}{\gamma + \delta}$，$K_2 = 1 - \dfrac{1}{\gamma_B} = 1 - \dfrac{1}{\gamma - \delta}$，约等式两边成立利用了 $1 \geqslant c_f > c$。式（4-24）意味着只有当竞争程度 $\varphi(\theta, \tau) \geqslant \varphi(\theta, \tau)_d$ 时，企业才会选择集聚并进行创新。由于 θ 与 φ 是负相关关系，已知只有当一个行业的企业规模分布帕累托指数 $\theta \leqslant \theta_d$ 时，企业才会选择集聚并进行创新，同时，τ 与 φ 是正相关关系，我们可知，存在一个政府补贴的阈值 $\tau \geqslant \tau_d$ 时，企业才会选择集聚并进行创新。本书将 θ_d 称为促进企业创新的企业规模分布阈值，将 τ_d 称为促进企业创新的政府补贴阈值，并得到本书的第一个推论。

推论 1：存在一个企业规模分布的阈值，当行业的企业规模分布小于这个阈值时，企业会选择在此行业集聚并进行创新。

推论 1 蕴含的政策含义在于，企业规模分布虽然会促进企业创新，但这种促进作用并不是无止境的，而是存在一个企业规模分布的阈值作为临界点。当帕累托指数大于这个阈值时，大企业将选择退出，在设定仅有两家大企业的情况下，一家大企业的退出就意味着行业中仅有一家大企业和无数边缘小企业，那么此时仅有的这家大企业没有动力进行创新，因为其本身具有的规模经济已经能够形成价格优势、赢得市场。因此，帕累托指数大于集聚的阈值时，并不利于促进企业创新。

由于企业串谋成功概率与企业规模分布、政府补贴都有关，因此我们得到第 2 个推论。

推论 2：存在一个政府补贴阈值，当政府补贴大于这个阈值时，企业才会选择在此行业集聚并进行创新。

推论 2 蕴含的政策含义有两个。一是由于创新的投入大，且政府补贴的后续监管不到位，当企业得到的政府补贴小于阈值时，可能会将补贴用于其他更紧急或更快见效的用途，而不一定会真正投入创新中。只有当政府补贴力度大于阈值时，才会真正吸引企业去获取补贴并投入创新。二是由于创新的风险高，政府补贴力度小时，对企业研发投入而言政府补贴的力量是杯水车薪，未必能缓解企业创新所面临的融资约束，也就意味着有可能出现资金原因导致的研发中断等情况，因此政府补贴对创新未必能起到显著的促进作用，只有当补贴力度足够大时，才能真正有效促进企业创新。

4.2.5 政府补贴阈值与企业创新类型

假设大企业甲、乙作为潜在创新者时，有两种创新模式可供选择，参考黎文靖和郑曼妮（2016）的分类，将技术含量和研发成本更高的发明专利作为实质性创新，而将相对技术含量和研发成本都较低的实用新型和外观设计专利作为策略性创新。实质性型创新的研发成本为 $\dfrac{(q+\omega)^2}{2}$，创新成功概率为 $q_L=(q-\omega)$；策略性创新的研发成本为 $\dfrac{(q-\omega)^2}{2}$，创新成功概率为 $q_H=(q+\omega)$，其中 $\omega>0$。与前文一致，本节只讨论集聚下的企业创新模式选择。

根据式（4-6），大企业甲、乙集聚在同一个行业时，大企业选择实质性创新的预期收益是：

$$\pi^{FN}=(q-\omega)\frac{\gamma+\delta-1}{\gamma+\delta}+(1-q+\omega)\varphi(\theta,\tau)\frac{1}{2}\frac{c_f-c}{c_f}-\frac{(q+\omega)^2}{2}$$

$$(4-25)$$

选择策略性创新的预期收益是：

$$\pi^{FL}=(q+\omega)\frac{\gamma+\delta-1}{\gamma+\delta}+(1-q-\omega)\varphi(\theta,\tau)\frac{1}{2}\frac{c_f-c}{c_f}-\frac{(q-\omega)^2}{2}$$

$$(4-26)$$

对中央计划者而言，实质性创新比策略性创新所能带来社会效益更大，因此中央计划者有动力通过政府补贴促进企业进行实质性创新，也就是要满足 $\pi^{FN}\geqslant\pi^{FL}$，即：

$$(q-\omega)\frac{\gamma+\delta-1}{\gamma+\delta}+(1-q+\omega)\varphi(\theta,\tau)\frac{1}{2}\frac{c_f-c}{c_f}-\frac{(q+\omega)^2}{2}\geqslant(q+\omega)\frac{\gamma+\delta-1}{\gamma+\delta}$$

$$+(1-q-\omega)\varphi(\theta,\tau)\frac{1}{2}\frac{c_f-c}{c_f}-\frac{(q-\omega)^2}{2} \qquad (4-27)$$

解式（4-27）可得：

$$\varphi(\theta,\tau)_{FH}=\frac{[4(\gamma+\delta)-2]\tau c_f}{(\gamma+\delta)(\tau c_f-c')} \qquad (4-28)$$

根据式（4-28）可知，只有当 $\varphi\geqslant\varphi_{FH}$ 时，即政府补贴 $\tau\geqslant\tau_{FN}$，才能

促进企业进行实质性创新。

基于上述分析，得到本书第 3 个推论。

推论 3：政府补贴会影响企业的创新模式选择，为了促进企业进行实质性创新，政府补贴力度要大于一定阈值。

4.3　本 章 小 结

本章由幼稚产业保护理论、阿吉翁等学者关于产业政策、竞争和经济增长的分析框架入手，引入企业规模分布视角，从理论上分析了政府补贴、企业规模分布对企业创新的影响及其传导机制，并以阿吉翁等学者（2015）关于产业政策和竞争的模型为基础，建立一个扩展的"2×2"伯川德模型，分析政府补贴、企业规模分布对企业创新的影响。通过考察企业在高企业规模分布、低企业规模分布两种状态下的利益最大化，发现：一是企业规模分布会促进企业创新，但这种促进作用并不是无止境的，而是存在一个企业规模分布的阈值作为临界点，当帕累托指数大于阈值时，并不利于企业创新；二是政府补贴会对企业创新产生影响，但是影响的方向具有不确定性，政府补贴与企业规模分布一样存在阈值，当政府补贴大于这个阈值时，企业才会选择在此行业集聚并进行创新；三是政府补贴通过影响企业规模分布进而影响企业创新，即企业规模分布发挥了中介路径作用；四是政府补贴会影响企业的创新模式选择，为了促进企业进行实质性创新，政府补贴力度要大于一定阈值。本章构建的理论模型，为后续实证研究提供了重要的理论支撑。

第 5 章

政府补贴、企业规模分布
与制造业创新：实证研究

　　创新具有的正外部性，使政府有动力通过政策手段去引导和促进企业创新。对发展中国家而言，由于政府可动员和配置的资源有限，只好对可能的技术创新和产业升级的经济和社会回报进行甄别，按"集中优势兵力打歼灭战"的精神，以"产业政策"集中有限资源，协助企业家从事那些回报最高的技术创新和产业升级（林毅夫，2017）。但有时政策效果未能达到预期，因为部分发展中国家的政府可能出于赶超目的，而去支持违反比较优势的产业，结果这些产业中的企业在开放、竞争的市场中缺乏自生能力，只能靠政府补贴来生存，造成产业政策的失效（Krueger and Tuncer，1982；Lin and Tan，1999；Packand Saggi，2006）。目前，已有学者验证了政府补贴对企业规模分布的影响（方明月、聂辉华，2010；杨其静等，2010；郭晓丹、刘海洋，2013），也有学者从不同角度研究了政府补贴对企业创新的影响（Aghion et al.，2015；黄先海等，2015；毛其淋、许家云，2015；杨洋等，2015；黎文靖、郑曼妮，2016；余明桂等，2016），但并未取得共识。

　　本书第 4 章构建理论模型并分析了政府补贴、企业规模分布影响企业创新的微观理论和作用机制：企业规模分布会促进企业创新，政府补贴也会影响企业创新但影响方向尚不确定；政府补贴通过企业规模分布影响了企业创新，即企业规模分布发挥了中介路径作用。而本章将从制造业企业层面实证考察政府补贴、企业规模分布对制造业企业创新的影响。本章的内容安排如下：首先，构建以制造业企业创新为被解释变量，以政府补贴、企业规模分布及其二次项等指标为解释变量的实证模型进行检验；其次，分别检验了企业规模分布在政府补贴影响创新中的中介路径作用并检验政府补贴的门槛效应，得到促进创新的政府补贴最适区间；再次，将创新区分为实质性创新和策略性创新，检验政府补贴、企业规模分布对创新的影响是否会因创新类型不同而产生异质性；最后，进行稳健性检验并进行小结。

5.1 模型设定、变量选取与数据处理

5.1.1 模型设定与变量选取

基于前文理论模型，本章构建以制造业企业创新为被解释变量，以政府补贴、企业规模分布等指标为解释变量的模型，并根据假说进一步检验企业规模分布的中介效应。

$$\ln Patent_{jt} = \alpha_0 + \alpha_1 Subsidies_{it} + \alpha_2 Pareto_{jli} + \alpha'_3 Z_{ijt} + \alpha_j + \alpha_l + \varepsilon_{ijlt}$$

$$(5-1)$$

其中，i 代表企业，j 代表两位数编码的制造业细分行业，t 代表年份，l 代表省份，$\ln Patent$ 是代表企业创新的专利申请数（加 1 取自然对数），$Subsidies$ 代表政府补贴，$Pareto$ 是衡量企业规模分布的帕累托指数，Z 是行业和企业层面的控制变量，α_j 和 α_l 分别表示行业和地区固定效应，用以排除不随时间变动的行业差异和各年份经济周期性波动、不同地区差异的影响。ε_{ijlt} 为随机干扰项。为克服异方差、序列相关以及截面相关等影响，本书所有回归都对标准误在个体（即企业）层面进行了聚类稳健调整。各个变量的定义和测算如下。

（1）创新（patent）。政府对制造业企业创新进行补贴，目的是激励

企业产生更多的创新成果，促进全社会生产率的提升。而研发活动存在失败率高、不确定性强等特征，与研发投入相比，创新产出更直观地体现了企业的创新水平（He and Tian，2013；Hsu et al.，2014；Cornaggia et al.，2015）。因此本书对创新的关注重点在于产出，而不是研发投入。因为专利申请数已经反映出企业的创新产出成果，当专利技术在申请时很可能已经对企业绩效产生影响（黎文靖、郑曼妮，2016），且专利授予需要检测和缴纳年费，存在更多的不确定性和不稳定性（周煊等，2012），也易受官僚因素的影响（Tan et al.，2014），因此专利申请数比授予量更稳定、可靠和及时（Dosi et al.，2006；Hall & Harhoff，2012；周煊等，2012；Tan et al.，2014；Tong et al.，2014；王永钦等，2018），本书以专利申请数量衡量企业创新，用专利申请年度作为公司的创新产出年度，对专利申请数加 1 取自然对数。①

此外，为了考察政府补贴、企业规模分布对不同类型的创新影响是否存在差异性，参考黎文靖和郑曼妮（2016）的分类方式，根据创新动机、难度和社会效益差异，把更能体现制造业企业关键性技术成果的"发明专利申请"认定为实质性创新（patentin），把更侧重于体现企业得到政府支持、迎合监管的"实用新型专利申请"和"外观设计专利申请"认定为策略性创新（patentud），用专利申请年度作为公司的创新产出年度，对专利申请数加 1 取自然对数。

（2）政府补贴（subsidy）：本书借鉴余明桂等（2010）的方法，采用"补贴收入与企业营业收入的比值"来衡量。基于本书第 4 章的理论模型分析，政府补贴的符号可能为正也可能为负，有待实证检验探讨。

（3）企业规模分布（pareto）。目前，学者多常用帕累托指数来衡量企业规模分布。参照方明月等（2010）等学者的研究，本书采用以下计量方程：

$$\ln R_i = \ln A - \theta \ln S_i + \varepsilon_i \qquad (5-2)$$

其中，R_i 是第 i 个企业按企业规模进行降序排列之后的序号；S_i 是第 i 个企业的规模（本书采用企业的销售额衡量）；$\ln A$ 代表常数项；ε_i 代表随

---

① 为避免在取自然对数过程中原始数据为零值被删除，本文在原始数据基础上加 1 再取自然对数。

机误差项；θ 是帕累托指数。

由于这一方法低估真实的标准误，从而在小样本中可能存在偏误。因此，加拜克斯和伊布拉吉莫夫（Gabaix and Ibragimov，2011）提出修正的排名 – 规模法则，为达到更符合经济现实的目的，用（R – 1/2）代替原始 OLS 回归中的 R，即：

$$\ln\left(R_i - \frac{1}{2}\right) = \ln A - \theta \ln S_i + \varepsilon_i \qquad (5-3)$$

本书借鉴刘斌等（2015）的做法，采用加拜克斯和伊布拉吉莫夫（Gabaix and Ibragimov，2011）修正后的方法测量帕累托指数，同时将采用没有修正的方法重新测量帕累托指数进行稳健性检验。

考虑到每个地区、每个行业的企业规模分布状态不同，本书借鉴孙学敏和王杰（2014）做法，测算每一个地区（省份）中每一个行业的帕累托指数，因此该指数是地区—行业层面变量。基于本书第 4 章的理论模型分析，帕累托指数的符号预期为正。

（4）控制变量。参考黄先海等（2015）、黎文靖和郑曼妮（2016），本书在考察政府补贴、企业规模分布对企业创新的影响时，采用以下控制变量。

行业资本密集度（lnd_intens）：根据第 4 章理论模型，企业创新与所处行业的技术进步潜质相关，但技术进步潜质目前尚无有效测度方法。本书参考黄先海等（2015）的研究，以行业资本密集度作为其代理变量。行业资本密集度以行业资产总和与总劳动人数的比值表示。新结构经济学理论表明，如果行业资本密集度严重偏离全社会平均资本密集度，该行业企业一般会缺乏"自生能力"，对该类企业实施补贴会存在较强的资源扭曲效应。基于本书第 4 章的理论模型分析，行业资本密集度的符号预期为正。

负债比率（Leverage）：本书参考现有文献（张辉等，2016；童锦治等，2018）做法，采用企业负债占总资产比重来测量企业负债比率。如果企业的负债比率较高，为了规避风险，会倾向于将资金投入风险小、回报稳、见效快的生产经营活动中，从而对企业创新产生抑制作用，因此预期该指标符号为负。

职工资产配比（RC）：本书根据 C-D 生产函数等理论，认为资产需与劳动力相结合，才能用于企业创新并得到有效产出，因此采用职工人数除以总资产来测量企业职工资产配比，预期符号为正。

资产结构（*Tangibility*）。本书参考现有文献（杨洋等，2015；黎文靖和郑曼妮，2016）做法，采用企业固定资产占总资产比重来测量企业资产结构。相对于劳动密集型企业，资本密集型企业可能更加注重于企业的研发和创新（杨洋等，2015），因此预期符号为正。

产业生命周期（*Lifecycle*）：为检验不同产业生命周期的行业是否存在差异，本书设置当行业为成长期行业时 *Lifecycle* = 1，当行业为成熟期行业时 *Lifecycle* = 2，当行业为衰退期行业时 *Lifecycle* = 3。

企业类型变量（*Type*）：为检验不同要素类型的企业是否存在差异，本书设置当企业为劳动密集型企业时 *Type* = 1，当企业为资本密集型时 *Type* = 2，当企业为技术密集型时 *Type* = 3。

区域变量（*Region*）：为验证我国东中西区域的差异，本书以企业注册地作为企业的区域属性，当企业所属区域为东部时 *Region* = 1，当企业所属区域为中部时 *Region* = 2，企业所属区域为西部时 *Region* = 3。

市场化程度（*Marketization*）：为验证我国不同市场发育程度地区的差异，本书以企业注册地作为企业的所在地，当企业所属区域为高市场化程度时 *Marketization* = 1，当企业所属区域为中市场化程度时 *Marketization* = 2，企业所属区域为低市场化程度时 *Marketization* = 3。

产权性质（*Soe*）：为了比较政府补贴对企业创新的促进作用在国有企业和非国有企业中的差异，将产权性质设为哑变量，当企业为国有企业时 *Soe* = 1，当企业为非国有企业时 *Soe* = 0。

所有变量的定义和说明详见表 5 – 1。

表 5 – 1　　　　　　　　　　　　变量定义

变量中英文名	预期符号	变量含义及说明
创新（*Patent*）	无	企业年度专利（发明、实用新型和外观设计）申请总数加 1 取对数

续表

变量中英文名	预期符号	变量含义及说明
实质性创新（*Patentin*）	无	企业年度实质性创新（发明专利申请）总数加1取对数
策略性创新（*Patentud*）	无	企业年度策略性创新（外观设计和实用新型专利申请）总数加1取对数
政府补贴（*Subsidy*）	?	补贴收入/营业收入
政府补贴的二次项（*Subsidys*）	?	政府补贴的二次项＝政府补贴的平方
企业规模分布（*Pareto*）	+	企业规模分布的帕累托指数＝企业按规模降序排列的位次（减1/2，取对数）与企业规模（取对数）之比
企业规模分布的二次项（*Paretos*）	?	企业规模分布的二次项＝帕累托指数的平方
行业资本密集度（lnd_*intens*）	+	行业资产总和/行业总劳动人数
负债比率（*Leverage*）	−	负债合计/资产总计
职工资产配比（*RC*）	+	职工人数/资产总计
资产结构（*Tangibility*）	+	固定资产合计/资产总计
产业生命周期（*Lifecycle*）	无	行业所处的生命周期，成长期行业 *Lifecycle*＝1，成熟期行业 *Lifecycle*＝2，衰退期行业 *Lifecycle*＝3。
企业类型属性（*Type*）	无	设劳动密集型为1，资本密集型为2，技术密集型为3
区域属性（*Region*）	无	以企业注册地作为企业的区域属性，在东部地区则赋值为1，中部地区为2，西部地区为3
市场化程度（*Marketization*）	无	高市场化程度地区 *Marketization*＝1，中市场化程度地区 *Marketization*＝2，低市场化程度地区 *Marketization*＝3。
产权性质（*Soe*）	无	产权性质，若该企业为国有性质，则赋值为1，否则赋值为0
地区虚拟变量（*dumprovince*）	无	基于省份划分共31个省份，生成30个虚拟变量
行业虚拟变量（*dumcode*）	无	根据二分位的行业标准分类码 GB/T4754—2017 并剔除部分行业，共30个行业，生成29个虚拟变量

5.1.2　数据说明与描述性统计

1. 数据来源说明

本书实证使用的样本数据主要来自两个数据库。第一个是国家统计局维护的 1998～2013 年《中国规模以上工业企业数据库》。该数据库包含全部国有企业和规模以上（主营业务收入超过 500 万，2011 年之后该口径调整为 2 000 万）非国有企业的企业财务信息和基本情况，是用于研究中国大样本异质企业使用最普遍的基础数据库，也是目前国内最为全面的企业层面数据库，符合本书研究企业规模分布所需要的大样本数据需求。鉴于数据库中少数企业的观察值存在异常情况，在数据分析前，我们参考部分学者（聂辉华等，2012；陈林，2018；肖利平和许巍峰，2018）的做法，对数据进行如下处理。

（1）提取制造业样本。由于本书研究对象为中国制造业的政府补贴、企业规模分布情况，而在行政垄断行业，其获得补贴的情况几乎与一般工业企业完全不同，且行业内企业数量可能屈指可数，描述其规模分布意义不大，因此本书参考黄先海（2015）、毛其淋（2015）等做法，在原始样本中删除煤炭石油、电力、燃气及水务等行业数据。

（2）统一行业分类。由于数据库中存在 GB/T 4754—1994（1998—2002 年）、GB/T 4754—2002（2003—2012 年）、GB/T 4754—2011（2013 年）三套国民经济行业分类标准，本书参考方明月（2010）、王贵东（2018）的做法，使用两位数的行业分类标准，将 GB/T 4754—1994、GB/T 4754—2011 统一调整为 GB/T 4754—2017 中的行业大类。

（3）价格调整。参考陈林（2018）建议，全国所有企业均使用当年全国的 PPI 或固定资产投资价格指数进行平减，货币型指标使用 PPI，资产型指标使用固定资产投资价格指数，基期设定为 1998 年。

（4）参照相关研究（Cai and Liu，2009），删除以下情况样本：资产总额小于流动资产、资产总额小于固定资产、资产总额小于固定资产净值、累计折旧小于当期折旧。

（5）删除 2010 年全部样本。参照陈林（2018）建议，考虑到中国工业企业数据库 2010 年的数据质量问题，故不将其纳入研究范围，以免影响整体估计效果。

第二个数据库是由国家知识产权局和中国专利信息中心开发提供的中国专利数据库。该数据库收录了 1985～2015 年在国家知识产权局申请并公开的所有专利数据。参考中国专利数据项目[①]，将 1998～2009 年的企业专利数据与工业企业数据库样本中的公司进行了严谨匹配（He，2016）。参照该数据项目提供的匹配方法，本书对 2011～2013 年的数据进行了匹配，获取工业企业数据库中企业层面的专利申请记录，包含企业每年申请的专利类型和数量信息，具体处理步骤如下。

（1）提取专利数据。从国家知识产权局专利数据库中获取 2011～2013 年的所有专利申请数据，剔除了由个人申请和香港特别行政区、澳门特别行政区和台湾地区企业申请的专利数据。

（2）对企业名称进行数据清洗。一是获取"企业全称"：剔除企业原始名称中的异常符号，将各类括号转换成标准的英文括号、将所有英文字母大写、所有汉语数字替换成阿拉伯数字（地名的数字不替换）、左右括号数量不相等的手动调整成相等，由此得到清洗后的"企业全称"。二是获取"企业简称"：依次剔除"企业全称"中的以下词汇：有限、责任、股份、公司、厂、省、市、区、县、回族自治区、壮族自治区、维吾尔自治区、自治区，并剔除括号，得到"企业简称"。三是获取"企业关键词"：剔除"企业全称"中"公司"词汇后的所有内容，然后依次剔除以下词汇：有限、责任、股份、集团、总公司、分公司、公司、总院、分院、总部、分部、总厂、厂、省、市、区、县、回族自治区、壮族自治区、维吾尔自治区、自治区，接着剔除括号与括号中的内容，最后剔除企业名称中所有的地名简称，由此得到"企业关键词"。

（3）对两个数据库进行数据匹配。一是基于"企业全称"进行精确匹配，得到基于"企业全称"的匹配结果。二是基于"企业简称"进行精确匹配，将所有工业企业数据与"企业全称"未匹配上的专利精确匹配，得到基于"企业简称"的匹配结果。三是基于"企业关键词"进行模糊匹配，将所有工业企业数据与"企业简称"未匹配上的专利进行模糊

---

① 中国专利数据项目，网址详见 China Patent Database Project，https：//sites.google.com/site/sipopdb。

匹配，再以人工检查的方式剔除错配样本，得到基于"模糊匹配"的匹配结果。

2. 关于企业规模分布的说明

需要说明的是，本书研究的其中一个关键点是企业规模分布，这是衡量整个行业、整个地区甚至整个国家的企业规模分布整体情况，需要包含全部或至少尽可能多的企业样本，才能全面完整反映真实情况。同时，现实中也有少数企业存在经营困难、资不抵债等情形，但因行业特殊性、就业需要等各种原因而获得政府补贴以维系正常运营，这部分企业的财务报表可能出现部分数据为零甚至为负、不符合会计准则的情况，但这是样本真实情况，反映了我国政府补贴的部分实际，如果删除这部分样本，则无法全面真实地考察政府补贴对企业的影响效应。基于上述理由，本书认可陈林（2018）的建议，不对上述情形进行剔除处理，以免产生数据挖掘影响回归结果，力求更全面完整地反映我国政府补贴、企业规模分布情况。

对于企业规模分布的帕累托指数，第 3 章分别汇报了全国、各省或各行业的帕累托指数测算情况，可以看到 1998 ~ 2013 年帕累托指数都小于 1，向下偏离了齐夫分布（帕累托指数为 1），但整体处于上升状态，逐步向齐夫分布靠近。在细分了样本，计算每个省份的每个行业规模分布的帕累托指数时，存在个别省份的个别行业帕累托指数明显增大的现象。经检查数据发现，这部分行业帕累托指数明显变大主要是由于行业内纳入统计的企业数量均在 10 以内，因此与大样本情况下计算出的帕累托指数存在较大差异。为了避免这些样本对回归产生的影响，本书借鉴张亮靓、孙斌栋（2017）对城市规模分布研究的思路，对企业规模分布的帕累托指数明显大于 2 的样本视为异常值。[①] 经过处理后的帕累托指数均值为 0.7567，标准差为 0.1387，最小值为 0.1167，最大值为 1.9861。

[①]　在张亮靓、孙斌栋（2017）对城市规模分布的研究中，美国和加拿大的城市规模分布指数都大于 1，中国超过 1.2，俄罗斯为 1.47，作者将城市规模分布指数大于 3（即大样本情况下帕累托最大值的约 2 倍）视为异常值。在企业规模分布的研究中，对西方发达国家的经验研究发现，企业规模分布大多符合齐夫定律，即帕累托指数为 1。对我国的研究发现，不管是全国，还是各省、各行业的帕累托指数都小于 1。根据第 3 章表 3 - 8、表 3 - 10 的测算，我国 1998 ~ 2013 年中各行业帕累托指数最高为纺织业 2004 年 0.9585，各省帕累托指数最高为浙江省 2004 年 0.9432。借鉴张亮靓、孙斌栋（2017）的思路，本文将企业规模分布大于 2（约是各省或各行业帕累托指数最大值的 2 倍）的样本视为异常值予以删除，以避免回归结果的偏差。

3. 描述性统计

经过以上处理后，本书得到一个 1998～2009、2011～2013 年（共 15年）覆盖 3 483 485 家企业的非平衡面板数据库，共涵盖了 30 个制造业行业（根据二分位的行业标准分类码 GB/T 4754—2017），基本可以全面真实地反映中国制造业企业的情况。表 5－2 汇报了本章主要变量的统计特征。从表中可以看出，政府补贴的均值仅为 0.0123，但是标准差却高达8.2910，说明政府补贴总体较低且在企业间的分布比较分散。政府补贴的最小值为 0，最大值为 13 250，似乎与我们一贯的认识有所不同。本书的政府补贴是以企业补贴收入除以营业收入，上文已分析，少数企业虽经营困难，营业收入很低，但出于行业特殊性、政策导向等原因，政府依然会给予补贴，因此会出现补贴强度数值很大的现象。如，本书政府补贴最大值 13 250 的样本来自 2004 年一家汽车制造企业，该企业当年的营业收入仅为 0.9515 千元，而政府补贴为 12 607.401 千元，补贴强度高达 13 250千元。

表 5－2　　　　　　　　　　主要变量的描述性统计

变量	样本量	均值	标准差	最小值	中位数	最大值
创新	3 483 485	0.0823	0.4147	0	0	8.7617
实质性创新	3 483 485	0.0302	0.2258	0	0	8.6732
策略性创新	3 483 485	0.0498	0.3006	0	0	7.1428
政府补贴	2 639 257	0.0123	8.2910	0	0	13 250
企业规模分布	3 483 485	0.7567	0.1387	0.1167	0.7697	1.9861
行业资本密集度	3 200 783	325.0175	452.6191	3.0285	228.6947	74 603.73
负债比率	3 455 688	0.6388	1.5338	0	0.6174	2 694.684
职工资产配比	3 034 139	0.0188	1.4606	0	0.0080	1 527
资产结构	3 447 873	0.3409	0.2252	−0.5097	0.3055	1

为了检验模型是否存在多重共线性，表 5－3 汇报了各指标的相关系数，可以看到解释变量间的相关性较小，说明解释变量间的多重共线性不会影响模型估计结果，模型设置较为合理。

表 5 - 3　　　　　　　　　　主要变量的相关性分析

变量中文名	创新	政府补贴	企业规模分布	行业资本密集度	负债比率	职工资产配比
创新	—	—	—	—	—	—
政府补贴	- 0.0002	—	—	—	—	—
企业规模分布	0.0171	- 0.0021	—	—	—	—
行业资本密集度	0.0610	0.0001	- 0.0660	—	—	—
负债比率	- 0.0077	- 0.0002	- 0.0833	- 0.0260	—	—
职工资产配比	- 0.0017	- 0.0000	- 0.0020	- 0.0025	0.0079	—
资产结构	- 0.0543	- 0.0007	- 0.0365	- 0.0238	- 0.1724	- 0.0017

5.2　实证结果与解释

5.2.1　实证分析

1. 主回归结果分析

表 5 - 4 汇报了实证结果。列（1）为包含了政府补贴、企业规模分布一次项的回归结果。进一步地，考虑到行业之间存在较大差异，处于不同地区的企业面临的政策环境、发展态势不一样，因此，在控制了行业与地区固定效应后，对模型重新进行了估计，结果汇报在列（2）中。此外，根据本书第 4 章的推论 1 和 2，为捕捉政府补贴、企业规模分布对企业创新的非线性影响，在计量模型中分别纳入政府补贴的二次项、企业规模分布的二次项，结果汇报在列（3）、列（4）中。

分析表 5 - 4 列（1）可知，企业规模分布的一次项（系数为 0.0786）在 1% 水平上显著为正，验证了本书第 4 章的假说 1，即企业规模分布的帕累托指数提高会促进企业创新。控制了行业和地区固定效应后，企业规模分布的显著性、系数方向均保持不变，见列（2）。

从列（1）还可知，政府补贴在 10% 水平上显著抑制了企业创新。控制了行业和地区固定效应后，政府补贴的显著性、系数方向均保持不变，见列（2）。

列（3）显示，加入了企业规模分布的二次项之后，企业规模分布一次项的系数（0.6788）显著为正、二次项的系数（-0.4060）显著为负，这意味着企业规模分布和创新之间存在一个倒 U 形关系，验证了第 3 章图 3-11 得到的企业规模分布与创新之间呈现非线性关系的结论，也验证了本书第 4 章的推论 1，即存在一个企业规模分布的帕累托指数阈值，当行业的企业规模分布的帕累托指数小于这个阈值时，企业会选择在此行业集聚并进行创新；当行业的企业规模分布的帕累托指数大于这个阈值时，企业会选择分散在不同行业。

列（4）显示，加入了政府补贴二次项后，政府补贴一次项的系数（0.00001）为正、二次项系数（-8.33e-10）为负，但都不显著。结合第 3 章图 3-11，可知政府补贴与创新之间很可能是线性关系。本书的第 2 个推论没有得到验证。

表 5-4　　政府补贴、企业规模分布与制造业创新的实证检验结果

变量	（1）	（2）	（3）	（4）
Subsidy	-7.01e-07 * (3.86e-07)	-6.96e-07 * (3.62e-07)	-5.85e-07 (7.51e-07)	0.00001 (7.42e-06)
Subsidys	—	—	—	-8.33e-10 (5.59e-10)
Pareto	0.0786 *** (0.0041)	0.0670 *** (0.0042)	0.6788 *** (0.0204)	0.0670 *** (0.0042)
Paretos	—	—	-0.4060 *** (0.0131)	—
lnd_intens	0.00003 *** (2.83e-06)	0.00003 *** (2.94e-06)	0.00003 *** (2.93e-06)	0.00003 *** (2.94e-06)
Leverage	0.0081 *** (0.0027)	0.0078 *** (0.0027)	0.0062 *** (0.0022)	0.0078 *** (0.0027)
RC	-0.0002 ** (0.0001)	-0.0002 * (0.0001)	-0.0001 (0.0001)	-0.0002 (0.0001)
Tangibility	-0.0777 *** (0.0024)	-0.0752 *** (0.0024)	-0.0698 *** (0.0023)	-0.0752 *** (0.0024)

续表

变量	（1）	（2）	（3）	（4）
_cons	0.0262 *** （0.0044）	0.0121 （0.0356）	－ 0.1903 *** （0.0362）	0.0121 （0.0356）
行业固定效应	NO	YES	YES	YES
地区固定效应	NO	YES	YES	YES
N	2 567 746	2 567 746	2 567 746	2 567 746
$withinR^2$	0.0032	0.0052	0.0061	0.0052

注：（1）括号内数值为经过稳健性调整的标准误（Robust Std. Err.）。
（2）本表各方程以及后文所有回归结果均在企业个体层面进行了聚类稳健标准误调整（Std. Err. adjusted for clusters in Firm）。
（3）***、**、*分别表示在1%、5%与10%的水平上显著，全书同。

2. 不同创新类型的回归结果分析

专利是衡量创新产出的一种重要方式。根据《中华人民共和国专利法》，专利分为三种类型，分别是发明专利、实用新型专利和外观设计专利。其中，实用新型专利和外观设计专利因技术要求相对较低，而发明专利是对产品、方法或者流程所提出的新技术方案，技术要求较高，获得难度较大，更能代表企业的创新能力（余明桂等，2016）。发明专利占比在一定程度上体现了创新的质量和水平。现有研究表明，实用新型专利制度是中低收入国家实现技术追赶的有效手段（Maskus and McDaniel，1999；Kumar，2003；Odagiri，2010；Kim et al.，2012；Prud'homme，2017），但当该经济体的技术创新能力达到一定水平后，则必须借助高质量发明创造作为经济发展的动力，不能再延续旧的技术追赶模式，否则国家创新将陷入较低水平（毛昊等，2018）。进入 21 世纪以来，我国经济整体处于从要素驱动向创新驱动模式转变的历史时期，政府补贴成为激励企业创新研发的重要力量（康志勇，2018），而地方政府出台的专利资助政策也可能会引起和助长部分企业的"骗补式创新""策略性创新"（毛昊等，2018；申宇等，2018；张杰等，2016），形成"专利泡沫"，并不利于真正提升创新质量。基于此，研究政府补贴、企业规模分布对不同类型专利的影响效应，对于今后如何改进政策制定、提高创新质量有重要的理论和现实意义。

根据表 5 - 4 的列（3）、列（4），可知企业规模分布与创新之间为非线性关系，政府补贴与创新之间为线性关系。按照这个结论，本书检验了政府补贴、企业规模分布对实质性创新、策略性创新的影响，回归结果在表 5 - 5 中汇报。可见，政府补贴对实质性创新、策略性创新都是不显著的抑制作用（系数分别为 - 1. 63e - 07、 - 5. 39e - 07），而企业规模分布与实质性创新、策略性创新都是显著的倒 U 形关系（一次项系数分别为 0. 3693、0. 5423，二次项系数分别为 - 0. 1993， - 0. 3362）。从表 5 - 5 的结果看，政府补贴、企业规模分布对不同的创新类型影响并没有差异。

表 5 - 5　　　　　　政府补贴、企业规模分布与不同类型的创新

变量	(1)	(2)
	实质性创新	策略性创新
Subsidy	- 1. 63e - 07 (5. 67e - 07)	- 5. 39e - 07 (4. 92e - 07)
Pareto	0. 3693 *** (0. 0117)	0. 5423 *** (0. 0181)
Paretos	- 0. 1993 *** (0. 0073)	- 0. 3362 *** (0. 0117)
lnd_intens	0. 00002 *** (1. 57e - 06)	0. 00003 *** (2. 32e - 06)
Leverage	0. 0030 *** (0. 0009)	0. 0056 *** (0. 0020)
RC	- 0. 0004 (0. 0000)	- 0. 0001 (0. 0001)
Tangibility	- 0. 0369 *** (0. 0012)	- 0. 0547 *** (0. 0020)
_cons	- 0. 1281 *** (0. 0047)	- 0. 1280 *** (0. 0316)
行业固定效应	YES	YES
地区固定效应	YES	YES
N	2 567 746	2 567 746
$within R^2$	0. 0043	0. 0047

3. 中介效应检验结果分析

根据第 4 章理论模型的假说 3，我们得到政府补贴、企业规模分布对企业创新的传导机制，如图 5 - 1 所示。政府补贴通过企业规模分布影响创新，企业规模分布是政府补贴影响创新的中介路径。对此，本书将通过中介效应对该传导机制进行验证。

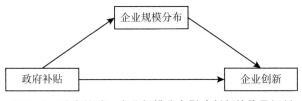

图 5 - 1 政府补贴、企业规模分布影响创新的传导机制

中介效应最初广泛运用于心理学、社会学等学科中，以往研究多采用因果逐步回归法（Baron and Kenny, 1986），并辅之以 Sobel 检验，但这个检验方法的局限性使得学者们逐渐质疑。首先，该方法认为主效应存在（即主效应的系数显著）是中介效应存在的根本前提，但诸多经验研究表明，中介效应的存在并不需要主效应显著，因为可能存在两个并列的中介路径，他们对因变量的作用方向相反，相互抵消，因此主效应未被观测到（MacKinnon, 2000；Preacher and Hayes, 2004）。其次，Sobel 检验有很大的局限性，其默认体现中介效应的两个系数都服从正态分布，并根据两个系数的乘积构建临界值进行检验和区间估计（Fritz and MacKinnon, 2007；MacKinnon et al., 2004；Tofighi and MacKinnon, 2011）。此外，逐步回归法仅适合一个中介变量的模型，且中介变量和因变量都需要时连续分类，不能处理多个中介变量或其他复杂情况的检验（陈瑞等, 2013）。

基于逐步回归法的上述弊端，学者们（Zhao et al., 2010）在相关研究（Preacher and Hayes, 2004）的基础上提出 Bootstrap 方法和程序进行中介效应检验。这种检验方法相对于传统的逐步回归法和 Sobel 检验而言，最大的优点在于：一是不涉及总体分布及其参数，不要求正态假设，是利用样本所推导的经验分布代替总体分布，属于非参数方法，因此被称为非参数百分位 Bootstrap 法；二是检验力高于 Sobel 检验（Fritz and MacKinnon, 2007；MacKinnon et al., 2004；温忠麟、叶宝娟, 2014）。

综上所述，本书采用 Bootstrap 方法进行中介效应检验。Bootstrap 法是一种从样本中重复取样的方法，其前提条件是样本能够代表总体。Bootstrap 法有多种取样方案，其中一种简单的方案是从给定的样本中有放回地重复取样以产生许多样本，即将原始样本当作 Bootstrap 总体，从这个 Bootstrap 总体中重复取样以得到类似于原始样本的 Bootstrap 样本（Wen et al.，2010）。通过这些样本，可以得到相应数量的系数乘积估计值，并将它们按数值从小到大排序，其中第 2.5 百分位点和第 97.5 百分位点构成体现中介效应的一个置信度为 95% 的置信区间。如果置信区间不包含 0，则认为系数乘积显著，即中介效应显著（方杰、张敏强，2012；Preacher and Hayes，2008；Preacher et al.，2007；温忠麟等，2012）。

表 5-6 汇报了回归结果。可以发现，矫正偏差后中介效应 95% 置信区间为（-0.0000297，-2.57e-06），不包含 0，这意味着企业规模分布的中介效应显著，中介效应大小为 -2.984e-06。

表 5-6　　　　　企业规模分布中介效应检验结果：全部创新

类型	效应系数	矫正偏差后 95% 置信区间
indirect effect （间接效应，即中介路径的作用）	-2.984e-06 （9.355e-06）	（-0.0000297， -2.57e-06）
direct effect （直接效应，即控制中介后 自变量对因变量的直接影响）	-5.786e-06 （0.00002619）	（-0.0000473， 0.0000456）

注：（1）参照陈瑞等（2013）做法，随机抽样次数按照惯常设定为 5 000 次。
（2）效应系数后的括号内为标准误，后文同。

区分了创新类型之后，我们对企业规模分布在政府补贴影响实质性创新、策略性创新中是否也起到中介路径作用进行检验，表 5-7 和表 5-8 汇报了检验结果。从表 5-7 可以看到，矫正偏差后中介效应 95% 置信区间为（-0.0000159，-1.38e-06），不包含 0，这意味着企业规模分布在政府补贴对实质性创新的影响中中介效应显著，中介效应大小为 -1.594e-06。

表5-7 企业规模分布中介效应检验结果：实质性创新

类型	效应系数	矫正偏差后95%置信区间
indirect effect （间接效应，即中介路径的作用）	-1.594e-06 (4.911e-06)	(-0.0000159, -1.38e-06)
direct effect （直接效应，即控制中介后 自变量对因变量的直接影响）	-8.274e-07 (0.00002582)	(-1.75e-06, 0.0000573)

从表5-8可以看到，矫正偏差后中介效应95%置信区间为（-0.0000196，-1.88e-06），不包含0，这意味着企业规模分布在政府补贴对策略性创新的影响中中介效应显著，中介效应大小为-2.173e-06。

表5-8 企业规模分布中介效应检验结果：策略性创新

类型	效应系数	矫正偏差后95%置信区间
indirect effect （间接效应，即中介路径的作用）	-2.173e-06 (5.837e-06)	(-0.0000196, -1.88e-06)
direct effect （直接效应，即控制中介后自变量 对因变量的直接影响）	-5.422e-06 (0.00001785)	(-0.0000509, 8.61e-06)

4. 门限回归结果分析

基于第3章的现实分析和第4章的理论模型，考虑到政府补贴对创新可能存在促进作用。但政府毕竟不是市场主体，不能取代企业的作用，也不可能无限制地投入和补贴企业创新。因此，什么样的补贴强度才能最有效促进创新，也就是说，如何提高政府补贴的有效性，是更具现实意义的问题。

在表5-4的列（4）中，政府补贴的二次项不显著，结合图3-11，本书认为政府补贴和创新之间是线性关系的可能性更大。基于上述考虑，本书选择汉森（Hansen，1999）的非动态面板门限模型作为基础，以政府补贴为门限变量，考察政府补贴强度的最适区间①。假设存在单个门槛，设定如下的单门限回归模型：

$$\ln Patent_{it} = \alpha_0 + \beta_1 Subsidies_{it} I(Subsidies_{it} \leqslant \gamma)$$
$$+ \beta_2 Subsidies_{it} I(Subsidies_{it} > \gamma) + \beta_3 Z_{ijt} + \varepsilon_{ijlt}$$

$$(5-4)$$

其中，i 代表企业，j 代表二位码制造业细分行业，t 代表年份，l 代表省份，$\ln Patent$ 是代表企业创新的专利申请数（加 1 取对数），$Subsidies$ 代表政府补贴强度，Z 是行业和企业层面的控制变量（包含了衡量企业规模分布的帕累托指数 $Pareto$ 及其平方、前文所采用的全部控制变量），ε_{ijlt} 为随机干扰项。γ 表示门槛变量政府补贴的门槛值。$I(\bullet)$ 表示指标函数，当条件成立时取值为 1，否则取 0。门限模型的估计通常分为两个步骤：首先得到门槛估计值 γ 以及各个参数的估计值，在此基础上检验门槛效应的显著性以及门槛估计值的真实性。为了确定是否存在多个门槛，需要在单门限模型的基础上，重复上述检验过程。

表 5-9 汇报了门限回归结果，表 5-10、表 5-11 汇报了分区的参数估计结果。从表 5-9 的第一列可以看到，对全部创新而言，存在一个政府补贴的门限值 0.0001，其置信区间为［0.0001，0.0002］。从表 5-10 可知，当补贴强度小于门槛值 0.0001 时，政府补贴的创新效应为 0.00001，虽然此时政府补贴对企业创新具有促进作用但效果相对较弱，未达到补贴强度的最适区间。随着补贴强度的提高，当补贴强度位于区间［0.0001，0.0002］时，政府补贴的技术创新效应最大（系数为 515.5071）。一旦补贴强度跨越门槛 0.0002，政府补贴便表现出对企业创新的阻碍作用（系数为 -4.45e-06）。这印证了学者们（毛其淋、许家云，2015；郑玉，2020）提出的高强度补贴会引发企业"寻租"、寻租费用对创新支出产生挤出效应的说法。

从表 5-9 的第二、第三列我们发现，对不同类型的创新而言政府补贴的门槛不同，其中政府补贴对实质性创新并不存在门槛。可能的原因

---

① 本书样本为非平衡面板数据，Stata 目前官方认可的门限回归命令仅适用于平衡面板数据，无法处理非平衡面板数据。本书所采用的非平衡面板数据门限回归程序来自南开大学王群勇老师和中山大学连玉君老师 2020 年 6 月的研究成果，使用 Stata 16 运行，特此感谢。

是，实质性创新大部分成本高、周期长，样本中的政府补贴强度远未达到对实质性创新的影响产生突变的强度，因此只要是想促进企业进行实质性创新，政府补贴应该持续给予补贴，这样才能引导企业进行更多的实质性创新，落实创新驱动发展战略。

相对而言，政府补贴对策略性创新的影响效应则存在一个门槛0.0006，其置信区间是 [0.0005, 0.0007]。从表 5-9 的第三列可知，当补贴强度小于门槛值 0.0006 时，政府补贴的对策略性创新的促进效应为0.00002。随着补贴强度的进一步提高，当补贴强度位于区间 [0.0005, 0.0007] 内，政府补贴的技术创新效应最大（系数为 487.145，见表 5-11）。一旦补贴强度跨越区间 [0.0005, 0.0007]，政府补贴便表现出对企业策略性创新的阻碍作用（系数为 $-4.58e-06$）。

表 5-9　　　　　　　　门槛显著性检验和置信区间

被解释变量	门槛数	F 值	10%	5%	1%	门槛值	95% 置信区间
全部创新	单一	51 113.02 ***	12 562.025	17 321.845	17 321.845	0.0001	[0.0001, 0.0002]
实质性创新	单一	172.26	732.702	1 615.531	4 206.179	0.0454	[0.0395, 0.0519]
策略性创新	单一	16 858.01 ***	13 506.524	13 596.010	13 596.010	0.0006	[0.0005, 0.0007]

注：表中临界值均为采用"自抽样"反复抽样 100 次。

表 5-10　　　　　　　　门限回归分区参数估计结果：全部创新

变量	(1) Subsidy < 0.0001	(2) 0.0002 < Subsidy < 0.0002	(3) Subsidy > 0.0002
Subsidy	0.00001 (0.0006)	515.5071 (584.5186)	$-4.45e-06$ (0.0000)
Pareto	0.4873 *** (0.0144)	1.0370 (1.4703)	1.6612 *** (0.0746)
Paretos	-0.2911 *** (0.0095)	-0.8823 (0.9435)	-1.0345 *** (0.0479)
lnd_intens	0.00002 *** (6.03e-07)	0.0001 (0.0001)	0.0001 *** (3.56e-06)

续表

变量	（1）Subsidy < 0.0001	（2）0.0002 < Subsidy < 0.0002	（3）Subsidy > 0.0002
Leverage	0.0069 *** (0.0006)	0.0041 (0.0828)	0.0052 ** (0.0021)
RC	− 0.0001 (0.0004)	− 2.0341 (3.8480)	− 0.1037 ** (0.0497)
Tangibility	− 0.0471 *** (0.0016)	− 0.3753 * (0.1965)	− 0.2558 *** (0.0105)
_cons	− 0.1336 *** (0.0055)	− 0.0176 (0.5765)	− 0.4061 *** (0.0292)
N	2 240 177	11 241	316 328
adj. R^2	0.0025	0.0115	0.0104

表 5 – 11 　　　　　　门限回归分区参数估计结果：策略性创新

变量	（1）Subsidy < 0.0005	（2）0.0005 < Subsidy < 0.0007	（3）Subsidy > 0.0007
Subsidy	0.00002 (0.0006)	487.145 * (292.2581)	− 4.58e − 06 (0.0000)
Pareto	0.4133 *** (0.0133)	3.8438 *** (1.3175)	1.3139 *** (0.0689)
Paretos	− 0.2558 *** (0.0087)	− 2.5250 *** (0.8316)	− 0.8434 *** (0.0444)
lnd_intens	0.00002 *** (5.53e − 07)	0.00004 (0.0000)	0.0001 *** (3.33e − 06)
Leverage	0.0067 *** (0.0005)	0.0476 (0.0600)	0.0030 (0.0018)
RC	− 0.0001 (0.0004)	− 2.4131 (3.2126)	− 0.0726 * (0.0437)
Tangibility	− 0.0407 *** (0.0015)	− 0.0448 (0.1671)	− 0.1915 *** (0.0099)

变量	(1)	(2)	(3)
	$Subsidy < 0.0005$	$0.0005 < Subsidy < 0.0007$	$Subsidy > 0.0007$
_cons	-0.1079*** (0.0051)	-1.5400*** (0.5571)	-0.3091*** (0.0270)
N	2 276 689	12 907	278 150
adj. R^2	0.0020	0.0184	0.0082

　　综合考虑政府补贴对全部创新、实质性创新和策略性创新的门槛，可知政府补贴对实质性创新的门槛明显高于策略性创新，但样本所在时间范围内的政府补贴未达到此门槛，因此本书未能计算得出，但本书的推论 3 已得到了论证，即：如果要促进企业进行实质性创新，政府补贴的力度应大于对策略性创新的补贴力度。

5.2.2　对内生性的处理

　　为避免模型中可能存在的内生性问题对回归结果信度产生干扰，本节对内生性问题进行处理。本章的内生性可能来自两个方面。一是反向因果关系问题（即解释变量与被解释变量互换位置）。本书第 4 章已在数理模型中论证了企业规模分布对企业创新的影响，企业规模分布本身反映了资源在不同企业中的配置状况和市场竞争情况，这都是影响创新意愿和创新结果的重要外在因素。而在实证检验中，也有许多学者论证了创新驱动着市场结构的演变（Bottazzi，2001；Marsili，2005），是企业规模分布的决定性因素（Dasgupta and Stiglitz，1980）。在我国战略性新兴产业的规模分布塑造中，创新也显著使得企业规模偏离齐夫分布（郭晓丹、刘海洋，2013）。因此，创新与企业规模分布之间可能存在互为因果的关系。二是遗漏变量问题（即解释变量与随机误差项高度相关）。企业创新，尤其是创新成果受到其自身资金资源、行业特征、政策环境等内外多个因素的综合影响，尽管本书实证过程控制行业、地区固定效应及行业和企业层面的特征变量，一定程度上缓解了因遗漏变量造成的估计偏差，但仍然无法完全排除其他潜在遗漏因素的干扰。

为尽可能缓解上述内生性问题，根据第 4 章数理模型的式（4 - 24），企业规模分布与政府补贴、行业资本密集度都存在相关性，本章选取政府补贴的滞后一、二、三期和行业资本密集度的滞后一期作为工具变量，同时控制了地区和行业固定效应，对模型进行重新估计（见表 5 - 12）。为了检验工具变量的有效性，我们采用多种统计检验进行验证。一是采用 Kleibergen-Paap rk LM 统计量来检验工具变量是否与内生变量无关的问题，可以发现，所有的 Kleibergen-Paap rk LM 统计量（假说 1 和假说 2 为 4 587.324，推论 1 为 263.550）均远远大于 10，从而拒绝了"工具变量与内生变量无关"的原假设，不存在不可识别和弱工具变量的问题。二是采用 Cragg-Donald 统计量来检验是否存在弱工具变量问题，假说 1 和假说 2 的 Cragg-Donald 统计量为 7 127.601，远大于 5% 偏误下的临界值（13.91），推论 1 的 Cragg-Donald 统计量为 191.637，远大于 5% 偏误下的临界值（16.85），都拒绝了弱工具变量的假设，说明不存在弱工具变量问题。三是采用 Hansen J 统计量，假说 1 和假说 2 的 Hansen J 统计量为 2.949（P 值 0.2288），推论 1 的 Hansen J 统计量为 6.115（P 值 0.1062），都接受了原假设，说明模型所选的工具变量是强工具变量，两个模型的内生性问题处理得较为合适。

处理内生性问题后，政府补贴一次项的系数在表 5 - 12 列（1）、列（2）（假说 1 和假说 2 为 0.0003）中均显著为正，但是从列（3）可知其二次项（系数为 -4.85e - 08）并不显著，这意味着，政府补贴与创新之间为线性关系的可能性更大。

从表 5 - 12 的列（1）、列（2）可知，企业规模分布一次项（假说 1 和假说 2 是 2.3605，推论 1 是 5.6537）和二次项（-3.7243）的显著性、系数方向均保持不变，但系数得到很大的提高，说明在没有经过工具变量校准之前，企业规模分布对企业创新投入的影响很可能被低估了，且企业规模分布和创新之间确实存在倒 U 形关系，本书的假说 1 和假说 2、推论 1 再次得到验证。

表 5 - 12　　　　政府补贴、企业规模分布与制造业创新：使用

工具变量的回归结果

变量	(1) 假说 1 和假说 2	(2) 推论 1	(3) 推论 2
Subsidy	0. 0003 *** (0. 0000)	0. 0003 *** (0. 0000)	0. 0003 * (0. 0002)
Subsidys	—	—	- 4. 85e - 08 (1. 59e - 07)
Pareto	2. 3605 *** (0. 0670)	5. 6537 *** (0. 7936)	2. 3605 *** (0. 0670)
Paretos	—	- 3. 7243 *** (0. 5270)	—
lnd_intens	0. 0001 *** (9. 43e - 06)	0. 00004 *** (0. 0000)	0. 0001 *** (9. 43e - 06)
Leverage	- 0. 0102 *** (0. 0028)	- 0. 0025 * (0. 0015)	- 0. 0102 *** (0. 0028)
RC	0. 0011 (0. 0008)	0. 0010 (0. 0008)	0. 0011 (0. 0008)
Tangibility	0. 0293 *** (0. 0046)	- 0. 0001 (0. 0041)	0. 0292 *** (0. 0046)
_cons	- 1. 7386 *** (0. 0512)	- 1. 9989 *** (0. 2849)	- 1. 7385 *** (0. 0512)
行业固定效应	YES	YES	YES
地区固定效应	YES	YES	YES
Wald chi2（6）	1 625. 60 ***	3. 31e + 09 ***	1 625. 61 ***
Kleibergen-Paap rk LM 统计量 P 值	4 587. 324 *** (0. 0000)	263. 550 *** (0. 0000)	4 587. 394 *** (0. 0000)
Cragg-Donald Wald F 统计量	7 127. 601	191. 637	7 127. 648
Hansen J 统计量 P 值	2. 949 (0. 2288)	6. 115 (0. 1062)	3. 022 (0. 2207)
N	1 026 637	657 923	1 026 637

基于表 5 – 8 的列（2），企业规模分布和创新之间是以下关系：

$$\text{Ln}Patent_{jt} = 0.0003Subsidies_{it} + 5.6537Pareto_{jli} - 3.7243Pareto_{jli}^2$$
$$+ 0.00004\text{lnd\_intens} - 0.0025Leverage + 0.001RC$$
$$- 0.0001Tangibility - 1.9989 \qquad (5-5)$$

可见，企业规模分布一次项的系数（5.6537）显著为正，二次项的系数（-3.7243）显著为负，企业规模分布与创新之间存在倒 U 形关系（如图 5 – 2 所示）。对式（5 – 5）求导，得到式（5 – 6），解得帕累托指数为 0.759，也就是说，当帕累托指数为 0.759 时，倒 U 形到达顶点。

$$\frac{\partial \text{Ln}Patent_{jt}}{\partial Pareto_{jli}} = 5.6537 - 3.7243 \times 2 \times Pareto_{jli} = 0 \qquad (5-6)$$

对西方发达国家的经验研究表明，当帕累托指数等于 1 时称为企业规模分布服从齐夫分布，是企业规模分布的理想状态、最优状态（Axtell，2011）。当帕累托指数小于 1 时，帕累托指数越小意味着行业中垄断程度越严重，大企业优势越大，小企业地位越弱，企业规模差异较大。从图 5 – 2 可以看出，在帕累托指数小于 0.759 时，帕累托指数的提高显著促进企业创新，因为此时帕累托指数提高意味着行业中的竞争程度加大、资源配置效果得到优化提升，因此有利于企业创新。当帕累托处于 0.759 到 1 之间时，从国外经验研究来看，依然属于大企业持续增加、竞争继续加大、资源配置继续优化的阶段。但是从图 5 – 2 可以看到，当帕累托指数大于 0.759 以后，帕累托指数的提高却会抑制企业创新，这意味着对我国制造业企业创新而言，最优的企业规模分布状态是帕累托指数为 0.759，而不是国外经验数据得出的 1，即齐夫分布。这验证了推论 2，对我国企业创新而言，帕累托指数的阈值是 0.759，当超过这个阈值时，企业会选择退出而不是创新。

为什么我国的经验数据得到的结论与发达国家不一样呢？本书认为可以从以下三个方面去探究其中的原因。

（1）经济发展水平。从现有研究看，美国、法国、意大利、欧盟等发达国家地区的企业规模分布帕累托指数都基本为 1，这些国家和地区的共同特点是经济比较发达。自改革开放以来，我国经济连续几十年高速增长，在经济总量上逐渐取得优势，但是与上述发达国家相比，在人均水平、经济发展质量等方面我们还存在较大差距。当不存在资源错置时，单

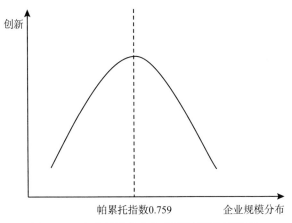

图 5 – 2　企业规模分布与创新的倒 U 形关系

个企业的最优规模仅与自身生产率以及行业需求特征相关，每个企业的最优规模构成行业乃至整个经济体的最优企业规模分布，中国自身的生产率分布决定了中国特色的最优企业规模分布，且这个最优分布会明显偏离西方经验数据得出的最优分布——齐夫分布（李旭超等，2017）。

（2）市场发育程度。市场发育程度受到经济发展水平的影响，同时又会影响企业规模分布。较高的市场发育程度意味着市场机制灵活、要素供给充分且结构合理、市场需求和容量较大，有利于为企业提供完善的基础设施、市场监管，从而带来公平竞争的机会和企业自由成长的空间。廉洁且较少直接干预企业行为的政府、非国有制企业为主、产品和要素市场以及中介组织发育良好、法律制度完善的市场环境，有利于缩小企业规模差距，提高我国企业规模分布水平（杨其静等，2010）。我国 1992 年开始建立社会主义市场经济体制，而本书样本的时间范围为 1998 ~ 2013 年，尚处于从计划经济体制到市场经济体制转轨时期，因此市场发育程度与西方发达国家相比不可同日而语，这也决定了我国的企业规模最优分布有别于西方发达国家。

（3）企业的产权性质。国有企业是基于我国国情的特定存在，其承担的社会责任和享有的政策红利明显有别于非国有企业。这也是我国企业产权性质有别于其他国家之处，而产权性质差异造成了资源配置等多个方面的差异，也是造成我国企业规模分布存在"中间迷失"现象的重要原因。企业规模分布的"中间迷失"，一般是指发展中国家的企业规模分布呈现

"双峰分布"特征，即小微企业和大企业的数量很多，而中小企业的数量相对较少，而我国的"中间迷失"现象具有特殊性。对比生产率测算出的每个企业最优规模，我国36.48%的国有企业存在规模不足问题，59.77%的国有企业存在规模过大问题，而对于非国有企业来说，规模不足和规模过大的比重分别为61.76%和33.85%（李旭超等，2017）。这就是我国企业规模分布的"中间迷失"现象——非国有企业难以做强做大（张少华和张天华，2017），原因在于资源错置和偏向性政策干扰。资源错置导致生产率高的企业受到"约束"而无法成长和形成规模经济，生产率低的企业被"补贴"而不合理扩张，致使大企业和小企业都数量不足，中间规模企业偏多的"规模扭曲"，即企业规模分布更均匀集中，尾部更薄，帕累托指数变高。而在转轨经济下，国有和民营企业在政府直接干预、帮扶与进入壁垒、金融抑制、资源、税费与市场垄断等方面都有不同的待遇，这种偏向性政策就导致了国有和民营企业规模分布的差异。因此，当帕累托大于0.759之后，帕累托指数的继续提高意味着企业规模差距继续缩小，大企业尤其是非国有大企业难以成长，对创新产生了抑制作用。

以倒U形曲线的顶点（帕累托指数为0.759）为界，我们将样本分为高低企业规模分布两个组，即企业规模分布小于0.759，我们视为低企业规模分布组，企业规模分布大于0.759，我们视为高企业规模分布组，考察政府补贴与企业规模分布对创新的影响在这两个组是否存在差异。表5-13汇报了分组回归结果，所有回归都同时控制了行业与地区固定效应。我们发现，在低企业规模分布下，政府补贴和企业规模分布都会显著促进企业创新（系数分别为0.0001，0.9149），但是在高企业规模分布下，政府补贴的促进作用不显著（系数为0.0003），企业规模分布则显著抑制了企业创新（系数为-0.1962）。这个结论表明，一方面，上文关于企业规模分布与创新之间呈倒U形关系的观点得以验证，即在低规模分布状态（帕累托指数小于0.759）下，企业规模分布的帕累托指数提高会促进企业创新，一旦过了拐点，帕累托指数提高对创新的影响就会从显著促进转向显著抑制。另一方面，政府补贴对创新的促进作用，也从低企业规模分布状态下的显著转变为高企业规模分布状态下的不显著，这意味着政府补贴的有效性下降，此时政府补贴政策是否还应继续实施是需要考虑的现实问题。

基于上述分析，本书认为我国制造业企业规模最优分布是帕累托指数 0.759 具有以下意义。

（1）验证了齐夫分布并不是中国情境下的最优企业规模分布。阿克斯特尔（Axtell，2001）提出，齐夫分布是任何经验准确的企业理论都必须符合的明确目标，诸多学者采用西方发达国家经验数据也验证了这个观点。但是，我国企业规模分布明显偏离齐夫分布，这种偏离是企业规模的扭曲还是正常发展现象？对中国经济而言是有利还是不利？我们很少见到明确的判断。本书基于理论和实证检验结论认为，这种偏离是我国在样本时间范围内经济发展水平、市场发育程度、企业产权性质等因素综合作用下的客观结果，是对中国制造业创新而言的最优分布。换言之，我们并不需要一味追求企业规模分布达到齐夫分布状态，因为在经济发展水平等因素不变的情况下，如果企业规模分布达到齐夫分布状态，对我国制造业创新而言反而会起到抑制作用。

（2）为政府补贴政策完善提供了方向指引。从表 5 - 13 可以看到，在高企业规模分布状态下，政府补贴并不能显著促进企业创新，而企业规模分布的帕累托指数进一步提高则会显著抑制企业创新。因此，政府出台补贴政策时，应充分考虑所在地区或行业的企业规模分布状态，如果本身已处于高企业规模分布状态，那么补贴应退出市场或向中小企业倾斜，加大对中小企业的创新激励，提升其创新意愿和创新能力，才能缩小企业间的规模差距，引导企业规模分布向最优分布靠拢，使促进创新的效果达到最佳。

表 5 - 13　　　　　不同企业规模分布下的回归结果：全部创新

变量	（1） 低企业规模分布	（2） 高企业规模分布
Pareto	0.9149 *** （0.1159）	- 0.1962 *** （0.0088）
Subsidy	0.0001 *** （0.0000）	0.0003 （0.0004）
lnd_intens	0.00007 *** （0.0000）	0.0001 *** （4.00e - 06）

续表

变量	（1）	（2）
	低企业规模分布	高企业规模分布
Leverage	− 0. 0035 * （0. 0021）	− 0. 0014 （0. 0018）
RC	0. 0003 （0. 0002）	− 0. 0288 * （0. 0153）
Tangibility	0. 0136 ** （0. 0067）	− 0. 0670 *** （0. 0036）
_cons	− 0. 5186 *** （0. 0734）	0. 2416 *** （0. 0079）
行业固定效应	YES	YES
地区固定效应	YES	YES
Wald chi2（6）	29 058. 56 ***	20 288. 71 ***
Kleibergen-Paap rk LM 统计量 P 值	951. 180 *** （0. 0000）	602. 539 *** （0. 0000）
Cragg-Donald Wald F 统计量	262. 192	101. 067
Hansen J 统计量 P 值	5. 104 （0. 1644）	5. 047 （0. 1684）
N	311 626	346 297

表 5 – 14 汇报了处理了内生性问题之后，政府补贴、企业规模分布对不同类型创新的影响的回归结果。为保持研究的延续性，本节所采用的工具变量与上文一致，选取政府补贴的滞后一、二、三期值和行业资本密集度的滞后一期值作为工具变量，同时控制了地区和行业固定效应，使用两阶段最小二乘法（2SLS）对模型进行重新估计。为了检验工具变量的有效性，我们采用多种统计检验进行验证：一是采用 Kleibergen-Paap rk LM 统计量来检验工具变量是否与内生变量无关的问题，可以发现，列（1）和列（2）的 Kleibergen-Paap rk LM 统计量（均为 263. 550）均远远大于 10，从而拒绝了"工具变量与内生变量无关"的原假设，不存在不可识别和弱工具变量的问题。二是采用 Cragg-Donald 统计量来检验是否存在弱工

具变量问题，列（1）和列（2）的 Cragg-Donald 统计量均为 90.804，远大于 5% 偏误下的临界值（13.96），都拒绝了弱工具变量的假设，说明不存在弱工具变量问题。三是采用 Hansen J 统计量，列（1）的 Hansen J 统计量为 5.605（P 值为 0.1325），列（2）的 Hansen J 统计量为 5.537（P 值为 0.1365），都接受了原假设，说明模型所选的工具变量是强工具变量。在处理了内生性问题后，政府补贴的系数均显著为正，说明政府补贴对不同类型的企业创新都起到了显著促进作用。帕累托一次项和二次项的显著性、系数方向均保持不变，说明企业规模分布和不同类型的企业创新之间均存在倒 U 形关系。从表 5 - 14 来看，似乎政府补贴、企业规模分布对不同类型的创新的影响并无差异，那么，政府补贴、企业规模分布对实质性创新和策略性创新的影响是否真的没有差异，本书将继续加以研究。

基于表 5 - 14 的列（1），企业规模分布和实质性创新之间是以下关系：

$$\ln Patent_{jt} = 0.0002 Subsidies_{it} + 4.0088 Pareto_{jli} - 2.6372 Pareto_{jli}^2$$
$$+ 0.00004 \ln d\_intens - 0.0008 Leverage + 0.0007 RC$$
$$+ 0.0004 Tangibility - 1.4505 \tag{5-7}$$

可见，企业规模分布一次项系数（4.0088）显著为正，二次项的系数（-2.6372）显著为负，企业规模分布与实质性创新之间存在倒 U 形关系。对式（5-7）求导，得到式（5-8），解得帕累托指数为 0.7600，也就是说，对实质性创新而言，当帕累托指数为 0.7600 时，倒 U 形到达顶点。

$$\frac{\partial \ln Patent_{jt}}{\partial Pareto_{jli}} = 4.0088 - 2.6372 \times 2 \times Pareto_{jli} = 0 \tag{5-8}$$

表 5 - 14　　　　　政府补贴、企业规模分布与不同类型的创新：

使用工具变量的回归结果

变量	（1）实质性创新	（2）策略性创新
Subsidy	0.0002 *** (0.0000)	0.0002 *** (0.0000)
Pareto	4.0088 *** (0.5221)	3.3901 *** (0.6383)

续表

变量	（1）实质性创新	（2）策略性创新
Paretos	− 2. 6372 *** (0. 3468)	− 2. 2318 *** (0. 4235)
ln*d_intens*	0. 00004 *** (7. 81e − 06)	0. 00003 *** (0. 0000)
Leverage	− 0. 0008 (0. 0007)	− 0. 0020 (0. 0012)
RC	0. 0007 (0. 0005)	0. 0006 (0. 0005)
Tangibility	0. 0004 (0. 0024)	− 0. 0014 (0. 0035)
_cons	− 1. 4505 *** (0. 1876)	− 1. 1831 *** (0. 2294)
行业固定效应	YES	YES
地区固定效应	YES	YES
Wald chi2（8）	98. 47 ***	481. 88 ***
Kleibergen-Paap rk LM 统计量 P 值	263. 550 *** (0. 0000)	263. 550 *** (0. 0000)
Cragg-Donald Wald F 统计量	90. 804	90. 804
Hansen J 统计量 P 值	5. 605 (0. 1325)	5. 537 (0. 1365)
N	657 923	657 923

基于表 5 - 14 的列（2），企业规模分布和策略性创新之间是以下关系：

$$\ln Patent_{jt} = 0.0002 Subsidies_{it} + 3.3901 Pareto_{jli} - 2.2318 Pareto_{jli}^2$$
$$+ 0.00003 \ln d_{intens} - 0.002 Leverage + 0.0006 RC$$
$$- 0.0014 Tangibility - 1.1831 \tag{5-9}$$

可见，企业规模分布一次项的系数（3.3901）显著为正，二次项的系数（−2.2318）显著为负，企业规模分布与策略性创新之间存在倒 U 形关系。对式（5 - 9）求导，得到式（5 - 10），解得帕累托指数为 0.7594，也就是说，对策略性创新而言，当帕累托指数为 0.7594 时，倒 U 形到达顶点。

$$\frac{\partial LnPatent_{jl}}{\partial Pareto_{jli}} = 3.3901 - 2.2318 \times 2 \times Pareto_{jli} = 0 \qquad (5-10)$$

当我们将样本按照创新类型和企业规模分布状态进行分组回归时（见表 5 – 15），发现对实质性和策略性创新而言，最大的区别在于政府补贴对高规模分布状态下的创新的影响效应不同。从表 5 – 15 列（2）和列（4）来看，政府补贴对高规模分布下的实质性创新起不显著的促进作用（系数为 0.0018），与样本为全部创新时一致。但是，政府补贴对高规模分布下的策略性创新则有显著的抑制作用（系数为 – 0.0358），这意味着，对一个地区或者行业而言，如果以促进策略性创新为导向，在高企业规模分布状态下，政府补贴应该退出，否则只是对策略性创新产生抑制作用，与补贴政策的初衷相违背。

表 5 – 15　　　不同企业规模分布下的回归结果：实质性创新和策略性创新

变量	实质性创新		策略性创新	
	（1）低企业规模分布	（2）高企业规模分布	（3）低企业规模分布	（4）高企业规模分布
Pareto	0.3008 *** (0.0204)	– 0.1772 *** (0.0235)	0.9343 ** (0.0924)	– 38.9504 *** (6.5871)
Subsidy	0.00003 *** (9.36e – 06)	0.0018 (0.0024)	0.0001 ** (0.0924)	– 0.0358 ** (0.0172)
lnd_intens	0.0001 *** (5.66e – 06)	0.0001 *** (2.92e – 06)	0.00002 ** (9.12e – 06)	– 0.0028 *** (0.0005)
Leverage	– 0.0018 ** (0.0007)	– 0.0074 *** (0.0020)	– 0.0036 ** (0.0016)	0.1192 *** (0.0307)
RC	0.0001 * (0.0000)	– 0.0057 (0.0055)	0.0003 (0.0002)	– 0.7041 (0.4528)
Tangibility	– 0.0061 *** (0.0021)	– 0.0373 *** (0.0024)	0.0111 ** (0.0045)	– 0.0597 * (0.0342)

变量	实质性创新		策略性创新	
	（1）低企业规模分布	（2）高企业规模分布	（3）低企业规模分布	（4）高企业规模分布
_cons	−0.1838 *** (0.0126)	0.1884 *** (0.0207)	−0.5376 *** (0.0578)	−34.5287 *** (5.8310)
行业固定效应	YES	YES	YES	YES
地区固定效应	YES	YES	YES	YES
Wald chi2（6）	251.94 ***	751.48 ***	354.57 ***	37.93 ***
Kleibergen-Paap rk LM 统计量 P 值	9 319.916 *** (0.0000)	1.0e + 04 *** (0.0000)	1 695.039 *** (0.0000)	70.065 *** (0.0000)
Cragg-Donald Wald F 统计量	4 964.665	5 008.069	275.045	23.708
Hansen J 统计量 P 值	1.897 (0.1684)	1.286 (0.2567)	3.458 (0.1775)	1.717 (0.4238)
N	728 064	863 939	485 262	546 390

对中介效应的检验，非参数百分位 Bootstrap 法虽然被学者们认为计算的系数乘积置信区间相对来说比逐步回归法更加精确，有更高的检验力，但是非参数百分位 Bootstrap 法目前并没有考虑到模型中存在的内生性问题。而本模型中，企业规模分布是内生变量，如果不处理内生性问题，可能会对中介效应估计结果产生影响。迪佩尔等（Dippel et al.，2019）在逐步回归法基础上，考虑了内生性问题的处理。本书采用该学者开发的 Stata 程序，对处理了内生性问题之后的企业规模分布中介效应进行再次检验。

表 5-16 汇报了检验结果。可以发现，处理了内生性问题后，效应系数大大提高，说明内生性问题的存在导致中介效应系数被低估。从列（1）可知，处理了内生性问题后，对全部创新而言，企业规模分布的中介效应在 10% 水平上显著，系数为 2.6270。这验证了本书的假说 3，即政府补贴通过影响企业规模分布，进而影响了创新。

企业规模分布在政府补贴对实质性和策略性创新的影响中都起到中介

路径作用。从列（2）可知，对实质性创新而言，企业规模分布的中介效应在 10% 水平上显著，系数为 0.7096。根据检验结果，中介效应（0.7096）占总效应（2.4502）的比重为 28.96%。从列（3）可知，对策略性创新而言，企业规模分布的中介效应在 10% 水平上显著，系数为 2.2066。根据检验结果，中介效应（2.2066）占总效应（4.2439）的比重为 28.96%。

表 5 - 16　　处理了内生性的企业规模分布中介效应检验结果

类型	全部创新效应系数（1）	实质性创新效应系数（2）	策略性创新效应系数（3）
indirect effect（间接效应，即中介路径的作用）	2.6270 *（1.4157）	0.7096 *（0.3861）	2.2066 *（1.1895）
direct effect（直接效应，即控制中介后自变量对因变量的直接影响）	0.0005 **（0.0002）	0.0001 *（0.0001）	0.0004 **（0.0002）
total effect（总效应）	5.5955 *（2.9974）	2.4502 *（1.3132）	4.2439 *（2.2741）

5.2.3　稳健性检验

为检验上述结论的稳健性，本书采用替换企业规模分布的帕累托指数测算方式、变更样本时间范围、变更样本范围三种方式进行稳健性检验。

（1）替换帕累托指数。上文提及，未修正的帕累托指数计算方程是 $\ln R_i = \ln A - \theta \ln S_i + \varepsilon_i$，假说 1 和假说 2 的回归结果汇报在表 5 - 17 的列（1），推论 1 的回归结果汇报在列（2），所有回归均同时控制了行业和地区固定效应。可以看出，更换了帕累托指数的计算方式后，与表 5 - 12、表 5 - 14 相比，核心解释变量的回归系数显著性和方向都一致，说明前文的结论是稳健可靠的。

表 5 - 17　　　　　　　替换帕累托指数的稳健性检验回归结果

变量	(1)	(2)	(3)	(4)
	假说1和假说2	推论1	实质性创新	策略性创新
Subsidy	0.0004 *** (0.0000)	0.0003 *** (0.0000)	0.0005 *** (0.0002)	0.0007 *** (0.0002)
Pareto	2.6010 *** (0.0738)	5.9033 *** (0.8591)	19.6665 *** (0.7119)	25.7719 *** (0.9019)
Paretos	—	-4.0370 *** (0.5916)	-13.4401 *** (0.4905)	-17.6462 *** (0.6218)
lnd_*intens*	0.0001 *** (9.50e-06)	0.00004 ** (0.0000)	-0.0001 *** (0.0000)	-0.0002 *** (0.0000)
Leverage	-0.01 *** (0.0028)	-0.0025 * (0.0015)	-0.0032 * (0.0018)	-0.0045 ** (0.0025)
RC	0.0012 (0.0008)	0.001 (0.0008)	0.0031 * (0.0021)	0.0040 (0.0027)
Tangibility	0.0353 *** (0.0048)	-0.0014 (0.0041)	0.0257 *** (0.0044)	0.0341 *** (0.0060)
_*cons*	-1.8841 *** (0.0553)	-1.9983 *** (0.2955)	-6.8205 *** (0.2451)	-8.8825 *** (0.3102)
行业固定效应	YES	YES	YES	YES
地区固定效应	YES	YES	YES	YES
Wald chi2 (6)	1 617.65 ***	2.95e+10 ***	1.92e+10 ***	928.38 ***
Kleibergen-Paap rk LM 统计量 P 值	4 568.406 *** (0.0000)	241.023 *** (0.0000)	1 958.904 *** (0.0000)	1 958.904 *** (0.0000)
Cragg-Donald Wald F 统计量	621.841	89.583	213.488	213.488
Hansen J 统计量 P 值	2.957 (0.2279)	6.102 (0.1067)	2.331 (0.3118)	2.313 (0.3146)
N	1 026 637	657 923	1 026 637	1 026 637

（2）变更样本时间范围。本书研究政府补贴、企业规模分布对企业创新的影响效应，数据来源于中国工业企业数据库。其中，"补贴收入"指

标的统计口径在 2000 年、2007 年发生过变化。在 2000 年之前，该指标名称为"国家补贴收入"，2000 年开始改为"补贴收入"，指标定义变得更广。2007 年起，工业统计报表开始执行《会计准则（2006）》，无偿性成为"补贴收入"的必要条件，且政府的资本性投入不再属于"补贴收入"，导致 2007 年的"补贴收入"明显下降。基于"补贴收入"指标在 2000 年、2007 年的突变，本书参考陈林（2018）的思路，剔除了 1998 年、1999 年和 2007 年的样本进行稳健性检验。表 5 - 18 汇报了剔除三年样本之后的回归结果，所有回归均同时控制了行业和地区固定效应。可以看到列（1）、列（2）核心指标的显著性、正负均与表 5 - 12、表 5 - 14 保持一致，说明前文的结论是稳健可靠的。

（3）变更样本范围。为了再次验证检验结果的稳健性，本部分剔除没有得到政府补贴的企业样本进行检验，所有回归均同时控制了行业和地区固定效应。结果汇报在表 5 - 19 中，可以看到列（1）、列（2）核心指标的显著性、正负均与表 5 - 12、表 5 - 14 保持一致，说明前文的结论是稳健可靠的。

表 5 - 18　　　　变更样本时间范围的稳健性检验回归结果

变量	（1）假说 1 和假说 2	（2）推论 1	（3）实质性创新	（4）策略性创新
Subsidy	0.0004 *** （0.0000）	0.0003 *** （0.0000）	0.0002 *** （0.0001）	0.0002 ** （0.0001）
Pareto	2.4936 *** （0.0812）	4.3939 *** （1.3605）	2.5946 *** （0.8030）	2.7764 ** （1.1421）
Paretos	—	- 2.8247 *** （0.8762）	- 1.6624 *** （0.5171）	- 1.7862 ** （0.7353）
lnd_intens	0.0002 *** （0.0000）	0.00004 ** （0.0000）	0.00003 *** （0.0000）	0.00002 （0.0000）
Leverage	- 0.0066 ** （0.0027）	0.0002 （0.0015）	0.0004 （0.0008）	0.00002 （0.0013）
RC	0.0013 （0.0009）	0.0284 （0.0202）	0.0207 （0.0129）	0.0152 （0.0147）

续表

变量	（1）假说1和假说2	（2）推论1	（3）实质性创新	（4）策略性创新
Tangibility	0. 0015 (0. 0063)	0. 0044 (0. 0055)	0. 0035 (0. 0030)	0. 0022 (0. 0048)
_cons	− 1. 8920 *** (0. 0644)	− 1. 5763 *** (0. 5042)	− 0. 9585 *** (0. 2977)	− 0. 9809 ** (0. 4234)
行业固定效应	YES	YES	YES	YES
地区固定效应	YES	YES	YES	YES
Wald chi2 (6)	1 217. 17 ***	335. 17 ***	37. 83 ***	1. 31e + 09 ***
Kleibergen-Paap rk LM 统计量 P 值	3 003. 046 *** (0. 0000)	73. 967 *** (0. 0000)	73. 967 *** (0. 0000)	73. 967 *** (0. 0000)
Cragg-Donald Wald F 统计量	732. 893	28. 727	28. 727	28. 727
Hansen J 统计量 P 值	2. 887 (0. 2362)	1. 821 (0. 6103)	1. 913 (0. 5906)	2. 084 (0. 5551)
N	648 938	345 348	345 348	345 348

表 5 – 19　　　　　　　　变更样本范围的稳健性检验回归结果

变量	（1）假说1和假说2	（2）推论1	（3）实质性创新	（4）策略性创新
Subsidy	0. 0004 *** (0. 0001)	0. 0004 ** (0. 0002)	0. 0002 ** (0. 0001)	0. 0005 ** (0. 0001)
Pareto	3. 8564 *** (0. 3054)	26. 1124 *** (9. 8010)	16. 5001 *** (6. 4281)	31. 0047 ** (2. 7608)
Paretos	—	− 16. 71627 *** (6. 3093)	− 10. 5529 ** (4. 1373)	− 19. 9070 *** (1. 8114)
lnd_intens	0. 0003 *** (0. 0000)	0. 00002 (0. 0001)	0. 0001 (0. 0001)	− 0. 0001 (0. 0001)
Leverage	− 0. 0572 *** (0. 0136)	− 0. 0338 ** (0. 0159)	− 0. 0142 (0. 0096)	− 0. 0426 *** (0. 0157)

续表

变量	(1)	(2)	(3)	(4)
	假说 1 和假说 2	推论 1	实质性创新	策略性创新
RC	0.4611 ** (0.1646)	−0.0275 (0.2651)	0.0449 (0.1931)	0.0089 (0.2579)
Tangibility	0.0373 (0.0273)	0.0620 (0.0475)	0.0468 (0.0307)	0.0953 *** (0.0302)
_cons	−2.8757 *** (0.2435)	−9.6496 *** (3.6589)	−6.1661 *** (2.3998)	−11.4587 *** (1.0091)
行业固定效应	YES	YES	YES	YES
地区固定效应	YES	YES	YES	YES
Wald chi2 (6)	301.67 ***	64.72 ***	3.09e+06 ***	180.88 ***
Kleibergen-Paap rk LM 统计量 P 值	475.815 *** (0.0000)	11.970 *** (0.0176)	11.970 ** (0.0176)	283.218 *** (0.0000)
Cragg-Donald Wald F 统计量	819.753	5.806	5.806	208.491
Hansen J 统计量 P 值	0.228 (0.8921)	3.486 (0.3226)	4.468 (0.2152)	0.867 (0.6482)
N	158 477	107 942	80 024	158 477

对中介效应的检验，我们同样采用上述三种方式，得到表 5－20、表 5－21、表 5－22 的回归结果。可见，不管是替换了帕累托指数还是变更时间范围样本、变更样本范围，企业规模分布的中介路径始终显著，说明前文结论是稳健可靠的。

表 5－20　　　　　中介效应稳健性检验回归结果：替换帕累托指数

类型	(1)	(2)	(3)
	全部创新	实质性创新	策略性创新
indirect effect （间接效应，即中介路径的作用）	2.5240 * (2.9757)	0.6693 * (0.3587)	2.1263 * (1.1279)

续表

类型	(1) 全部创新	(2) 实质性创新	(3) 策略性创新
direct effect （直接效应，即控制中介后自变量对因变量的直接影响）	0.0003 * (0.0002)	0.0001 * (0.0001)	0.0003 ** (0.0002)
total effect （总效应）	5.6371 * (1.3384)	2.4905 * (1.3153)	4.2660 * (2.2525)

表 5-21　　中介效应稳健性检验回归结果：变更样本时间范围

类型	(1) 全部创新	(2) 实质性创新	(3) 策略性创新
indirect effect （间接效应，即中介路径的作用）	2.3481 * (1.2878)	1.6500 * (0.9047)	1.4937 * (0.8197)
direct effect （直接效应，即控制中介后自变量对因变量的直接影响）	0.0002 * (0.0002)	0.0002 * (0.0001)	0.0001 * (0.0002)
total effect （总效应）	6.1562 * (3.3705)	2.9182 * (1.5981)	4.5755 * (2.5057)

表 5-22　　中介效应稳健性检验回归结果：变更样本范围

类型	(1) 全部创新	(2) 实质性创新	(3) 策略性创新
indirect effect （间接效应，即中介路径的作用）	0.1602 * (0.0957)	0.1105 * (0.0659)	0.1068 * (0.0640)
direct effect （直接效应，即控制中介后自变量对因变量的直接影响）	0.0002 * (0.0003)	0.0002 * (0.0001)	0.0007 * (0.0017)
total effect （总效应）	1.4817 *** (0.1924)	0.7323 *** (0.0968)	1.1295 *** (0.1489)

5.3　本章小结

首先，本章基于第 3 章的现实分析和第 4 章的理论模型，采用 1998～2013 年中国规模以上工业企业面板数据，检验了政府补贴、企业规模分布对企业创新的影响效应，在采用工具变量法处理了内生性问题，通过替换企业规模分布测算方式、变更样本时间范围、变更样本范围三种方式的稳健性检验，得到政府补贴显著促进企业创新、企业规模分布与企业创新之间呈显著的倒 U 形曲线的结论。其次，基于第 4 章理论模型得出的传导机制，检验了企业规模分布在政府补贴影响创新中的中介路径作用。再次，检验政府补贴的门槛效应，发现政府补贴的最适区间为 [0.0001，0.0002]，政府补贴在此区间内对创新的促进效果最佳，一旦政府补贴大于这个区间，政府补贴会抑制企业创新。最后，本章将创新区分为实质性创新和策略性创新，检验政府补贴、企业规模分布对不同类型创新的影响是否存在差异，发现最大的差异在于政府补贴对高企业规模分布下的实质性创新起不显著的促进作用，而对高企业规模分布下的策略性创新则是显著的抑制作用。本章的实证检验既验证了前文的假说，也为后续研究奠定了基础。

第6章

政府补贴、企业规模分布
与制造业创新：异质性分析

本章是对第 5 章实证检验的拓展。在第 5 章的实证检验和分析中，发现我国的经济发展水平、市场发育程度和企业产权性质决定了我国制造业企业规模分布的最优状态有别于西方发达国家。按照这个逻辑，本章对样本进行分组检验，分析政府补贴、企业规模分布对创新影响的异质性。其中，经济发展水平从行业和地区两个角度去解读，对行业以产业生命周期、要素密集类型进行分组，对地区则按照东中西区域进行分组；市场发育程度以各省市场化指数作为参考进行分组；企业产权性质以国有和非国有两类进行分组。

6.1 不同产业生命周期的企业

表 6 -1 汇报了成长期企业的回归结果，所有回归都同时控制了行业与地区固定效应，其中列（1）为假说 1 和假说 2 的回归结果，列（2）为推论 1 的回归结果，即加入了企业规模分布的二次项，列（1）、列

（2）的被解释变量为全部创新，列（3）、列（4）的被解释变量分别为实质性创新和策略性创新。企业规模分布一次项在四个方程中都在5%显著性水平上为正（系数分别为0.6161、21.4870、16.3150、10.2943），二次项均显著为负（系数分别为 - 14.3811、 - 10.9184、 - 6.8830），企业规模分布与创新呈显著的倒U形关系。政府补贴的系数在四个方程中均不显著为正（系数为4.76e - 06、0.0022、0.0017、0.0010），这意味着政府补贴对成长期企业的实质性创新、策略性创新都起到促进作用，但这种促进并不显著。

表6 - 1　　政府补贴、企业规模分布与创新：成长期行业回归结果

变量	（1） 假说1和假说2	（2） 推论1	（3） 实质性创新	（4） 策略性创新
Pareto	0.6161 *** （0.0867）	21.4870 *** （5.3581）	16.3150 *** （3.8802）	10.2943 *** （3.4398）
Paretos	—	- 14.3811 *** （3.6023）	- 10.9184 *** （2.6091）	- 6.8830 *** （2.3107）
Subsidy	4.76e - 06 （0.0003）	0.0022 （0.0021）	0.0017 （0.0016）	0.0010 （0.0010）
lnd_intens	0.0002 *** （0.0000）	- 0.0002 * （0.0001）	- 0.0001 * （0.0001）	- 0.0001 （0.0001）
Leverage	- 0.0123 *** （0.0033）	- 0.0031 （0.0065）	- 0.0006 （0.0046）	- 0.0037 （0.0040）
RC	0.0003 （0.0002）	0.0035 （0.0027）	0.0027 （0.0021）	0.0017 （0.0014）
Tangibility	0.0074 （0.0076）	0.0061 （0.0111）	0.0041 （0.0076）	0.0003 （0.0077）
_cons	- 0.4104 *** （0.0665）	- 7.5642 *** （1.8904）	- 5.7907 *** （1.3688）	- 3.5944 *** （1.2150）
行业固定效应	YES	YES	YES	YES
地区固定效应	YES	YES	YES	YES
Wald chi2（6）	205.08 ***	1.8904 ***	89.43 ***	1.51e + 07 ***

续表

变量	（1）假说1和假说2	（2）推论1	（3）实质性创新	（4）策略性创新
Kleibergen-Paap rk LM 统计量 P 值	1 555.707 (0.0000)	28.115 (0.0000)	28.115 (0.0000)	28.115 (0.0000)
Cragg-Donald WaldF 统计量	623.280	11.458	11.458	11.458
Hansen J 统计量 P 值	3.183 (0.3643)	2.311 (0.5105)	2.046 (0.5629)	1.810 (0.6128)
N	296 974	252 062	296 974	296 974

表6-2汇报了成长期企业在不同创新类型和企业规模分布下的回归结果。列（1）、列（2）的被解释变量为全部创新，列（3）、列（4）的被解释变量为实质性创新，列（5）、列（6）的为策略性创新。从列（1）、列（3）、列（5）可知，不管创新是否分类，在低企业规模分布下（倒U形曲线未达到顶点），企业规模分布的帕累托指数提高会显著促进创新（系数分别为1.2404、0.8766、0.6455），政府补贴对创新起不显著的促进作用（系数分别为0.0004、0.0004和0.0001）。在高企业规模分布下，政府补贴对企业创新则有不显著的抑制作用（系数分别为-0.0091、-0.0144、-0.0011）；而企业规模分布的帕累托指数继续提高，对实质性创新（系数为0.1759）有不显著的促进作用，对策略性创新则有抑制作用（系数为-0.0877），这是实质性创新和策略性创新最大的区别。

表6-2　　　不同企业规模分布状态的回归结果：成长期行业

变量	（1）	（2）	（3）	（4）	（5）	（6）
	全部创新（顶点0.7471）		实质性创新（顶点0.7471）		策略性创新（顶点0.7478）	
	低企业规模分布	高企业规模分布	低企业规模分布	高企业规模分布	低企业规模分布	高企业规模分布
Pareto	1.2404*** (0.1864)	0.0793 (0.1898)	0.8766*** (0.1260)	0.1759 (0.1077)	0.6455*** (0.1535)	-0.0877 (0.1721)

续表

变量	(1) 全部创新 （顶点 0.7471）	(2)	(3) 实质性创新 （顶点 0.7471）	(4)	(5) 策略性创新 （顶点 0.7478）	(6)
	低企业 规模分布	高企业 规模分布	低企业 规模分布	高企业 规模分布	低企业 规模分布	高企业 规模分布
Subsidy	0.0004 (0.0003)	−0.0091 (0.0103)	0.0004 (0.0002)	−0.0144 (0.0175)	0.0001 (0.0003)	−0.0011 (0.0036)
lnd_intens	0.0001 ** (0.0000)	0.0003 *** (0.0000)	0.0001 *** (0.0000)	0.0002 *** (0.0000)	0.00003 (0.0000)	0.0001 *** (0.0000)
Leverage	−0.0133 *** (0.0049)	−0.0067 (0.0046)	−0.0089 *** (0.0026)	−0.0037 (0.0023)	−0.0089 ** (0.0043)	−0.0049 (0.0042)
RC	0.0004 (0.0002)	−0.0765 (0.0485)	0.0003 (0.0002)	−0.0043 (0.0130)	0.0002 (0.0001)	−0.0787 * (0.0475)
Tangibility	0.0319 *** (0.0122)	−0.0134 (0.0105)	0.0134 * (0.0077)	−0.0048 (0.0055)	0.0225 ** (0.0103)	−0.0151 (0.0096)
_cons	−0.6820 *** (0.1143)	−0.0484 * (0.1705)	−0.5213 *** (0.0772)	−0.1858 * (0.0975)	−0.3279 *** (0.0941)	0.1221 * (0.1542)
行业固定效应	YES	YES	YES	YES	YES	YES
地区固定效应	YES	YES	YES	YES	YES	YES
Wald chi2（6）	151.97 ***	11.74 **	56.96 ***	64.85 ***	142.24 ***	49.46 ***
Kleibergen-Paap rk LM 统计量 P 值	512.760 (0.0000)	962.383 (0.0000)	512.760 (0.0000)	962.383 (0.0000)	526.422 (0.0000)	939.449 (0.0000)
Cragg-Donald WaldF 统计量	229.473	288.262	229.473	288.262	237.983	279.953
Hansen J 统计量 P 值	1.374 (0.7117)	3.004 (0.3910)	2.641 (0.4503)	4.785 (0.1882)	1.062 (1.062)	1.178 (0.7584)
N	133 480	163 494	133 480	163 494	134 451	162 523

表 6 - 3 汇报了成熟期企业的回归结果，所有回归都同时控制了行业
与地区固定效应，其中列（1）为假说 1 和假说 2 的回归结果，列（2）

为推论 1 的回归结果，即加入了企业规模分布的二次项，列（1）、列（2）的被解释变量为全部创新，列（3）、列（4）的被解释变量分别为实质性创新和策略性创新。分析结果可知，企业规模分布一次项在四个方程中都在 5% 显著性水平上为正（系数分别为 0.6161、21.4870、16.3150、10.2943），二次项均显著为负（系数分别为 −14.3811、−10.9184、−6.8830），企业规模分布与创新呈显著的倒 U 形关系。政府补贴的系数在四个方程中均显著为正（系数为 0.00004、0.0001、0.0001、0.0001），说明政府补贴对成熟期企业的实质性创新、策略性创新都起到显著促进作用。

表6-3　　政府补贴、企业规模分布与创新：成熟期行业回归结果

变量	(1)	(2)	(3)	(4)
	假说1和假说2	推论1	实质性创新	策略性创新
Pareto	0.3148 *** (0.1034)	2.2615 *** (0.8039)	1.5855 *** (0.5061)	1.6188 ** (0.7430)
Paretos	—	−1.4820 *** (0.5319)	−1.0356 *** (0.3351)	−1.0621 ** (0.4915)
Subsidy	0.00004 * (0.0000)	0.0001 ** (0.0000)	0.0001 *** (0.0000)	0.0001 ** (0.0000)
lnd_intens	0.0001 *** (0.0000)	0.0001 *** (0.0000)	0.00005 *** (0.0000)	0.0001 *** (0.0000)
Leverage	−0.0038 ** (0.0019)	−0.0026 (0.0020)	−0.0002 (0.0008)	−0.0020 (0.0019)
RC	0.0019 (0.0025)	0.0052 (0.0050)	0.0050 (0.0036)	0.0036 (0.0040)
Tangibility	−0.0012 (0.0051)	−0.0057 (0.0045)	−0.0032 (0.0022)	−0.0037 (0.0041)
_cons	−0.2194 *** (0.0795)	−0.7951 *** (0.2868)	−0.5797 *** (0.1809)	−0.5634 ** (0.2651)
行业固定效应	YES	YES	YES	YES
地区固定效应	YES	YES	YES	YES

续表

变量	(1)	(2)	(3)	(4)
	假说 1 和假说 2	推论 1	实质性创新	策略性创新
Wald chi2 (6)	32.94 ***	31.92 ***	39.58 ***	26.60 ***
Kleibergen-Paap rk LM 统计量 P 值	422.426 (0.0000)	78.936 (0.0000)	78.936 (0.0000)	78.936 (0.0000)
Cragg-Donald WaldF 统计量	353.174	118.730	118.730	118.730
Hansen J 统计量 P 值	4.028 (0.2585)	4.079 (0.2531)	4.75 (0.1911)	3.028 (0.3874)
N	304 327	304 327	304 327	304 327

表 6-4 汇报了成熟期企业在不同创新类型和企业规模分布下的回归结果。列（1）、列（2）的被解释变量为全部创新，列（3）、列（4）的被解释变量为实质性创新，列（5）、列（6）的被解释变量为策略性创新。从列（1）、列（3）、列（5）可知，对全部创新和实质性、策略性创新而言，在低企业规模分布下，也就是倒 U 形曲线未达到顶点时，企业规模分布的帕累托指数提高会显著促进创新（系数分别为 1.2404、0.8766、0.6455），政府补贴对创新具有显著的促进作用（系数分别为 0.0001、0.00004 和 0.0004）。在高企业规模分布下，政府补贴对企业创新具有不显著的抑制作用，不管是全部创新还是实质性、策略性创新都是如此（系数分别为 -0.0002、-0.00003、-0.0001）；企业规模分布的帕累托指数继续提高，对企业全部创新和分类型创新具有显著的促进作用（系数为 0.8350、0.5390、0.5407），这是成熟期企业与成长期企业最明显的区别之处，也就是说，在高企业规模分布下，企业间的规模差距继续缩小，竞争程度继续加剧，依然能够显著地促进企业创新，但此时政府补贴政策对企业创新而言有抑制作用，应该退出市场，让市场发挥自身的资源配置作用。

表6-4　　　　不同企业规模分布状态的回归结果：成熟期行业

变量	(1)	(2)	(3)	(4)	(5)	(6)
	全部创新 （顶点 0.7630）		实质性创新 （顶点 0.7655）		策略性创新 （顶点 0.7620）	
	低企业 规模分布	高企业 规模分布	低企业 规模分布	高企业 规模分布	低企业 规模分布	高企业 规模分布
Pareto	0.4130 ** (0.1675)	0.8350 ** (0.3574)	0.3017 *** (0.1040)	0.5390 *** (0.1706)	0.3198 ** (0.1592)	0.5407 * (0.3148)
Subsidy	0.0001 ** (0.0000)	−0.0002 (0.0010)	0.00004 *** (0.0000)	−0.00003 (0.0006)	0.00004 ** (0.00004)	−0.0001 (0.0007)
lnd_intens	0.0001 *** (0.0000)	0.0003 *** (0.0001)	0.0001 *** (0.0000)	0.0002 *** (0.0000)	0.0001 *** (0.0000)	0.0002 *** (0.0001)
Leverage	−0.0064 ** (0.0030)	−0.0014 (0.0032)	−0.0012 (0.0010)	−0.0021 (0.0014)	−0.0056 ** (0.0028)	0.0004 (0.0029)
RC	0.0050 (0.0039)	−0.0103 (0.0097)	0.0030 (0.0024)	0.0030 (0.0048)	0.0043 (0.0035)	−0.0112 (0.0091)
Tangibility	−0.0041 (0.0086)	0.0033 (0.0070)	−0.0026 (0.0043)	0.0029 (0.0034)	−0.0015 (0.0081)	0.0020 (0.0062)
_cons	−0.2183 ** (0.1031)	−0.7609 ** (0.3245)	−0.1906 *** (0.0653)	−0.5005 *** (0.1554)	−0.1636 * (0.0977)	−0.4906 (0.2860)
行业固定效应	YES	YES	YES	YES	YES	YES
地区固定效应	YES	YES	YES	YES	YES	YES
Wald chi2 (6)	29.67 ***	11.60 *	23.07 ***	31.5 ***	26.78 ***	7.85 *
Kleibergen-Paap rk LM 统计量 P 值	153.856 (0.0000)	110.774 (0.0000)	160.257 (0.0000)	116.583 (0.0000)	154.124 (0.0000)	110.971 (0.0000)
Cragg-Donald WaldF 统计量	170.380	40.243	164.057	41.480	171.093	40.408
Hansen J 统计量 P 值	2.847 (0.4158)	3.033 (0.3866)	3.407 (0.3331)	2.113 (0.5493)	2.269 (0.5185)	2.874 (0.4114)
N	138 114	166 213	140 363	163 964	137 743	166 584

表 6-5 汇报了衰退期企业的回归结果，所有回归都同时控制了行业与地区固定效应，其中列（1）为假说 1 和假说 2 的回归结果，列（2）为推论 1 的回归结果，即加入了企业规模分布的二次项，列（1）、列（2）的被解释变量为全部创新，列（3）、列（4）的被解释变量分别为实质性创新和策略性创新。分析结果可知，企业规模分布一次项在四个方程中都在 5% 显著性水平上为正（系数分别为 0.2331、4.8226、3.0266、3.6377），二次项均显著为负（系数分别为 -3.2905、-2.0534、-2.4854），企业规模分布与创新呈显著的倒 U 形关系。政府补贴的系数在四个方程中均显著为正（系数为 0.00001、0.0002、0.0001、0.0001），说明政府补贴对衰退期企业的实质性创新、策略性创新都起到显著促进作用。

表 6-5　　政府补贴、企业规模分布与创新：衰退期行业回归结果

变量	（1）	（2）	（3）	（4）
	假说 1 和假说 2	推论 1	实质性创新	策略性创新
Pareto	0.2331 ** (0.0934)	4.8226 ** (1.9941)	3.0266 *** (1.1556)	3.6377 ** (1.7238)
Paretos	—	-3.2905 ** (1.3461)	-2.0534 *** (0.7792)	-2.4854 ** (1.1649)
Subsidy	0.00001 (0.0001)	0.0002 ** (0.0000)	0.0001 * (0.0000)	0.0001 * (0.0001)
lnd_intens	0.0001 *** (0.0000)	0.0001 *** (0.0000)	0.0001 *** (0.0000)	0.00003 ** (0.0000)
Leverage	-0.0004 (0.0005)	1.17e-06 (0.0005)	0.0001 (0.0004)	0.0001 (0.0004)
RC	0.0335 (0.0425)	0.0128 (0.0682)	0.0108 (0.0393)	-0.0050 (0.0605)
Tangibility	-0.0220 ** (0.0088)	0.0184 (0.0119)	0.0176 ** (0.0086)	0.0100 (0.0093)
_cons	-0.1455 ** (0.0685)	-1.6921 ** (0.7123)	-1.0880 *** (0.4153)	-1.2669 ** (0.6144)

变量	(1)	(2)	(3)	(4)
	假说1和假说2	推论1	实质性创新	策略性创新
行业固定效应	YES	YES	YES	YES
地区固定效应	YES	YES	YES	YES
Wald chi2 (6)	22.39***	9.29*	9.10e+07***	10.86*
Kleibergen-Paap rk LM 统计量 P 值	392.870 (0.0000)	57.506 (0.0000)	57.506 (0.0000)	57.506 (0.0000)
Cragg-Donald WaldF 统计量	673.792	22.418	22.418	22.418
Hansen J 统计量 P 值	0.667 (0.7165)	2.760 (0.4301)	1.817 (0.6112)	2.939 (0.4012)
N	66 166	42 252	42 252	42 252

表6-6汇报了衰退期企业在不同创新类型和企业规模分布下的回归结果。列（1）、列（2）的被解释变量为全部创新，列（3）、列（4）的被解释变量为实质性创新，列（5）、列（6）的被解释变量为策略性创新。从列（1）、列（3）、列（5）可知，对全部创新和实质性、策略性创新而言，在低企业规模分布下，也就是倒U形曲线未达到顶点时，企业规模分布的帕累托指数提高会显著促进创新（系数分别为0.8502、0.6821、0.5920）。在高企业规模分布下，企业规模分布的帕累托指数继续提高，对企业的实质性创新具有促进作用（系数为0.1011），对策略性创新则起抑制作用（-0.1613），但都不显著。对衰退期企业而言，政府补贴对创新的影响基本没有受到企业规模分布的影响，不管是企业规模分布处于倒U形曲线的左边还是右边，政府补贴对不同类型的创新都是促进作用，但不显著，这是衰退期企业有别于成长期和成熟期企业之处。可能的原因是，对于成长期和成熟的企业而言，在高企业规模分布下，政府补贴会干预市场的正常竞争和资源配置，因此对企业创新来说是不利因素。但衰退期的企业容易面临融资约束，政府补贴相当于一场"及时雨"，能够弥补企业资金不足，也释放出被补贴企业的利好信号，有利于企业融资和发

展，因此对创新起到促进作用。

表 6 − 6　　　　不同企业规模分布状态的回归结果：衰退期行业

变量	（1）	（2）	（3）	（4）	（5）	（6）
	全部创新 （顶点 0.7328）		实质性创新 （顶点 0.7370）		策略性创新 （顶点 0.7318）	
	低企业 规模分布	高企业 规模分布	低企业 规模分布	高企业 规模分布	低企业 规模分布	高企业 规模分布
Pareto	0.8502 ** （0.4391）	− 0.1094 （0.1784）	0.6821 ** （0.3230）	0.1011 （0.0861）	0.5920 * （0.3400）	− 0.1613 （0.1640）
Subsidy	0.0001 （0.0001）	0.0007 （0.0009）	0.0002 * （0.0001）	0.0003 （0.0005）	0.0001 （0.0001）	0.0004 （0.0008）
lnd_intens	0.0001 *** （0.0000）	0.00001 （0.0000）	0.0001 *** （0.0000）	0.00005 ** （0.0000）	0.00005 *** （0.0000）	− 0.00005 （0.0000）
Leverage	0.0020 （0.0063）	− 0.0018 （0.0081）	0.0017 （0.0046）	− 0.0017 （0.0049）	0.0010 （0.0049）	0.0014 （0.0068）
RC	− 0.0046 （0.0588）	0.0780 （0.1177）	0.0344 （0.0458）	0.0103 （0.0578）	− 0.0362 （0.0499）	0.0591 （0.1039）
Tangibility	0.00003 （0.0118）	− 0.0470 *** （0.0158）	0.0135 （0.0095）	− 0.0335 *** （0.0101）	− 0.0033 （0.0087）	− 0.0274 ** （0.0132）
_cons	− 0.5121 * （0.2693）	0.1412 * （0.1574）	− 0.4328 ** （0.1999）	− 0.0751 * （0.0765）	− 0.3542 * （0.2089）	0.1881 * （0.1446）
行业固定效应	YES	YES	YES	YES	YES	YES
地区固定效应	YES	YES	YES	YES	YES	YES
Wald chi2（6）	8.67 *	15.78 *	7.03 *	12.36 *	8.64 *	25.04 ***
Kleibergen- Paaprk LM 统计量 P 值	47.421 （0.0000）	179.929 （0.0000）	48.707 （0.0000）	170.789 （0.0000）	47.345 （0.0000）	181.828 （0.0000）
Cragg-Donald WaldF 统计量	65.640	211.603	66.782	198.541	64.955	213.849
Hansen J 统计量 P 值	1.719 （0.4233）	0.173 （0.9172）	1.204 （0.5476）	1.164 （0.5589）	1.535 （0.4642）	0.330 （0.8481）
N	36 789	12 260	37 630	28 536	37 630	29 625

　　综合分析成长期、成熟期和衰退期企业的实证检验结果，我们发现政府补贴显著促进了成熟期和衰退期的制造业企业创新，对成长期企业的创新促进作用并不显著。结合第4章的现状分析，本书认为补贴对成长期企业的促进作用不显著，与企业自身条件、补贴政策的"绩效导向"两者都有关。成长期企业自身在资金、技术和人才各方面条件尚不成熟，为了在市场上提升竞争力而有很强的创新意愿，但是创新能力一般，创新成功概率显然不如成熟期企业那么高。政府补贴为了追求更好的"绩效"，在更短的时间内出成绩，更愿意去资助成熟期企业，但是这样的政策导向容易造成强者更强的"马太效应"，而对于更加需要政府扶持的小企业而言却并未收益。成长期企业只有经过不断创新、不断提升竞争力才有可能成为成熟期企业，因此政府补贴政策不能急于求成，而需要更多地关注和扶持成长期企业。

6.2　不同要素密集类型的企业

　　表6-7汇报了劳动密集型企业的回归结果，所有回归都同时控制了行业与地区固定效应，其中列（1）为假说1和假说2的回归结果，列（2）为推论1的回归结果，即加入了企业规模分布的二次项，列（1）、列（2）的被解释变量为全部创新，列（3）、列（4）的被解释变量分别为实质性创新和策略性创新。企业规模分布一次项在四个方程中都在5%显著性水平上为正（系数分别为14.2889、28.8194、13.8950、13.5494），二次项均在5%显著性水平上为负（系数分别为 -18.1033、-8.7173、-8.5290），企业规模分布与创新呈显著的倒U形关系。政府补贴的系数在四个方程中均显著为正（系数为0.0019、0.0012、0.0006、0.0006），政府补贴对劳动密集型企业的实质性创新、策略性创新都起到促进作用。

表6-7　　政府补贴、企业规模分布与创新：劳动密集型企业回归结果

变量	（1）	（2）	（3）	（4）
	假说1和假说2	推论1	实质性创新	策略性创新
Pareto	14.2889 ** (5.7085)	28.8194 *** (4.1785)	13.8950 *** (2.0188)	13.5494 *** (1.1476)

续表

变量	（1）假说 1 和假说 2	（2）推论 1	（3）实质性创新	（4）策略性创新
Paretos	—	− 18.1033 *** (2.6242)	− 8.7173 *** (1.2678)	− 8.5290 *** (0.7227)
Subsidy	0.0019 ** (0.0008)	0.0012 *** (0.0003)	0.0006 *** (0.0002)	0.0006 *** (0.0001)
ln*d_intens*	− 0.0034 *** (0.0013)	− 0.0011 *** (0.0001)	− 0.0005 *** (0.0001)	− 0.00004 ** (0.0000)
Leverage	− 0.0448 ** (0.0209)	0.0004 (0.0064)	0.0012 (0.0030)	− 0.0017 (0.0020)
RC	0.0050 (0.0044)	− 0.0030 (0.0027)	0.0014 (0.0013)	0.0008 * (0.0004)
Tangibility	0.3008 ** (0.1390)	0.0300 ** (0.0001)	0.0141 ** (0.0066)	0.0094 * (0.0055)
_cons	− 11.0367 ** (4.4463)	− 10.8624 *** (1.5891)	− 5.2597 *** (0.7677)	− 5.1597 *** (0.4397)
行业固定效应	YES	YES	YES	YES
地区固定效应	YES	YES	YES	YES
Wald chi2（6）	16.90 ***	18.08 ***	83.69 ***	324.55 ***
Kleibergen-Paap rk LM 统计量 P 值	9.311 ** (0.0254)	17.693 *** (0.0014)	68.537 *** (0.0000)	68.537 *** (0.0000)
Cragg-Donald WaldF 统计量	5.461	42.820	12.003	12.003
Hansen J 统计量 P 值	2.910 (0.2333)	1.306 (0.7277)	2.407 (0.3001)	1.198 (0.2738)
N	459 825	459 825	459 825	714 777

表 6-8 汇报了劳动密集型企业在不同创新类型和企业规模分布下的回归结果。列（1）、列（2）的被解释变量为全部创新，列（3）、列（4）的被解释变量为实质性创新，列（5）、列（6）的被解释变量为策略性创

新。从列（1）、列（3）、列（5）可知，对全部创新和实质性、策略性创新而言，在低企业规模分布下，也就是倒 U 形曲线未达到顶点时，企业规模分布的帕累托指数提高会显著促进创新（系数分别为 0.2180、0.2503、0.4758），政府补贴对不同类型的创新都是促进作用（系数分别为 0.00003 和 0.0001）。在高企业规模分布下，企业规模分布的帕累托指数继续提高，对企业的不同类型创新均是显著的抑制作用（系数为 -61.5254、-2.5500、-3.3618），政府补贴对实质性创新具有抑制作用（系数为 -0.0029），对策略性创新则具有促进作用（系数为 0.0014）。

表 6-8   不同企业规模分布状态的回归结果：劳动密集型企业

变量	(1)	(2)	(3)	(4)	(5)	(6)
	全部创新 （顶点 0.796）		实质性创新 （顶点 0.7969）		策略性创新 （顶点 0.7943）	
	低企业 规模分布	高企业 规模分布	低企业 规模分布	高企业 规模分布	低企业 规模分布	高企业 规模分布
Pareto	0.2180 * (0.1205)	-61.5254 *** (5.3659)	0.2503 *** (0.0639)	-2.5500 *** (0.2363)	0.4758 * (0.2779)	-3.3618 *** (0.2589)
Subsidy	0.00003 * (0.0000)	-0.0023 (0.0034)	0.00003 * (9.64e-06)	-0.0029 (0.0029)	0.0001 (0.0000)	0.0014 (0.0033)
ln*d_intens*	-0.0001 (0.0000)	0.0003 *** (0.0001)	-0.00003 (0.0000)	-0.0001 *** (0.0000)	-2.66e-06 (0.0000)	-7.13e-06 (0.0000)
Leverage	-0.0031 (0.0020)	-0.0074 (0.0049)	-0.0013 (0.0008)	0.0094 *** (0.0024)	-0.0040 ** (0.0016)	0.0023 (0.0022)
RC	0.00004 (0.0000)	-0.1173 (0.0787)	0.00004 (0.0000)	-0.0343 (0.0319)	0.0001 (0.0001)	-0.1001 * (0.0521)
Tangibility	0.0074 (0.0056)	-0.0539 *** (0.0099)	0.0022 (0.0024)	-0.0178 *** (0.0044)	0.0086 (0.0083)	-0.0287 *** (0.0058)
_cons	-0.0992 * (0.0737)	29.4659 *** (2.5089)	-0.1541 *** (0.0392)	2.3198 *** (0.2128)	-0.2866 * (0.1767)	3.0621 *** (0.2329)
行业固定效应	YES	YES	YES	YES	YES	YES
地区固定效应	YES	YES	YES	YES	YES	YES

续表

变量	(1)	(2)	(3)	(4)	(5)	(6)
	全部创新 （顶点 0.796）		实质性创新 （顶点 0.7969）		策略性创新 （顶点 0.7943）	
	低企业 规模分布	高企业 规模分布	低企业 规模分布	高企业 规模分布	低企业 规模分布	高企业 规模分布
Wald chi2（6）	82.47 ***	217.80 ***	18.02 ***	152.83 ***	25.34 ***	364.05 ***
Kleibergen-Paap rk LM 统计量 P 值	1 092.963 （0.0000）	313.662 （0.0000）	1 091.171 （0.0000）	450.544 （0.0000）	63.166 （0.0000）	652.419 （0.0000）
Cragg-Donald WaldF 统计量	693.089	221.323	693.292	328.872	55.410	700.232
Hansen J 统计量 P 值	1.686 （0.4304）	0.028 （0.9862）	2.766 （0.2509）	0.886 （0.6422）	1.060 （0.3031）	2.254 （0.1332）
N	168 290	291 535	169 148	290 677	260 921	453 856

表 6-9 汇报了资本密集型企业的回归结果，所有回归都同时控制了行业与地区固定效应，其中列（1）为假说 1 和假说 2 的回归结果，列（2）为推论 1 的回归结果，即加入了企业规模分布的二次项，列（1）、列（2）的被解释变量为全部创新，列（3）、列（4）的被解释变量分别为实质性创新和策略性创新。分析结果可知，资本密集型企业的企业规模分布一次项在四个方程中都在 5% 显著性水平上为正（系数分别为2.1767、7.8846、5.1940、18.6325），二次项均在 5% 显著性水平上为负（系数分别为 -5.5850、-3.6783、-12.7607），企业规模分布与创新呈显著的倒 U 形关系。政府补贴的系数在四个方程中出现差别，政府补贴对资本密集型企业的全部创新、实质性创新都具有不显著的促进作用（系数为 0.0003、0.0006、0.0004），但对策略性创新则具有不显著的抑制作用（系数为 -0.0006）。

表6-9　政府补贴、企业规模分布与创新：资本密集型企业回归结果

变量	(1)	(2)	(3)	(4)
	假说1和假说2	推论1	实质性创新	策略性创新
Pareto	2.1767 *** (0.0893)	7.8846 *** (1.5093)	5.1940 *** (0.9171)	18.6325 *** (3.1114)
Paretos	—	−5.5850 *** (1.0797)	−3.6783 *** (0.6564)	−12.7607 *** (2.1509)
Subsidy	0.0003 (0.0004)	0.0006 (0.0005)	0.0004 (0.0003)	−0.0006 (0.0011)
lnd_intens	0.0001 *** (0.0000)	0.00005 ** (0.0000)	0.00004 *** (0.0000)	0.0001 *** (6.09e−06)
Leverage	−0.0092 ** (0.0044)	−0.0022 (0.0019)	−0.0012 (0.0010)	−0.0109 ** (0.0047)
RC	0.0244 *** (0.0051)	0.0275 *** (0.0068)	0.0185 *** (0.0042)	0.0136 (0.0112)
Tangibility	0.0214 *** (0.0072)	0.0002 (0.0080)	−0.0010 (0.0046)	−0.0075 (0.0096)
_cons	−1.5029 *** (0.0642)	−2.5955 *** (0.5015)	−1.7487 *** (0.3051)	−6.5054 *** (1.0862)
行业固定效应	YES	YES	YES	YES
地区固定效应	YES	YES	YES	YES
Wald chi2（6）	705.60 ***	149.11 ***	51.26 ***	1.95e+08 ***
Kleibergen-Paap rk LM 统计量 P 值	3 191.342 *** (0.0000)	92.907 *** (0.0000)	92.907 *** (0.0000)	92.907 *** (0.0000)
Cragg-Donald WaldF 统计量	816.627	25.853	25.853	25.853
Hansen J 统计量 P 值	0.459 (0.7951)	1.230 (0.7458)	1.682 (0.6411)	1.416 (0.2340)
N	411 856	265 763	265 763	638 608

表6-10汇报了资本密集型企业在不同创新类型和企业规模分布下的

回归结果。列（1）、列（2）的被解释变量为全部创新，列（3）、列（4）的被解释变量为实质性创新，列（5）、列（6）的被解释变量为策略性创新。从列（1）、列（3）、列（5）可知，对全部创新和实质性、策略性创新而言，在低企业规模分布下，也就是倒 U 形曲线未达到顶点时，企业规模分布的帕累托指数提高会显著促进创新（系数分别为 0.9601、0.4681、0.5244），政府补贴对实质性创新具有抑制作用，对策略性创新具有促进作用，但都不显著（系数分别为 0.0002 和 −0.0002）。在高企业规模分布下，企业规模分布的帕累托指数继续提高会显著促进企业的实质性创新（系数为 0.5945），但显著抑制策略性创新（系数为 −1.0233），政府补贴发挥的作用与企业规模分布相反但不显著（系数分别为 −0.0113、0.0058）。

表6-10 不同企业规模分布状态的回归结果：资本密集型企业

变量	(1)	(2)	(3)	(4)	(5)	(6)
	全部创新（顶点0.7059）		实质性创新（顶点0.7060）		策略性创新（顶点0.7301）	
	低企业规模分布	高企业规模分布	低企业规模分布	高企业规模分布	低企业规模分布	高企业规模分布
Pareto	0.9601*** (0.2013)	0.4351 (0.3439)	0.4681*** (0.1150)	0.5945*** (0.2213)	0.5244*** (0.0664)	−1.0233*** (0.0960)
Subsidy	0.0003* (0.0002)	−0.0176 (0.0243)	0.0002* (0.0001)	−0.0113 (0.0155)	−0.0002 (0.0002)	0.0058 (0.0064)
lnd_intens	0.0001*** (0.0000)	0.0003*** (0.0000)	0.0001*** (8.92e−06)	0.0002*** (0.0000)	0.0001*** (0.0000)	0.0002*** (6.43e−06)
Leverage	−0.0025 (0.0043)	−0.0018 (0.0020)	−0.0005 (0.0020)	−0.0018 (0.0014)	−0.0049** (0.0020)	−0.0104** (0.0051)
RC	0.0074 (0.0046)	−0.1163 (0.1073)	0.0039 (0.0024)	−0.0067 (0.0239)	0.0008 (0.0007)	−0.3608*** (0.0756)
Tangibility	0.0149 (0.0115)	−0.0153 (0.0106)	0.0043 (0.0065)	−0.0099* (0.0058)	−0.0057 (0.0051)	−0.0768*** (0.0079)
_cons	−0.5122* (0.1179)	−0.3311* (0.2904)	−0.2766*** (0.0682)	−0.5234*** (0.1877)	−0.2808*** (0.0396)	0.9182*** (0.0789)

续表

变量	（1）	（2）	（3）	（4）	（5）	（6）
	全部创新 （顶点 0.7059）		实质性创新 （顶点 0.7060）		策略性创新 （顶点 0.7301）	
	低企业 规模分布	高企业 规模分布	低企业 规模分布	高企业 规模分布	低企业 规模分布	高企业 规模分布
行业固定效应	YES	YES	YES	YES	YES	YES
地区固定效应	YES	YES	YES	YES	YES	YES
Wald chi2（6）	94.22 ***	27.53 ***	18.93 ***	52.28 ***	110.10 ***	605.07 ***
Kleibergen-Paap rkLM 统计量 P 值	384.468 （0.0000）	332.650 （0.0000）	383.887 （0.0000）	331.819 （0.0000）	2 640.019 （0.0000）	3 978.477 （0.0000）
Cragg-Donald WaldF 统计量	157.630	101.160	157.657	100.897	3 935.559	7 258.634
Hansen J 统计量 P 值	0.089 （0.9931）	0.492 （0.9205）	1.852 （0.6037）	3.504 （0.3202）	3.071 （0.1097）	0.047 （0.8288）
N	112 231	66 398	112 326	153 437	296 638	342 007

表 6-11 汇报了技术密集型企业的回归结果，所有回归都同时控制了行业与地区固定效应，其中列（1）为假说 1 和假说 2 的回归结果，列（2）为推论 1 的回归结果，即加入了企业规模分布的二次项，列（1）、列（2）的被解释变量为全部创新，列（3）、列（4）的被解释变量分别为实质性创新和策略性创新。技术密集型企业的企业规模分布一次项在四个方程中都在 5% 显著性水平上为正（系数分别为 2.1767、7.8846、5.1940、18.6325），二次项均在 5% 显著性水平上为负（系数分别为 -5.5850、-3.6783、-12.7607），企业规模分布与创新呈显著的倒 U 形关系。政府补贴的系数在四个方程中出现差别，政府补贴对资本密集型企业的全部创新、实质性创新都具有不显著的促进作用（系数为 0.0003、0.0006、0.0004），但对策略性创新则具有不显著的抑制作用（系数为 -0.0006）。

表6-11　政府补贴、企业规模分布与创新：技术密集型企业回归结果

变量	(1) 假说1和假说2	(2) 推论1	(3) 实质性创新	(4) 策略性创新
Pareto	2.0711 *** (0.2545)	0.7890 *** (0.1292)	2.0685 *** (0.2963)	23.8397 ** (9.2389)
Paretos	—	-0.2087 ** (0.0906)	-1.3615 *** (0.1941)	-16.6203 ** (6.7838)
Subsidy	0.0120 (0.0507)	0.0122 (0.0115)	-0.00003 (0.0003)	0.0957 (0.0867)
lnd_intens	0.0002 *** (0.0001)	0.0001 *** (9.26e-06)	-6.25e-06 (5.78e-06)	0.0001 * (0.0000)
Leverage	-0.0295 *** (0.0126)	0.0156 *** (0.0051)	-0.0017 * (0.0009)	-0.0212 * (0.0122)
RC	0.0172 (0.0500)	-0.0250 (0.0168)	0.0003 (0.0002)	-0.0628 (0.0618)
Tangibility	0.0723 * (0.0410)	-0.1107 *** (0.0162)	0.0023 (0.0024)	-0.1288 ** (0.0512)
_cons	-8.0821 *** (3.0348)	-0.2470 *** (0.0469)	-0.7275 *** (0.1085)	7.8792 * (4.1278)
行业固定效应	YES	YES	YES	YES
地区固定效应	YES	YES	YES	YES
Wald chi2 (6)	83.71 ***	1.55e+10 ***	69.48 ***	3.23e+06 ***
Kleibergen-Paap rk LM 统计量 P值	10.580 ** (0.0142)	40.455 *** (0.0000)	40.455 *** (0.0000)	40.455 *** (0.0000)
Cragg-Donald WaldF 统计量	39.525	10.275	10.275	10.275
Hansen J 统计量 P值	2.761 (0.2515)	4.011 (0.2603)	1.008 (0.7993)	1.499 (0.2209)
N	49 679	33 551	923 977	74 944

表6-12汇报了技术密集型企业在不同创新类型和企业规模分布下的

回归结果。列（1）、列（2）的被解释变量为全部创新，列（3）、列（4）的被解释变量为实质性创新，列（5）、列（6）的被解释变量为策略性创新。从列（1）、列（3）、列（5）可知，对全部创新和实质性、策略性创新而言，在低企业规模分布下，也就是倒 U 形曲线未达到顶点时，企业规模分布的帕累托指数提高会显著促进创新（系数分别为 1.2435、0.6043、0.6427），政府补贴对不同类型创新都具有促进作用，但不显著（系数分别为 0.0181 和 0.0036）。在高企业规模分布下，企业规模分布的帕累托指数继续提高，会显著抑制企业创新（系数分别为 −6.3312、−4.3913、−1.6942）。政府补贴只对高企业规模分布下的策略性创新起到抑制作用（系数为 −0.0805），在其他情况下均是促进作用，但不显著。

表 6 – 12　　　　不同企业规模分布状态的回归结果：技术密集型企业

变量	(1)	(2)	(3)	(4)	(5)	(6)
	全部创新 (顶点 0.7516)		实质性创新 (顶点 0.7596)		策略性创新 (顶点 0.7073)	
	低企业 规模分布	高企业 规模分布	低企业 规模分布	高企业 规模分布	低企业 规模分布	高企业 规模分布
Pareto	1.2435 *** (0.2719)	− 6.3312 ** (2.8023)	0.6043 *** (0.1825)	− 4.3913 ** (1.8613)	0.6427 *** (0.2168)	− 1.6942 * (0.9941)
Subsidy	0.0133 (0.0471)	0.2357 (0.9001)	0.0181 (0.0114)	0.3939 (0.5542)	0.0036 (0.0159)	− 0.0805 (0.1466)
lnd_intens	− 0.00008 (0.0001)	0.0008 (0.0006)	8.91e − 06 (0.0000)	− 0.0007 * (0.0004)	0.00004 (0.0000)	0.0004 *** (0.0001)
Leverage	− 0.0236 ** (0.0094)	− 0.0579 (0.0667)	− 0.0158 *** (0.0055)	− 0.0700 ** (0.0383)	− 0.0184 *** (0.0070)	− 0.0537 (0.0346)
RC	− 0.0155 (0.0159)	2.4827 * (1.1926)	0.0055 (0.0064)	1.1634 (0.7133)	− 0.0136 * (0.0074)	0.2788 (0.4435)
Tangibility	− 0.0103 (0.0271)	− 0.0125 (0.0819)	− 0.0161 (0.0174)	0.0094 (0.0432)	− 0.0022 (0.0204)	− 0.1334 *** (0.0494)
_cons	− 0.5761 *** (0.1740)	5.7557 ** (2.4837)	− 0.2816 ** (0.1181)	3.9665 ** (1.6550)	− 0.2464 * (0.1289)	1.5482 * (0.8015)

续表

变量	(1)	(2)	(3)	(4)	(5)	(6)
	全部创新 （顶点 0.7516）		实质性创新 （顶点 0.7596）		策略性创新 （顶点 0.7073）	
	低企业 规模分布	高企业 规模分布	低企业 规模分布	高企业 规模分布	低企业 规模分布	高企业 规模分布
行业固定效应	YES	YES	YES	YES	YES	YES
地区固定效应	YES	YES	YES	YES	YES	YES
Wald chi2 (6)	178.22***	11.00*	79.35***	9.43*	93.13***	95.25***
Kleibergen-Paap rk LM 统计量 P 值	347.184 (0.0000)	12.625 (0.0055)	347.184 (0.0000)	12.625 (0.0055)	720.192 (0.0000)	23.936 (0.0000)
Cragg-Donald WaldF 统计量	280.459	15.416	280.459	15.416	762.441	78.503
Hansen J 统计量 P 值	0.118 (0.9428)	2.972 (0.8993)	0.847 (0.6547)	13.759 (0.1001)	0.034 (0.8527)	0.001 (0.9716)
N	41 132	8 673	41 132	8 673	52 731	22 227

比较三类不同要素密集度的样本回归结果可知，企业规模分布对创新的影响并不因企业的要素密集度而产生异质性，但政府补贴对创新的影响则存在要素密集度和创新类型的双重异质性。政府补贴仅对劳动密集型行业的创新起到显著促进作用，对资本密集型、技术密集型产业的创新促进作用并不显著，甚至对资本密集型企业的策略性创新和技术密集型企业的实质性创新出现了抑制效应。可能的原因是劳动密集型企业的创新相对难度低、成本低、成功率更高，因此政府补贴对创新的作用比较显著，不管是实质性创新还是策略性创新都是如此。而资本和技术密集型企业的创新难度更大、周期更长、成功率更低，因此政府补贴的作用并不显著。

6.3　不同地区的企业

表 6－13 汇报了东部地区的企业回归结果，所有回归都同时控制了行

业与地区固定效应，其中列（1）为假说1和假说2的回归结果，列（2）为推论1的回归结果，即加入了企业规模分布的二次项，列（1）、列（2）的被解释变量为全部创新，列（3）、列（4）的被解释变量分别为实质性创新和策略性创新。分析结果可知，东部地区企业的回归结果与国有企业结果相似，企业规模分布一次项在四个方程中都在5%显著性水平上为正（系数分别为2.4695、6.2771、4.7577、3.3355），二次项均在5%显著性水平上为负（系数分别为 -3.9892、-3.0143、-2.1217），企业规模分布与创新呈显著的倒U形关系。政府补贴的系数在四个方程中均在5%水平上显著为正（系数为0.0004、0.0003、0.0002、0.0002），政府补贴对东部地区企业的实质性创新、策略性创新都起到促进作用。

表6-13　　政府补贴、企业规模分布与创新：东部企业回归结果

变量	(1) 假说1和假说2	(2) 推论1	(3) 实质性创新	(4) 策略性创新
Pareto	2.4695 *** (0.0804)	6.2771 *** (1.4619)	4.7577 *** (1.0400)	3.3355 *** (1.0142)
Paretos	—	-3.9892 *** (0.9336)	-3.0143 *** (0.6642)	-2.1217 *** (0.6477)
Subsidy	0.0004 *** (0.0001)	0.0003 *** (0.0001)	0.0002 *** (0.0001)	0.0002 *** (0.0001)
lnd_intens	0.0002 *** (0.0000)	0.0001 *** (0.0000)	0.0001 *** (8.66e-06)	0.00004 *** (0.0000)
Leverage	-0.0205 *** (0.0031)	-0.0050 * (0.0028)	-0.0022 (0.0016)	-0.0037 * (0.0022)
RC	0.0004 ** (0.0002)	0.0005 ** (0.0002)	0.0004 ** (0.0001)	0.0002 ** (0.0001)
Tangibility	0.0108 * (0.0056)	-0.0006 (0.0054)	0.0002 (0.0002)	-0.0017 (0.0045)
_cons	-1.9048 *** (0.0648)	-2.3315 *** (0.5519)	-1.8092 *** (0.3928)	-1.2155 *** (0.3830)

续表

变量	(1)	(2)	(3)	(4)
	假说 1 和假说 2	推论 1	实质性创新	策略性创新
行业固定效应	YES	YES	YES	YES
地区固定效应	YES	YES	YES	YES
Wald chi2 (6)	1 382.66***	4.78e+09***	9.24e+08***	342.08***
Kleibergen-Paap rk LM 统计量 P 值	2 900.323*** (0.0000)	157.347*** (0.0000)	157.347*** (0.0000)	157.347*** (0.0000)
Cragg-Donald WaldF 统计量	653.280	76.431	76.431	76.431
Hansen J 统计量 P 值	2.660 (0.2645)	5.749 (0.1245)	6.056 (0.1089)	4.561 (0.2069)
N	459 672	459 672	459 672	459 672

表 6 - 14 汇报了东部地区企业在不同创新类型和企业规模分布下的回归结果。列（1）、列（2）的被解释变量为全部创新，列（3）、列（4）的被解释变量为实质性创新，列（5）、列（6）的被解释变量为策略性创新。从列（1）、列（3）、列（5）可知，对全部创新和实质性、策略性创新而言，在低企业规模分布下，也就是倒 U 形曲线未达到顶点时，企业规模分布的帕累托指数提高会显著促进创新（系数分别为 1.2106、0.8925、0.6714），政府补贴对创新具有显著的促进作用（系数分别为 0.0002、0.0001 和 0.0001）。从列（2）、列（4）、列（6）可以发现，在高企业规模分布下，企业规模分布的帕累托指数继续提高，对企业全部创新和分类型创新依然起促进作用（系数为 0.2481、0.1688、0.1573），这类似于成熟期企业的回归结果；而政府补贴对实质性创新起抑制作用（系数为 - 0.0011），对策略性创新则具有促进作用（系数为 0.0003），但都不显著。

表 6 – 14　　　不同企业规模分布状态的回归结果：东部地区企业

变量	（1）	（2）	（3）	（4）	（5）	（6）
	全部创新 （顶点 0.7868）		实质性创新 （顶点 0.7892）		策略性创新 （顶点 0.7860）	
	低企业 规模分布	高企业 规模分布	低企业 规模分布	高企业 规模分布	低企业 规模分布	高企业 规模分布
Pareto	1.2106 *** (0.2056)	0.2481 (0.1536)	0.8925 *** (0.1323)	0.1688 ** (0.0731)	0.6714 *** (0.1697)	0.1573 (0.1456)
Subsidy	0.0002 *** (0.0000)	− 0.0002 (0.0015)	0.0001 *** (0.0000)	− 0.0011 (0.0024)	0.0001 *** (0.0000)	0.0003 (0.0009)
ln*d_intens*	0.0001 *** (0.0000)	0.0003 *** (0.0000)	0.0001 *** (9.36e − 06)	0.0002 *** (0.0000)	0.0001 *** (0.0000)	0.0002 *** (0.0000)
Leverage	− 0.0141 *** (0.0046)	− 0.0024 (0.0031)	− 0.0069 *** (0.0026)	− 0.0019 (0.0013)	− 0.0094 *** (0.0034)	− 0.0016 (0.0029)
RC	0.0002 ** (0.0001)	− 0.0224 (0.0153)	0.0002 ** (0.0001)	− 0.0003 (0.0021)	0.0001 * (0.0001)	− 0.0204 (0.0143)
Tangibility	0.0190 ** (0.0088)	− 0.0123 * (0.0066)	0.0089 * (0.0053)	− 0.0045 (0.0030)	0.0113 (0.0075)	− 0.0094 (0.0061)
_cons	− 0.7529 *** (0.1394)	− 0.2251 * (0.1460)	− 0.5970 *** (0.0904)	− 0.1774 ** (0.0698)	− 0.3929 *** (0.1148)	− 0.1326 * (0.1384)
行业固定效应	YES	YES	YES	YES	YES	YES
地区固定效应	YES	YES	YES	YES	YES	YES
Wald chi2（6）	213.60 ***	11.52 **	62.09 ***	74.85 ***	234.84 ***	14.38 **
Kleibergen-Paap rk LM 统计量 P 值	576.905 (0.0000)	908.044 (0.0000)	593.275 (0.0000)	897.421 (0.0000)	568.688 (0.0000)	897.003 (0.0000)
Cragg-Donald WaldF 统计量	191.558	311.504	195.808	307.609	189.443	307.904
Hansen J 统计量 P 值	4.476 (0.2144)	2.738 (0.4339)	4.785 (0.1883)	1.931 (0.5868)	3.768 (0.2877)	3.285 (0.3498)
N	210 697	248 975	213 675	245 997	210 255	249 417

表 6 – 15 汇报了中部地区企业的回归结果，所有回归都同时控制了行业与地区固定效应，其中列（1）为假说 1 和假说 2 的回归结果，列（2）为推论 1 的回归结果，即加入了企业规模分布的二次项，列（1）、列（2）的被解释变量为全部创新，列（3）、列（4）的被解释变量分别为实质性创新和策略性创新。分析结果可知，企业规模分布一次项在四个方程中都在 5% 显著性水平上为正（系数分别为 0.5171、4.0101、2.1066、3.4588），二次项均在 5% 显著性水平上为负（系数分别为 – 2.7519、– 1.4423、– 2.3779），企业规模分布与创新呈显著的倒 U 形关系。政府补贴的系数在四个方程中均是不显著为负（系数分别为 – 0.0002、– 0.0004、– 0.0002、– 0.0003），这意味着政府补贴对中部地区企业的实质性创新、策略性创新都起到抑制作用。

表 6 – 15　　政府补贴、企业规模分布与创新：中部企业回归结果

变量	（1）假说 1 和假说 2	（2）推论 1	（3）实质性创新	（4）策略性创新
Pareto	0.5171 *** (0.1002)	4.0101 *** (0.8796)	2.1066 *** (0.4911)	3.4588 *** (0.4765)
Paretos	—	– 2.7519 *** (0.6128)	– 1.4423 *** (0.3417)	– 2.3779 *** (0.3246)
Subsidy	– 0.0002 (0.0004)	– 0.0004 (0.0005)	– 0.0002 (0.0004)	– 0.0003 (0.0004)
lnd_intens	0.00004 ** (0.0000)	0.00004 ** (0.0000)	0.00004 *** (0.0000)	0.00002 (0.0000)
Leverage	– 0.0026 (0.0025)	– 0.0006 (0.0030)	0.0015 (0.0013)	– 0.0008 (0.0027)
RC	0.0072 (0.0065)	– 0.0011 (0.0034)	0.0002 (0.0014)	0.0010 (0.0031)
Tangibility	– 0.0022 (0.0075)	– 0.0118 (0.0074)	– 0.0030 (0.0040)	– 0.1220 * (0.0066)
_cons	– 0.3189 *** (0.0703)	– 1.3581 *** (0.3028)	– 0.7321 *** (0.1698)	– 1.1682 *** (0.2932)

续表

变量	(1)	(2)	(3)	(4)
	假说1和假说2	推论1	实质性创新	策略性创新
行业固定效应	YES	YES	YES	YES
地区固定效应	YES	YES	YES	YES
Wald chi2（6）	113.45 ***	4.21e+09 ***	7.89e+09 ***	3.81e+10 ***
Kleibergen-Paap rk LM 统计量 P 值	377.604 *** (0.0000)	201.323 *** (0.0000)	201.323 *** (0.0000)	201.323 *** (0.0000)
Cragg-Donald WaldF 统计量	272.916	57.186	57.186	57.186
Hansen J 统计量 P 值	4.296 (0.2312)	4.645 (0.1997)	5.996 (0.1118)	4.021 (0.2592)
N	115 167	115 167	115 167	115 167

表6-16 汇报了中部地区企业在不同创新类型和企业规模分布下的回归结果。列（1）、列（2）的被解释变量为全部创新，列（3）、列（4）的被解释变量为实质性创新，列（5）、列（6）的被解释变量为策略性创新。在高、低企业规模分布下，企业规模分布的帕累托指数变动对创新的影响与东部地区基本一致。而政府补贴则表现出明显差异，不管企业规模分布状态如何，政府补贴都表现出对企业创新的不显著促进作用。这意味着，对中部地区而言，不管企业规模分布状态如何变化，也不管是何种类型的创新，如果要促进企业创新，政府补贴都有实施的必要。

表6-16　　　　不同企业规模分布状态的回归结果：中部地区企业

变量	(1)	(2)	(3)	(4)	(5)	(6)
	全部创新 （顶点0.7322）		实质性创新 （顶点0.7303）		策略性创新 （顶点0.7273）	
	低企业 规模分布	高企业 规模分布	低企业 规模分布	高企业 规模分布	低企业 规模分布	高企业 规模分布
Pareto	0.5573 *** (0.1541)	2.5999 * (1.3561)	0.2989 *** (0.0838)	1.1617 * (0.6707)	0.5492 *** (0.1676)	2.5878 (1.7799)

续表

变量	(1)	(2)	(3)	(4)	(5)	(6)
	全部创新 （顶点 0.7322）		实质性创新 （顶点 0.7303）		策略性创新 （顶点 0.7273）	
	低企业 规模分布	高企业 规模分布	低企业 规模分布	高企业 规模分布	低企业 规模分布	高企业 规模分布
Subsidy	0.00005 (0.0002)	0.0824 (0.0584)	0.0001 (0.0001)	0.0606 * (0.0342)	0.00002 (0.0002)	0.0422 (0.0515)
ln*d_intens*	0.0001 *** (0.0000)	0.00002 (0.0001)	0.00005 *** (0.0000)	0.00005 (0.0000)	0.00004 ** (0.0000)	− 0.0001 (0.0001)
Leverage	0.0001 (0.0039)	− 0.0122 * (0.0064)	0.0029 (0.0021)	− 0.0046 (0.0029)	− 0.0019 (0.0036)	− 0.0118 (0.0074)
RC	0.0019 (0.0019)	0.1023 (0.1109)	0.0018 (0.0015)	0.0327 (0.0530)	0.0018 (0.0019)	0.1278 (0.1323)
Tangibility	0.0070 (0.0116)	0.0229 (0.0227)	0.0067 (0.0069)	0.0141 (0.0109)	0.0023 (0.0105)	0.0184 (0.0267)
_cons	− 0.2975 *** (0.0933)	− 2.1051 * (1.1105)	− 0.1786 *** (0.0516)	− 0.9565 * (0.5499)	− 0.2961 *** (0.1008)	− 2.0829 * (1.4515)
行业固定效应	YES	YES	YES	YES	YES	YES
地区固定效应	YES	YES	YES	YES	YES	YES
Wald chi2（6）	57.51 ***	10.82 **	19.07 ***	8.10 *	46.73 ***	11.54 **
Kleibergen-Paap rk LM 统计量 P 值	352.379 (0.0000)	11.641 (0.0202)	364.892 (0.0000)	10.782 (0.0291)	321.104 (0.0000)	8.239 (0.0832)
Cragg-Donald WaldF 统计量	229.497	631.857	235.924	668.469	198.979	632.686
Hansen J 统计量 P 值	2.346 (0.5038)	2.209 (0.5302)	2.047 (0.5627)	1.730 (0.6302)	2.411 (0.4916)	3.564 (0.3126)
N	63 596	51 571	64 191	50 976	62 985	52 182

　　表 6 - 17 汇报了西部地区企业的回归结果，所有回归都同时控制了行业与地区固定效应，其中列（1）为假说 1 和假说 2 的回归结果，列（2）为推论 1 的回归结果，即加入了企业规模分布的二次项，列（1）、列（2）

的被解释变量为全部创新，列（3）、列（4）的被解释变量分别为实质性创新和策略性创新。分析结果可知，企业规模分布一次项在四个方程中都在 5% 显著性水平上为正（系数分别为 0.4575、3.6372、2.6052、2.2264），二次项均显著为负（系数分别为 - 2.4838、- 1.7844、- 1.5124），企业规模分布与创新呈显著的倒 U 形关系。政府补贴的系数在四个方程中均不显著为正（系数分别为 0.0002、0.0050、0.0085、0.0017），这意味着政府补贴对中部地区企业的实质性创新、策略性创新都起到促进作用，但这种促进并不显著。

表 6 - 17　　政府补贴、企业规模分布与创新：西部地区企业回归结果

变量	(1) 假说 1 和假说 2	(2) 推论 1	(3) 实质性创新	(4) 策略性创新
Pareto	0.4575 *** (0.0614)	3.6372 *** (1.2411)	2.6052 *** (0.8064)	2.2264 ** (1.0389)
Paretos	—	- 2.4838 *** (0.8594)	- 1.7844 *** (0.5589)	- 1.5124 ** (0.7176)
Subsidy	0.0002 (0.0001)	0.0050 (0.0135)	0.0085 (0.0102)	0.0017 (0.0106)
lnd_intens	0.0001 *** (0.0000)	0.0001 ** (0.0000)	0.00005 ** (0.0000)	0.00004 * (0.0000)
Leverage	- 0.0031 (0.0010)	- 0.0008 (0.0010)	- 0.0005 (0.0006)	- 0.0005 (0.0008)
RC	0.0032 *** (0.0011)	0.0086 ** (0.0037)	- 0.0062 ** (0.0025)	0.0053 * (0.0028)
Tangibility	0.0148 * (0.0077)	0.0163 (0.0122)	- 0.0065 (0.0070)	- 0.0108 (0.0107)
_cons	- 0.2695 *** (0.0396)	- 1.2008 *** (0.4222)	- 0.8893 *** (0.2737)	- 0.7251 ** (0.3546)
行业固定效应	YES	YES	YES	YES
地区固定效应	YES	YES	YES	YES
Wald chi2 (6)	81.02 ***	2.37e + 09 ***	13.81 ***	91.43 ***

续表

变量	（1） 假说 1 和假说 2	（2） 推论 1	（3） 实质性创新	（4） 策略性创新
Kleibergen-Paap rk LM 统计量 P 值	833. 911 *** （0. 0000）	55. 741 *** （0. 0000）	55. 741 *** （0. 0000）	55. 741 *** （0. 0000）
Cragg-Donald WaldF 统计量	1 928. 342	159. 699	159. 699	29. 991
Hansen J 统计量 P 值	0. 230 （0. 6314）	1. 767 （0. 6220）	2. 225 （0. 5270）	1. 499 （0. 6825）
N	83 084	83 084	83 084	83 084

表 6 - 18 汇报了西部地区企业在不同创新类型和企业规模分布下的回归结果。列（1）、列（2）的被解释变量为全部创新，列（3）、列（4）的被解释变量为实质性创新，列（5）、列（6）的被解释变量为策略性创新。与东部、中部地区明显不同的是，对西部地区企业而言，在高企业规模分布下，见列（2）、列（4）、列（6），企业规模分布的帕累托指数继续提高会抑制企业创新（系数分别为 - 0.5789、 - 0.3852、 - 0.3104），说明西部地区企业能够承受的竞争激烈程度不如东部和中部，一旦过了倒 U 形曲线的拐点，竞争过分激烈，就不利于企业创新。政府补贴对创新的影响也与东部中部地区差异较大，在高企业规模分布下，见列（2）、列（4）、列（6），政府补贴对企业实质性和策略性创新都是抑制作用（系数分别为 - 0.0435、 - 0.0362、 - 0.0331），因此，在西部地区的高企业规模分布下，政府补贴应退出市场。

表 6 - 18　　　　不同企业规模分布状态的回归结果：西部地区企业

变量	（1）	（2）	（3）	（4）	（5）	（6）
	全部创新 （顶点 0. 7322）		实质性创新 （顶点 0. 7300）		策略性创新 （顶点 0. 7360）	
	低企业 规模分布	高企业 规模分布	低企业 规模分布	高企业 规模分布	低企业 规模分布	高企业 规模分布
Pareto	0. 6028 *** （0. 1869）	- 0. 5789 （0. 4586）	0. 4493 *** （0. 1273）	- 0. 3852 （0. 2993）	0. 3752 ** （0. 1601）	- 0. 3104 （0. 4023）

变量	（1）	（2）	（3）	（4）	（5）	（6）
	全部创新（顶点 0.7322）		实质性创新（顶点 0.7300）		策略性创新（顶点 0.7360）	
	低企业规模分布	高企业规模分布	低企业规模分布	高企业规模分布	低企业规模分布	高企业规模分布
Subsidy	0.0087 (0.0109)	−0.0435 (0.0804)	0.0122 (0.0089)	−0.0362 (0.0507)	0.0039 (0.0099)	−0.0331 (0.0618)
lnd_intens	0.0001*** (0.0000)	0.0001* (0.0001)	0.0001** (0.0000)	0.0001*** (0.0000)	0.0001** (0.0000)	0.00002 (0.0001)
Leverage	−0.0042 (0.0052)	−0.0124 (0.0098)	−0.0029 (0.0027)	−0.0076* (0.0046)	−0.0017 (0.0048)	−0.0124* (0.0084)
RC	0.0101* (0.0060)	0.0006 (0.0383)	0.0079* (0.0043)	−0.0012 (0.0162)	0.0065 (0.0046)	−0.0038 (0.0325)
Tangibility	0.0187 (0.0157)	0.0096 (0.0220)	0.0042 (0.0094)	−0.0059 (0.0095)	0.0161 (0.0138)	0.0069 (0.0208)
_cons	−0.2854*** (0.1078)	0.5236* (0.3773)	−0.2445*** (0.0725)	0.3203 (0.2479)	−0.1687* (0.0934)	0.3113 (0.3337)
行业固定效应	YES	YES	YES	YES	YES	YES
地区固定效应	YES	YES	YES	YES	YES	YES
Wald chi2 (6)	81.19***	18.07***	17.49***	5.48*	69.98***	17.36***
Kleibergen-Paaprk LM 统计量 P 值	351.082 (0.0000)	79.270 (0.0000)	343.287 (0.0000)	70.364 (0.0000)	353.943 (0.0000)	67.381 (0.0000)
Cragg-Donald WaldF 统计量	133.124	34.112	127.439	30.392	141.872	28.483
Hansen J 统计量 P 值	3.439 (0.3288)	5.115 (0.1636)	1.703 (0.6362)	2.725 (0.4361)	3.581 (0.3104)	6.859 (0.1065)
N	56 032	27 052	55 164	27 920	56 913	26 171

比较不同区域企业的回归结果可知，企业规模分布和政府补贴对创新的影响都存在区域差异。在高企业规模分布下，企业规模分布对东部、中

部地区企业的实质性创新依然具有显著的促进作用，对西部地区企业则具有抑制作用。政府补贴对东部地区企业的创新具有显著促进作用，对西部地区企业的创新具有不显著的促进作用，对中部地区企业的创新则具有抑制作用。在各个区域内部，政府补贴对不同类型的创新的影响效应保持一致。

6.4　不同市场化地区的企业

表 6 - 19 汇报了高市场化程度地区的企业的回归结果，所有回归都同时控制了行业与地区固定效应，其中列（1）为假说 1 和假说 2 的回归结果，列（2）为推论 1 的回归结果，即加入了企业规模分布的二次项，列（1）、列（2）的被解释变量为全部创新，列（3）、列（4）的被解释变量分别为实质性创新和策略性创新。分析结果可知，企业规模分布的一次项在列（1）、列（2）、列（3）、列（4）中均在 5% 显著性水平上为正（系数分别为 2.5637、6.1444、4.6531、3.2316），二次项在列（2）、列（3）、列（4）中均是在 5% 显著性水平上为负（系数分别为 -3.8727、-2.9236、-2.0382），这意味着对市场化程度较高地区的企业而言，企业规模分布与创新之间呈倒 U 形关系。政府补贴的系数在四个方程中均在 5% 水平上显著为正（系数分别为 0.0004、0.0003、0.0002、0.0001），政府补贴对市场化程度较高地区企业的实质性创新、策略性创新都起到促进作用。

表 6 - 19　政府补贴、企业规模分布与创新：高市场化程度地区回归结果

变量	（1）假说 1 和假说 2	（2）推论 1	（3）实质性创新	（4）策略性创新
Pareto	2.5637 *** (0.0849)	6.1444 *** (1.4441)	4.6531 *** (1.0269)	3.2316 *** (0.9950)
Paretos	—	-3.8727 *** (0.9156)	-2.9236 *** (0.6511)	-2.0382 *** (0.6308)

续表

变量	(1)	(2)	(3)	(4)
	假说1和假说2	推论1	实质性创新	策略性创新
Subsidy	0.0004 *** (0.0000)	0.0003 ** (0.0001)	0.0002 *** (0.0001)	0.0001 *** (0.0001)
lnd_intens	0.0002 *** (0.0000)	0.0001 *** (0.0000)	0.0001 *** (8.34e − 06)	0.00004 *** (0.0000)
Leverage	− 0.0204 *** (0.0033)	− 0.0046 (0.0030)	− 0.0019 (0.0018)	− 0.0037 (0.0024)
RC	0.0004 * (0.0002)	0.0005 ** (0.0002)	0.0004 ** (0.0002)	0.0002 * (0.0001)
Tangibility	0.0147 ** (0.0060)	− 0.0012 (0.0059)	0.0009 (0.0035)	− 0.0031 (0.0049)
_cons	− 2.0006 *** (0.0692)	− 2.3033 *** (0.5503)	− 1.7885 *** (0.3915)	− 1.1864 ** (0.3793)
行业固定效应	YES	YES	YES	YES
地区固定效应	YES	YES	YES	YES
Wald chi2 (6)	1 355.75 ***	293.50 ***	1.08e + 10 ***	1.81e + 09 ***
Kleibergen-Paap rk LM 统计量 P 值	2 634.112 (0.0000)	175.199 (0.0000)	175.199 (0.0000)	175.199 (0.0000)
Cragg-Donald WaldF 统计量	5 952.249	135.614	135.614	135.614
Hansen J 统计量 P 值	2.399 (0.3013)	5.701 (0.1271)	6.015 (0.1109)	4.489 (0.2132)
N	691 211	438 502	438 502	438 502

表6 20汇报了高市场化程度地区的企业在不同创新类型和企业规模分布下的回归结果。列（1）、列（2）的被解释变量为全部创新，列（3）、列（4）的被解释变量为实质性创新，列（5）、列（6）的被解释变量为策略性创新。可以看到，对实质性创新而言，见列（3）、列（4），不管企业规模分布状态是高还是低，帕累托指数提高都会显著促进创新

（系数为 0.8964、0.1440）。对策略性创新而言，这种促进作用只在低企业规模分布下显著（系数为 0.6935），在高企业规模分布下则不显著（系数为 0.1174）。在低企业规模分布状态下［列（3）、列（5）］，政府补贴显著促进企业创新（系数均为 0.0001）。在高企业规模分布状态下［列（4）、列（6）］，政府补贴对策略性创新具有促进作用（系数为 0.0001），对实质性创新则有抑制作用（系数为 -0.0011）。

表 6－20　　　不同企业规模分布状态的回归结果：高市场化程度地区的企业

变量	(1)	(2)	(3)	(4)	(5)	(6)
	全部创新 （顶点 0.7933）		实质性创新 （顶点 0.7958）		策略性创新 （顶点 0.7927）	
	低企业 规模分布	高企业 规模分布	低企业 规模分布	高企业 规模分布	低企业 规模分布	高企业 规模分布
Pareto	1.2340 *** (0.2074)	0.1927 (0.1579)	0.8964 *** (0.1326)	0.1440 * (0.0765)	0.6935 *** (0.1753)	0.1174 (0.1497)
Subsidy	0.0002 *** (0.0000)	-0.0004 (0.0016)	0.0001 *** (0.0000)	-0.0011 (0.0025)	0.0001 *** (0.0000)	0.0001 (0.0010)
lnd_intens	0.0001 *** (0.0000)	0.0003 *** (0.0000)	0.0001 *** (9.77e-06)	0.0002 *** (0.0000)	0.0001 *** (0.0000)	0.0002 *** (0.0000)
Leverage	-0.01440 *** (0.0053)	-0.0020 (0.0032)	-0.0063 ** (0.0028)	-0.0016 (0.0013)	-0.0105 ** (0.0039)	-0.0010 (0.0029)
RC	0.0002 ** (0.0001)	-0.0249 (0.0183)	0.0001 ** (0.0001)	0.0004 (0.0022)	0.0001 * (0.0001)	-0.0241 (0.0178)
Tangibility	0.0171 * (0.0100)	-0.0121 * (0.0067)	0.0107 * (0.0061)	-0.0045 (0.0031)	0.0087 (0.0086)	-0.0091 (0.0061)
_cons	-0.7736 *** (0.1428)	-0.1724 (0.1508)	-0.6074 *** (0.0921)	-0.1558 ** (0.0732)	-0.4068 *** (0.1202)	0.0945 * (0.1428)
行业固定效应	YES	YES	YES	YES	YES	YES
地区固定效应	YES	YES	YES	YES	YES	YES
Wald chi2 (6)	220.29 ***	9.68 *	63.21 ***	78.44 ***	251.30 ***	13.97 ***

续表

变量	(1)	(2)	(3)	(4)	(5)	(6)
	全部创新 （顶点 0.7933）		实质性创新 （顶点 0.7958）		策略性创新 （顶点 0.7927）	
	低企业 规模分布	高企业 规模分布	低企业 规模分布	高企业 规模分布	低企业 规模分布	高企业 规模分布
Kleibergen-Paap rk LM 统计量 P 值	592.726 (0.0000)	902.208 (0.0000)	596.678 (0.0000)	882.681 (0.0000)	560.914 (0.0000)	889.975 (0.0000)
Cragg-Donald WaldF 统计量	195.036	302.396	199.269	294.750	185.175	298.100
Hansen J 统计量 P 值	4.348 (0.2262)	2.693 (0.4415)	4.473 (0.2147)	1.827 (0.6091)	3.675 (0.2988)	2.903 (0.4068)
N	195 180	243 322	198 100	240 402	194 212	244 290

表 6-21 汇报了中市场化程度地区的企业的回归结果，所有回归都同时控制了行业与地区固定效应，其中列（1）为假说 1 和假说 2 的回归结果，列（2）为推论 1 的回归结果，即加入了企业规模分布的二次项，列（1）、列（2）的被解释变量为全部创新，列（3）、列（4）的被解释变量分别为实质性创新和策略性创新。分析结果可知，企业规模分布的一次项在列（1）、列（2）、列（3）、列（4）中均在 5% 显著性水平上为正（系数分别为 2.1182、4.2499、2.7568、3.0824），二次项在列（2）、列（3）、列（4）中均在 5% 显著性水平上为负（系数分别为 −2.9111、−1.8874、−2.1090），这意味着对市场化程度较高地区的企业而言，企业规模分布与创新之间呈倒 U 形关系。政府补贴的系数在列（1）、列（2）、列（3）中均显著为正（系数分别为 0.0003、0.00003、0.00003），在列（4）中显著为负（系数为 −0.00004），说明政府补贴对企业的实质性创新起促进作用，但对于策略性创新则起抑制作用。

表6-21　政府补贴、企业规模分布与创新：中市场化程度地区回归结果

变量	（1）假说1和假说2	（2）推论1	（3）实质性创新	（4）策略性创新
Pareto	2.1182 *** (0.1387)	4.2499 *** (1.0024)	2.7568 *** (0.5722)	3.0824 *** (0.9482)
Paretos	—	-2.9111 *** (0.6938)	-1.8874 *** (0.3963)	-2.1090 *** (0.6559)
Subsidy	0.0003 *** (0.0000)	0.00003 (0.0003)	0.00003 (0.0002)	-0.00004 (0.0002)
lnd_intens	-0.0002 *** (0.0000)	0.00004 (0.0000)	0.00004 *** (0.0000)	0.00002 (0.0000)
Leverage	-0.0026 (0.0016)	-0.0012 (0.0012)	-0.0003 (0.0005)	-0.0008 (0.0010)
RC	0.0025 (0.0034)	-0.0004 (0.0033)	0.0013 (0.0019)	-0.0008 (0.0027)
Tangibility	0.0339 *** (0.0070)	0.0074 (0.0064)	0.0035 (0.0033)	0.0043 (0.0058)
_cons	-1.3865 *** (0.0927)	-1.4499 *** (0.3479)	-0.9649 *** (0.1989)	-1.0456 *** (0.3289)
行业固定效应	YES	YES	YES	YES
地区固定效应	YES	YES	YES	YES
Wald chi2（6）	249.49 ***	2.92e+09 ***	1.06e+09 ***	1.40e+09 ***
Kleibergen-Paap rk LM 统计量 P 值	1 541.309 (0.0000)	145.518 (0.0000)	145.518 (0.0000)	145.518 (0.0000)
Cragg-Donald WaldF 统计量	2 085.133	124.054	124.054	124.054
Hansen J 统计量 P 值	0.624 (0.7320)	1.665 (0.6448)	2.929 (0.4026)	1.170 (0.7602)
N	253 625	164 649	164 649	164 649

表6-22汇报了中市场化程度地区的企业在不同创新类型和企业规模分布下的回归结果。列（1）、列（2）的被解释变量为全部创新，列（3）、

列（4）的被解释变量为实质性创新，列（5）、列（6）的被解释变量为策略性创新。与此前其他分组回归结果都不同的是，不管企业规模分布处于倒 U 形曲线的左边［见列（1）、列（3）、列（5）］还是右边［见列（2）、列（4）、列（6）］，帕累托指数的提高都会显著促进企业实质性创新和策略性创新。在不同企业规模分布状态下，政府补贴对不同类型的创新也都呈促进作用（系数分别为 0.0001、0.0568、0.0001、0.0294、0.00005、0.0143）。

表 6-22　　不同企业规模分布状态的回归结果：中市场化程度地区的企业

变量	(1)	(2)	(3)	(4)	(5)	(6)
	全部创新 （顶点 0.7299）		实质性创新 （顶点 0.7303）		策略性创新 （顶点 0.7308）	
	低企业 规模分布	高企业 规模分布	低企业 规模分布	高企业 规模分布	低企业 规模分布	高企业 规模分布
Pareto	0.4454 *** (0.1392)	2.6427 ** (1.1089)	0.3338 *** (0.0766)	0.9848 * (0.5147)	0.3072 ** (0.1363)	2.2577 *** (0.8801)
Subsidy	0.0001 (0.0002)	0.0568 (0.0470)	0.0001 (0.0001)	0.0294 (0.0226)	0.00005 (0.0002)	0.0413 (0.0401)
lnd_intens	0.0001 *** (0.0000)	0.0003 *** (0.0001)	0.0001 *** (0.0000)	0.0002 *** (0.0000)	0.00007 *** (0.0000)	0.0002 (0.0000)
Leverage	−0.0056 (0.0035)	−0.0102 * (0.0053)	−0.0012 (0.0015)	−0.0035 * (0.0021)	−0.0040 (0.0032)	−0.0081 * (0.0044)
RC	−0.0008 (0.0018)	−0.0249 (0.0738)	0.0009 (0.0011)	−0.0144 (0.0292)	−0.0010 (0.0017)	−0.0335 (0.0654)
Tangibility	0.0176 * (0.0091)	0.0253 * (0.0150)	0.0084 (0.0051)	0.0079 (0.0063)	0.0117 (0.0082)	0.0200 (0.0132)
_cons	−0.2314 *** (0.0855)	−2.1529 ** (0.9134)	−0.2025 *** (0.0478)	−0.8180 * (0.4246)	−0.1533 * (0.0833)	−1.8322 ** (0.7243)
行业固定效应	YES	YES	YES	YES	YES	YES
地区固定效应	YES	YES	YES	YES	YES	YES
Wald chi2 (6)	66.18 ***	18.66 ***	23.49 ***	8.61 *	50.13 ***	24.40 ***

续表

变量	(1)	(2)	(3)	(4)	(5)	(6)
	全部创新 （顶点 0.7299）		实质性创新 （顶点 0.7303）		策略性创新 （顶点 0.7308）	
	低企业 规模分布	高企业 规模分布	低企业 规模分布	高企业 规模分布	低企业 规模分布	高企业 规模分布
Kleibergen-Paap rk LM 统计量 P 值	608.206 (0.0000)	19.105 (0.0007)	609.261 (0.0000)	18.401 (0.0010)	607.702 (0.0000)	23.463 (0.0001)
Cragg-Donald WaldF 统计量	403.021	6.477	403.250	6.239	408.782	8.243
Hansen J 统计量 P 值	0.404 (0.9395)	1.729 (0.6305)	0.989 (0.8040)	1.670 (0.6436)	0.781 (0.8539)	1.827 (0.6090)
N	99 152	65 497	99 376	65 273	100 014	64 635

表 6-23 汇报了低市场化程度地区的企业的回归结果，所有回归都同时控制了行业与地区固定效应，其中列（1）为假说 1 和假说 2 的回归结果，列（2）为推论 1 的回归结果，即加入了企业规模分布的二次项，列（1）、列（2）的被解释变量为全部创新，列（3）、列（4）的被解释变量分别为实质性创新和策略性创新。分析结果可知，企业规模分布的一次项在列（1）、列（2）、列（3）、列（4）中均在 5% 显著性水平上为正（系数分别为 0.4123、3.0821、1.5474、2.6808），二次项在列（2）、列（3）、列（4）中均在 5% 显著性水平上为负（系数分别为 -2.1287、-1.0704、-1.8517），这意味着对市场化程度较高地区的企业而言，企业规模分布与创新之间呈倒 U 形关系。政府补贴的系数在列（1）、列（2）、列（3）中均显著为负（系数分别为 -0.0003、-0.0001、-0.0001），在列（4）中显著为正（系数为 0.00002），说明政府补贴对企业的实质性创新起抑制作用，但对于策略性创新则起促进作用。

表6–23　　政府补贴、企业规模分布与创新：低市场化程度地区回归结果

变量	(1) 假说1和假说2	(2) 推论1	(3) 实质性创新	(4) 策略性创新
Pareto	0.4123 *** (0.1131)	3.0821 *** (0.9999)	1.5474 ** (0.6070)	2.6808 *** (0.8786)
Paretos	—	-2.1287 *** (0.7024)	-1.0704 ** (0.4476)	-1.8517 *** (0.6172)
Subsidy	-0.0003 (0.0005)	-0.0001 (0.0004)	-0.0001 (0.0004)	0.00002 (0.0003)
lnd_intens	0.0001 *** (0.0000)	0.0001 *** (0.0000)	0.00004 *** (0.0000)	0.00003 ** (0.0000)
Leverage	-0.0039 (0.0042)	0.0004 (0.0044)	0.0027 (0.0024)	-0.0008 (0.0039)
RC	0.0034 *** (0.0011)	0.0073 ** (0.0029)	0.0036 ** (0.0017)	0.0063 ** (0.0026)
Tangibility	0.0011 (0.0135)	-0.0170 (0.0125)	-0.0121 (0.0079)	-0.0112 (0.0105)
_cons	-0.2189 *** (0.0732)	-0.9884 *** (0.3308)	-0.5069 * (0.2008)	-0.8622 *** (0.2908)
行业固定效应	YES	YES	YES	YES
地区固定效应	YES	YES	YES	YES
Wald chi2 (6)	77.99 ***	68.23 ***	4.35e+09 ***	60.98 ***
Kleibergen-Paap rk LM 统计量 P 值	182.300 (0.0000)	62.950 (0.0000)	62.950 (0.0000)	62.950 (0.0000)
Cragg-Donald WaldF 统计量	92.927	23.919	23.919	23.919
Hansen J 统计量 P 值	4.777 (0.1889)	2.326 (0.5076)	2.498 (0.4757)	1.986 (0.5754)
N	54 772	54 772	54 772	54 772

表6–24汇报了低市场化程度地区的企业在不同创新类型和企业规模

分布下的回归结果。列（1）、列（2）的被解释变量为全部创新，列（3）、列（4）的被解释变量为实质性创新，列（5）、列（6）的被解释变量为策略性创新。在低企业规模分布下，见列（1）、列（3）、列（5），企业规模分布的帕累托指数提高和政府补贴提高都会促进企业创新（系数分别是0.5853、0.2681、0.5589和0.0003、0.0003、0.0002）。与中高市场化地区不同的是，在高企业规模分布下，见列（2）、列（4）、列（6），企业规模分布的帕累托指数继续提高会抑制企业创新（系数分别为－0.4157、－0.2164、－0.3981），说明低市场化程度地区企业能够承受的竞争激烈程度不如中高程度市场化地区，一旦过了倒U形曲线的拐点，则竞争过分激烈，不利于企业创新。政府补贴在高企业规模分布下对企业实质性和策略性创新都是抑制作用（系数分别为－0.1216、－0.1368），因此，在低市场化地区的高企业规模分布下，政府补贴应退出市场。

表6－24　　不同企业规模分布状态的回归结果：低市场化程度地区的企业

变量	(1)	(2)	(3)	(4)	(5)	(6)
	全部创新 （顶点0.7239）		实质性创新 （顶点0.7228）		策略性创新 （顶点0.7239）	
	低企业 规模分布	高企业 规模分布	低企业 规模分布	高企业 规模分布	低企业 规模分布	高企业 规模分布
Pareto	0.5853*** (0.1962)	－0.4157 (0.2926)	0.2681** (0.1322)	－0.2164 (0.1729)	0.5589*** (0.1772)	－0.3981 (0.2478)
Subsidy	0.0003 (0.0003)	－0.1899 (0.1724)	0.0003 (0.0003)	－0.1216 (0.1211)	0.0002 (0.0002)	－0.1368 (0.1183)
lnd_intens	0.0001** (0.0000)	0.0003* (0.0001)	0.00005*** (0.0000)	0.0001 (0.0001)	0.00003 (0.0000)	0.0003* (0.0001)
Leverage	0.0017 (0.0047)	－0.0182 (0.0153)	0.0034 (0.0028)	－0.0080 (0.0066)	－0.0009 (0.0042)	－0.0092 (0.0142)
RC	0.0146* (0.0082)	－0.1149 (0.1012)	0.0063 (0.0046)	－0.0900 (0.0624)	0.0146* (0.0081)	－0.0730 (0.0872)
Tangibility	－0.0112 (0.0159)	－0.0346 (0.0295)	－0.0135 (0.0102)	－0.0103 (0.0134)	－0.0009 (0.0137)	－0.0373 (0.0264)

续表

变量	(1)	(2)	(3)	(4)	(5)	(6)
	全部创新（顶点 0.7239）		实质性创新（顶点 0.7228）		策略性创新（顶点 0.7239）	
	低企业规模分布	高企业规模分布	低企业规模分布	高企业规模分布	低企业规模分布	高企业规模分布
_cons	− 0. 2735 ** (0. 1079)	0. 3559 * (0. 2293)	− 0. 1349 * (0. 0720)	0. 1842 * (0. 1343)	− 0. 2690 *** (0. 0978)	0. 3282 * (0. 1946)
行业固定效应	YES	YES	YES	YES	YES	YES
地区固定效应	YES	YES	YES	YES	YES	YES
Wald chi 2 (6)	62. 01 ***	4. 41 *	12. 42 *	5. 86 *	59. 03 ***	3. 84 *
Kleibergen-Paap rk LM 统计量 P 值	171. 653 (0. 0000)	38. 469 (0. 0000)	169. 622 (0. 0000)	38. 583 (0. 0000)	171. 653 (0. 0000)	38. 469 (0. 0000)
Cragg-Donald WaldF 统计量	65. 657	13. 638	64. 767	13. 686	65. 657	13. 638
Hansen J 统计量 P 值	2. 405 (0. 4927)	3. 161 (0. 3674)	3. 501 (0. 3207)	2. 119 (0. 5480)	2. 570 (0. 4627)	4. 007 (0. 2607)
N	39 682	15 090	39 654	15 118	39 682	15 090

比较不同市场化程度地区企业的回归结果可知，企业规模分布和政府补贴对创新的影响存在市场化程度的异质性。与东部、中部、西部地区回归结果相似，在高企业规模分布下，企业规模分布对中高市场化程度地区企业的实质性创新具有显著的促进作用，对低市场化地区企业的实质性和策略性创新都起抑制作用。政府补贴仅对高市场化地区企业的创新起显著促进作用，对中低市场化地区企业的创新的促进作用不显著。

6.5 不同产权性质的企业

企业的产权属性不同，所能够得到的资源不同，企业规模分布状态差异也较大（方明月和聂辉华，2010）。在我国，国有企业（国企）是一种相对于其他国家的企业而言较为特殊的企业形式。在国企比重较低的地方，各种企业能够得到比较自由的成长，因此企业的规模总体分布比较接近齐夫分布（杨其静等，2010）。但是政府补贴对民营企业创新绩效的促进作用更大（杨洋等，2015）。因此，国有和非国有企业之间在创新资源、创新手段和创新成效上都有较大区别，有必要对国有和非国有企业两类样本分开进行检验。

表 6 - 25 汇报了国有企业的回归结果，所有回归都同时控制了行业与地区固定效应，其中列（1）为假说 1 的回归结果，列（2）为假说 2 的回归结果，即加入了企业规模分布的二次项，列（1）、列（2）的被解释变量为全部创新，列（3）、列（4）的被解释变量分别为实质性创新和策略性创新。分析结果可知，企业规模分布的一次项在列（1）、列（2）、列（3）、列（4）中均在 5% 显著性水平上为正（系数分别为 1.1213、7.3128、3.8508、5.9670），二次项在列（2）、列（3）、列（4）中均在 5% 显著性水平上为负（系数分别为 - 5.2309、- 2.7515、- 4.2678），这意味着对国有企业而言，企业规模分布与创新之间呈倒 U 形关系。政府补贴的系数在四个方程中均在 5% 水平上显著为正（系数分别为 0.0002、0.0003、0.0001、0.0002），政府补贴对国有企业的实质性创新、策略性创新都起到促进作用。

表 6 - 25　政府补贴、企业规模分布与创新：国有企业回归结果

变量	(1) 假说1和假说2	(2) 推论1	(3) 实质性创新	(4) 策略性创新
Pareto	1.1213 *** (0.2018)	7.3128 *** (2.1994)	3.8508 *** (1.0736)	5.9670 *** (2.0060)
Paretos	—	- 5.2309 *** (1.5917)	- 2.7515 *** (0.7781)	- 4.2678 *** (1.4501)
Subsidy	0.0002 *** (0.0000)	0.0003 *** (0.0001)	0.0001 *** (0.0000)	0.0002 *** (0.0001)
lnd_intens	0.0001 ** (0.0000)	0.0001 ** (0.0000)	0.0001 *** (0.0000)	0.0001 (0.0000)

续表

变量	（1） 假说1和假说2	（2） 推论1	（3） 实质性创新	（4） 策略性创新
Leverage	- 0.0170 *** （0.0047）	- 0.0054 （0.0034）	- 0.0051 *** （0.0017）	- 0.0044 （0.0033）
RC	0.0951 ** （0.0437）	0.0588 （0.0607）	0.0277 （0.0327）	0.0518 （0.0504）
Tangibility	0.0204 （0.0134）	- 0.0175 （0.0131）	- 0.0096 （0.0082）	- 0.0115 （0.0112）
_cons	- 0.6444 *** （0.1225）	- 2.3428 ** （0.7112）	- 1.2582 *** （0.3486）	- 1.9108 *** （0.6491）
行业固定效应	YES	YES	YES	YES
地区固定效应	YES	YES	YES	YES
Wald chi 2（6）	44.93 ***	4.56e+09 ***	25.62 ***	2.73e+09 ***
Kleibergen-Paap rk LM 统计量 P 值	542.519 *** （0.0000）	63.027 *** （0.0000）	63.027 *** （0.0000）	63.027 *** （0.0000）
Cragg-Donald WaldF 统计量	212.089	30.736	30.736	30.736
Hansen J 统计量 P 值	2.501 （0.2864）	5.079 （0.1661）	5.353 （0.1477）	4.616 （0.2022）
N	71 938	71 938	71 938	71 938

表6-26汇报了国有企业在不同创新类型和企业规模分布下的回归结果。列（1）、列（2）的被解释变量为全部创新，列（3）、列（4）的被解释变量为实质性创新，列（5）、列（6）的被解释变量为策略性创新。在低企业规模分布下，见列（1）、列（3）、列（5），企业规模分布的帕累托指数提高和政府补贴提高都会促进企业创新（系数分别是1.3081、0.6369、1.1256和0.0002、0.0001、0.0001）。在高企业规模分布下，见列（2）、列（4）、列（6），企业规模分布的帕累托指数继续提高会促进实质性创新（系数为0.5854），抑制策略性创新（系数为-0.1871）；政府补贴的影响相反，会抑制实质性创新（系数为-0.0009），促进策略性

创新（系数为0.0013）。

表 6－26　　　　不同企业规模分布状态的回归结果：国有企业

变量	（1）	（2）	（3）	（4）	（5）	（6）
	全部创新 （顶点 0.6994）		实质性创新 （顶点 0.6997）		策略性创新 （顶点 0.6990）	
	低企业 规模分布	高企业 规模分布	低企业 规模分布	高企业 规模分布	低企业 规模分布	高企业 规模分布
Pareto	1.3081*** (0.3437)	0.3067 (0.6758)	0.6369*** (0.1464)	0.5854 (0.4785)	1.1256*** (0.3375)	－0.1871 (0.5363)
Subsidy	0.0002*** (0.0000)	0.0009 (0.0016)	0.0001*** (0.0000)	－0.0009 (0.0017)	0.0001*** (0.0000)	0.0013 (0.0018)
lnd_intens	0.0001 (0.0000)	0.0003*** (0.0001)	0.0001*** (0.0000)	0.0003*** (0.0001)	0.00004 (0.0000)	0.0001*** (0.0000)
Leverage	－0.0155*** (0.0050)	－0.0064 (0.0074)	－0.0074*** (0.0024)	－0.0090** (0.0043)	－0.0126*** (0.0047)	－0.0007 (0.0064)
RC	0.0750 (0.0578)	－0.0213 (0.0299)	0.0362 (0.0285)	－0.0097 (0.0244)	0.0619 (0.0502)	－0.0292 (0.0274)
Tangibility	0.0142 (0.0175)	－0.0243 (0.0232)	0.0033 (0.0101)	－0.0121 (0.0164)	0.0139 (0.0156)	－0.0288 (0.0190)
_cons	－0.6540*** (0.1832)	－0.2145* (0.5478)	－0.3376*** (0.0808)	－0.4878 (0.3927)	－0.5631*** (0.1792)	0.2011* (0.4304)
行业固定效应	YES	YES	YES	YES	YES	YES
地区固定效应	YES	YES	YES	YES	YES	YES
Wald chi 2（6）	26.09***	4.75*	24.04***	13.20**	19.17***	16.61**
Kleibergen-Paap rk LM 统计量 P 值	226.380 (0.0000)	62.520 (0.0000)	226.223 (0.0000)	62.893 (0.0000)	223.814 (0.0000)	62.333 (0.0000)
Cragg-Donald WaldF 统计量	107.378	19.798	107.398	20.023	106.249	19.805
Hansen J 统计量 P 值	3.446 (0.3279)	0.412 (0.9377)	3.434 (0.3294)	2.494 (0.4764)	3.290 (0.3490)	0.892 (0.8275)
N	45 696	26 242	45 738	26 200	45 596	26 342

　　表 6 – 27 汇报了非国有企业的回归结果，所有回归都同时控制了行业与地区固定效应，其中列（1）为假说 1 的回归结果，列（2）为假说 2 的回归结果，即加入了企业规模分布的二次项，列（1）、列（2）的被解释变量为全部创新，列（3）、列（4）的被解释变量分别为实质性创新和策略性创新。分析结果可知，企业规模分布的一次项在列（2）、列（3）、列（4）中均在 5% 显著性水平上为正（系数分别为 2.44、5.8489、4.4162、3.0046），二次项在列（2）、列（3）、列（4）中均在 5% 显著性水平上为负（系数分别为 – 3.7813、 – 2.8626、 – 1.9487），这意味着对非国有企业而言，企业规模分布与创新之间也是倒 U 形关系，与国有企业一致。而政府补贴对创新的影响效应在四个方程中并不一致。政府补贴对非国有企业的实质性创新具有不显著的促进作用（系数 0.00002），对策略性创新具有不显著的抑制作用（系数为 – 0.0006），综合起来，政府补贴对非国有企业的全部创新起不显著的抑制作用（系数为 – 0.0007）。

表 6 – 27　　政府补贴、企业规模分布与创新：非国有企业回归结果

变量	（1）假说 1 和假说 2	（2）推论 1	（3）实质性创新	（4）策略性创新
Pareto	2.4714 *** (0.0714)	5.8489 *** (0.8268)	4.4162 *** (0.5748)	3.0046 *** (0.6556)
Paretos	—	– 3.7813 *** (0.5389)	– 2.8626 *** (0.3759)	– 1.9487 *** (0.4281)
Subsidy	– 0.0001 (0.0007)	– 0.0007 (0.0010)	0.00002 (0.0003)	– 0.0006 (0.0009)
lnd_intens	0.0001 *** (9.70e – 06)	0.00004 *** (0.0000)	0.00003 *** (7.83e – 06)	0.00003 *** (9.11e – 06)
Leverage	– 0.0046 ** (0.0020)	– 0.0004 (0.0013)	0.0014 (0.0010)	– 0.0011 (0.0012)
RC	0.0011 (0.0007)	0.0011 (0.0008)	0.0008 (0.0006)	0.0005 (0.0004)
Tangibility	0.0277 *** (0.0048)	0.0031 (0.0044)	0.0033 (0.0025)	– 0.0004 (0.0038)

续表

变量	（1）	（2）	（3）	（4）
	假说 1 和假说 2	推论 1	实质性创新	策略性创新
_cons	− 1.8688 *** (0.0561)	− 2.1238 *** (0.3048)	− 1.6326 *** (0.2112)	− 1.0657 *** (0.2411)
行业固定效应	YES	YES	YES	YES
地区固定效应	YES	YES	YES	YES
Wald chi2（6）	1 623.35 ***	470.09 ***	80.80 ***	3.59e + 09 ***
Kleibergen-Paap rk LM 统计量 P 值	3906.334 *** (0.0000)	205.291 *** (0.0000)	205.291 *** (0.0000)	205.291 *** (0.0000)
Cragg-Donald WaldF 统计量	660.572	55.565	55.565	55.565
Hansen J 统计量 P 值	30.095 (0.1058)	3.358 (0.3397)	2.779 (0.4270)	2.783 (0.4264)
N	585 985	585 985	585 985	585 985

对比表 6 - 25、表 6 - 27 可知，企业规模分布对创新的影响并没有因为企业产权性质存在异质性，但政府补贴对创新的影响与此不同。政府补贴对国有企业不同类型的创新都具有显著促进作用，但非国有企业只有实质性创新才具有促进作用并且不显著，对非国有企业的策略性创新和整体创新则具有不显著的抑制作用。也就是说，政府补贴对创新的影响效应存在产权属性和创新类型的双重异质性。双重异质性的产生，可能是因为国有企业在一定程度上代表了政府的意志且承担更大社会责任，更容易获得政策倾斜和财政扶持，政府补贴力度足以激发国有企业创新意愿，且国有企业拥有的资金资源较为丰富，有能力开展实质性创新。相对而言，非国有企业得到的政府补贴相对力度弱且比较分散，部分企业受资金和能力限制，得到政府补贴之后可能会将补贴用于其他用途，尤其是实质性创新周期长、风险高，如果非国有企业可能会因为资金不足、抗风险能力不强等原因半途而废。国有企业本身拥有的资源多，得到补贴后开展创新的机会也多，非国有企业本身资源少，得到补贴并开展创新的概率低，这种"马

政府补贴、企业规模分布与制造业创新研究

太效应"加剧了国有和非国有企业之间的竞争，扩大了两者的地位和差距，因此补贴显著促进了国有企业创新，却没有促进非国有企业的创新。表6-28汇报了非国有企业在不同创新类型和企业规模分布下的回归结果。

表6-28　　　　不同企业规模分布状态的回归结果：非国有企业

变量	(1)	(2)	(3)	(4)	(5)	(6)
	全部创新（顶点0.7703）		实质性创新（顶点0.7714）		策略性创新（顶点0.7709）	
	低企业规模分布	高企业规模分布	低企业规模分布	高企业规模分布	低企业规模分布	高企业规模分布
Pareto	0.8748 *** (0.1251)	0.2058 (0.1847)	0.6532 *** (0.0889)	0.2059 ** (0.0889)	0.4816 *** (0.1030)	0.1104 (0.1714)
Subsidy	-0.0002 (0.0008)	-0.0020 (0.0035)	0.0003 ** (0.0002)	-0.0009 (0.0021)	-0.0003 (0.0008)	-0.0013 (0.0024)
lnd_intens	0.0001 *** (9.26e-06)	0.0002 *** (0.0000)	0.0001 *** (7.17e-06)	0.0002 *** (0.0000)	0.00004 *** (7.49e-06)	0.0002 *** (0.0000)
Leverage	-0.0025 (0.0019)	-0.0037 (0.0025)	-0.0001 (0.0006)	-0.0018 * (0.0011)	-0.0024 (0.0017)	-0.0025 (0.0023)
RC	0.0003 (0.0001)	-0.0235 * (0.0142)	0.0002 (0.0001)	-0.0015 (0.0027)	0.0002 (0.0001)	-0.0224 * (0.0135)
Tangibility	0.0147 ** (0.0070)	-0.0083 (0.0059)	0.0107 ** (0.0041)	-0.0020 (0.0026)	0.0081 (0.0061)	-0.0073 (0.0054)
_cons	-0.5128 *** (0.0826)	-0.1734 * (0.1719)	-0.4215 *** (0.0587)	-0.2043 ** (0.0828)	-0.2609 *** (0.0681)	-0.0800 * (0.1596)
行业固定效应	YES	YES	YES	YES	YES	YES
地区固定效应	YES	YES	YES	YES	YES	YES
Wald chi2 (6)	421.22 ***	18.50 ***	70.18 ***	61.07 **	478.74 ***	31.12 ***
Kleibergen-Paap rk LM 统计量 P值	758.676 (0.0000)	560.248 (0.0000)	779.897 (0.0000)	598.847 (0.0000)	759.857 (0.0000)	560.495 (0.0000)

续表

变量	(1)	(2)	(3)	(4)	(5)	(6)
	全部创新 （顶点 0.7703）		实质性创新 （顶点 0.7714）		策略性创新 （顶点 0.7709）	
	低企业 规模分布	高企业 规模分布	低企业 规模分布	高企业 规模分布	低企业 规模分布	高企业 规模分布
Cragg-Donald WaldF 统计量	297.793	194.564	306.270	207.616	297.941	194.709
Hansen J 统计量 P 值	3.596 (0.3085)	3.476 (0.3239)	4.355 (0.2256)	3.285 (0.3497)	1.960 (0.5807)	2.860 (0.4137)
N	274 870	311 115	277 632	308 353	274 984	311 001

列（1）、列（2）的被解释变量为全部创新，列（3）、列（4）的被解释变量为实质性创新，列（5）、列（6）的被解释变量为策略性创新。可以看到，对实质性创新而言，见列（3）、列（4），不管企业规模分布状态是高还是低，帕累托指数提高都会显著促进创新（系数为 0.6532、0.2059）。对策略性创新而言，这种促进作用只在低企业规模分布下显著（系数为 0.4816），在高企业规模分布下则不显著（系数为 0.1104）。在低企业规模分布状态下，见列（3）、列（5），政府补贴显著促进企业的实质性创新（系数为 0.0003），抑制了策略性创新（系数为 -0.0009）。在高企业规模分布状态下，见列（4）、列（6），政府补贴对实质性和策略性创新都起抑制作用（系数分别为 -0.0009、-0.0013）。

6.6　本章小结

本章在第 5 章实证检验的基础上，基于我国企业规模分布最优状态有别于西方发达国家这一发现，从经济发展水平、市场发育程度、企业产权性质三个维度探析企业规模分布、政府补贴对企业创新的影响是否存在异质性。其中，经济发展水平从行业和地区的角度去解读，对行业是以产业生命周期、要素密集类型进行分组，对地区是以东中西区域进行分组；市场发育程度是以各省市场化指数作为参考，划分为市场化程度高中低三个组；企业产权性质是以国有和非国有两类进行分组。由于所有分组均呈现出企业规模分布与创新之间显著的倒 U 形关系，本章对每个分组的倒 U 形曲线顶点左右两边分别进行检验，进一步验证在不同企业规模分布状态下政府补贴和企业规模分布变动对创新的影响。

第 7 章

研究结论、政策启示与研究展望

7.1　主　要　结　论

企业是创新的主体，如何促进企业创新，尤其是促进高质量、实质性的创新，是全社会关注的热点。本书构建了伯川德模型进行理论推导，同时以中国制造业为研究对象在实证层面探讨了政府补贴、企业规模分布与制造业创新的关系，并进一步从行业、地区和产权属性等方面探讨差异性。本书研究结论如下。

（1）政府补贴通过企业规模分布显著促进制造业企业创新，但这种促进作用存在异质性。企业规模分布是政府补贴影响制造业企业创新的中介路径，政府补贴显著促进了创新，但这种促进作用存在异质性。在低企业规模分布下，政府补贴对不同产业生命周期、地域、市场化程度的地区和劳动密集型、技术密集型企业、国有企业的实质性、策略性创新都起到促进作用；对非国有企业和资本密集型企业显著促进了实质性创新，而不显著地抑制了策略性创新。在高企业规模分布下，政府补贴促进了衰退期、中等市场化程度和中部地区企业的实质性、策略性创新，也促进了技术密集型企业的实质性创新，促进了劳动、资本密集型企业、高市场化地区、东部地区和国有企业的策略性创新，而对其他分组类型下的创新则起抑制作用。

（2）存在一个促进制造业企业创新的政府补贴最适区间。当政府补贴强度区间为［0.0001，0.0002］时，其对创新的促进效应最大。如果补贴强度小于这个区间，则对创新的促进效果并非最好，而当补贴强度大于这个区间时，反而会对创新产生抑制效应。这是因为高强度的补贴容易引起企业寻租行为，对企业创新支出产生挤出效应。区分了不同类型的创新进行检验发现，政府补贴对实质性创新不存在门槛，这意味着样本中的政府补贴强度远未达到对实质性创新的影响产生突变的强度；而对策略性创新的补贴强度最适区间是［0.0005，0.0007］。当政府补贴强度大于这个区间时，政府补贴会抑制企业的策略性创新。

（3）企业规模分布与创新之间呈倒 U 形关系，且企业规模分布的最优状态是向下偏离西方发达国家经验数据得到的齐夫分布。实证检验发现，企业规模分布显著影响企业创新，企业规模分布与企业创新之间存在显著的倒 U 形关系，且这种关系不受企业产权性质、所在区域和要素类型的影响，在所有回归中均显著。在到达倒 U 形曲线的顶点（即帕累托指数达到 0.759）前，帕累托指数提高会显著促进企业创新，政府补贴对创新也是显著促进作用。当到达倒 U 形曲线的顶点（即帕累托指数达到 0.759）之后，帕累托指数的提高会显著抑制企业创新，政府补贴对创新的促进作用也不显著。这是因为企业规模分布实际上反映了一个经济体（或行业）的生态特征和健康状态（杨其静等，2010；李旭超等，2017），从企业规模分布我们可以判断一个行业的竞争程度和资源配置整体情况。以西方发达国家为样本的研究认为，齐夫分布（即帕累托指数为 1）是企业规模均匀分布的理想情形，反映了资源在市场充分竞争环境下的最优配置结果（Takayasu and Okuyama，1998；Axtell，2001）。在我国帕累托指数整体小于 1 的现实情境下，帕累托指数的提高意味着行业内竞争的加剧和资源配置的优化，有利于企业创新，但这种促进作用存在一定阈值，当到达倒 U 形曲线的顶点（即帕累托指数达到 0.759）时，帕累托指数再提高则代表了过度竞争和资源配置的扭曲，对创新的促进作用不再显著，补贴对创新的促进作用也不再显著。这也意味着，对我国企业创新而言，最优的企业规模分布状态并不是齐夫分布（帕累托指数为 1），而是帕累托指数为 0.759，这是基于我国国情的最优企业规模分布状态，有别于西方发达国家。

7.2　政 策 启 示

党的十九届五中全会指出，我国的创新能力还不适应高质量发展要求，要坚持创新在我国现代化建设中的核心地位，坚持创新驱动发展，提升企业创新能力，鼓励企业加大研发投入，发挥大企业引领支撑作用，支持创新型中小微企业成长为创新重要发源地，加强共性技术平台建设，推动产业链上中下游、大中小企业融通创新。可见，创新，尤其是企业创新，在未来一段时间都将是全社会持续关注的重点之一。基于本书上述研究结论，现提出以下三点政策启示。

（1）加强政府补贴的顶层设计，强化补贴规范性。在第 3 章的现状分析中，本书指出目前政府补贴实施中存在补贴名目繁多、期限长短不一、各地多寡不等，缺乏统一规范等问题。这些问题的存在，一定程度上引起了政府补贴监管不到位、绩效不明晰、统计不完整，理论研究开展难度大。因此，政府应完善补贴相关的法律法规，运用法律对政府补贴的导向和边界加以规范，政府补贴政策的出台既要服务于国家战略目标、符合我国国情和时代发展需要，改善目前地方性政府补贴政策自由度过大的状态，避免造成资源配置的扭曲，又要与国际接轨，与 WTO 规则相衔接。此外，在法律法规允许的范围内，从补贴政策出台，到补贴标准、补贴方式、补贴对象、补贴成效都应公开，以便于社会监督，同时为学者开展理论研究奠定良好的数据基础，有利于为今后的政策制定提供更有针对性的建议。

（2）实施差异化的补贴政策，将企业规模分布等因素纳入考虑，促进企业实质性创新。在第 4 章的理论模型中，我们发现政府补贴对于企业创新是把"双刃剑"，可能既有促进效应，也有抑制效应。在第 5 章的实证检验中，我们发现政府补贴对创新的影响存在异质性。因此，为了促进企业创新，政府应该分类施策，改变传统"撒胡椒面"式的普惠性补贴手段，具体要从以下三个方面着手。

一是将企业规模分布作为政府补贴政策制定的重要考量因素。现有研究表明，政府补贴会影响企业规模分布（杨其静等，2010），而本书的检验表明，企业规模分布是政府补贴影响创新的中介路径，即政府补贴通过影响企业规模分布进而影响创新。本书实证检验发现，企业规模分布对创新存在显著的倒 U 形影响，对我国创新而言，最优的企业规模分布是帕累托指数为 0.759，而不是西方发达国家经验数据得出的 1。因此，本书认为政府补贴政策在制定时应重视考察行业异质性，引导行业内的企业规模分布状态往"最优"状态去发展，这样才有利于促进创新。

二是政府补贴政策应充分考虑企业的产权属性、区域属性和行业类型。目前在我国政府补贴政策的制定中，单个企业的规模经常成为政策加以考虑的因素，因此我们看到许多专门针对特定规模企业的政策，比如科技创新券就是专门针对中小企业的政策。事实上，不同地区的不同行业内，其企业规模分布状态可能差异较大，如果没有区分行业整体情况，只根据企业规模采用"一刀切"的方式，针对所有行业或所有地区的特定规模企业都进行补贴，可能不能取得很好的效果。在第 5 章的实证检验中，我们知道政府补贴对创新促进作用会因创新类型、产权属性、区域属性、要素密集度、产业生命周期、地区市场化程度的不同而有很大差异。因此，在制定补贴政策时应综合考虑企业的产权属性、所在区域、行业特征等多个因素，结合地区或行业发展需要和短板弱项，有的放矢、集中力量精准扶持，体现目标导向和问题导向。

三是以支持实质性创新为落脚点优化补贴对象筛选机制，激发更多企业开展创新，提升补贴政策的规模效应。创新能力较强的大企业、成熟期企业在经济发展中确实起到一定的带动引领作用，但经济高质量发展需要现代化产业体系作支撑，而现代化产业体系的建成需要各行业、产业链各环节大量企业的创新和转型升级才能实现，并不是依靠少数创新能力较强的大企业和成熟期企业就能够完成的。因此，政府补贴的对象不能局限于已有创新成果的成熟期企业，更要关注那些有创新意愿但暂时不完全具备创新能力或没有创新成果的成长期企业、中小企业，让这些企业在资金等方面得到助力，引导更多企业加入创新大军，支持创新型中小微企业成长为创新重要发源地，形成创新的"百花齐放"，这样对于已有创新成果的企业而言也起到鞭策和竞争作用，有利于进一步激发市场活力。

（3）完善政府补贴的全链条管理，在适度区间内实施补贴政策，增强补贴有效性。在第 3 章的分析中，本书以科技创新券为例指出目前政府补贴的监管主要集中在甄别申请对象及其条件的真实性上，对补贴的绩效没有完整追踪或只关注补贴的杠杆效应、乘数效应，而未关注其对创新的促进效果。第 5 章对政府补贴最适区间的考察发现，政府补贴对实质性创新并没有存在门槛效应，这可能意味着我们的政府补贴对促进实质性创新而言远未达到补贴太多引起反作用的拐点。而政府补贴对策略性创新的补贴强度最适区间为 ［0.0005，0.0007］，一旦超过这个区间，政府补贴对策略性创新会起抑制作用，此时的政府补贴不仅没有发挥促进创新的作用，反而会阻碍一些企业退出市场，影响整个市场的创新。基于这些结论，本书认为，为了提高我国创新质量，提高政府补贴对创新的促进效果，应做到以下三点。一是加强全流程政策绩效管理。建议从补贴政策出台，到补贴标准、方式、对象、成效都予以公开，以便社会监督。同时，应加强理论研究成果与实践评价结果的结合应用，对用于研发、环保、扶贫等方面的政府补贴绩效评价应考虑资金投入和实际成效之间存在滞后性的问题，合理设定中长期绩效目标，避免短视行为。二是坚持因地制宜强化政策执行管理。在申报补贴资金时相关企业自我定目标、自我承诺，并在补贴资金使用过程中加强过程管理，督促被补贴企业按照实施计划和实施方案履行承诺，按照预定的方式方法落实进度，切实将补贴资金的使用转化为自身创新能力的提升。三是适当考量各地区各行业对策略性创新的需求，在适度区间内对策略性创新进行补贴，要避免补贴过度引发实用新型专利大量增长造成对发明专利挤出效应的"实用新型专利制度使用陷阱"。

7.3　研　究　展　望

本书构建了政府补贴、企业规模分布与企业创新的理论模型，并根据理论推导出的假说进行实证检验，得出了政府补贴、企业规模分布对制造业创新的影响效应，为我国政府补贴政策的实施提供了依据和启示。限于篇幅、数据来源和作者研究水平，本书的探讨存在一些不完善的地方，未尽之处可作为未来继续研究和努力的方向。

（1）企业规模分布影响创新的传导机制有待深入研究。同是规模分布的研究，城市规模分布的影响效应和传导机制已有不少学者开展研究，而企业规模分布的影响效应研究较少。本书通过理论和实证验证了企业规模分布与创新存在显著的倒 U 形关系，但企业规模分布如何影响创新，其传导机制在本书中研究还不够深入，可作为今后继续深入探索的方向之一。

（2）样本数据有待补充和延长。本书为获得尽可能多的样本以准确测算企业规模分布，采用中国工业企业数据库的数据，这是我国目前微观企业数据量最大的数据库之一，但其时间范围为 1998～2013 年，因此 2013 年之后企业规模分布走势和政府补贴政策调整未能纳入本书的分析，今后还需进一步观测和进行实证分析，以期得到更全面的结果。

参 考 文 献

［1］安同良，施浩，Ludovico A. 中国制造业企业 R&D 行为模式的观测与实证——基于江苏省制造业企业问卷调查的实证分析［J］. 经济研究，2006（2）：21－30，56.

［2］白俊红. 中国的政府 R&D 资助有效吗？来自大中型工业企业的经验证据［J］. 经济学季刊，2011（4）：1375－1400.

［3］白俊红，卞元超. 要素市场扭曲与中国创新生产的效率损失［J］. 中国工业经济，2016（11）：39－55.

［4］［美］保罗·克鲁格曼，战略性贸易政策与新国际经济学［M］. 北京：中国人民大学出版社，2000.

［5］卜振兴，陈欣. 基于 SCP 范式的集中度与研发度相关性研究——以中国高技术产业为例［J］. 中国发展，2010，10（4）：36－43.

［6］曹建海，江飞涛. 中国工业投资中的重复建设与产能过剩问题研究［M］. 北京：经济管理出版社，2010.

［7］陈冬华，姚振晔，新夫. 中国产业政策与微观企业行为研究：框架、综述与展望［J］. 会计与经济研究，2018（1）：51－71.

［8］陈瑾玫. 中国产业政策效应研究［M］. 北京：北京师范大学出版社，2011.

［9］陈林. 中国工业企业数据库的使用问题再探［J］. 经济评论，2018（6）：140－153.

［10］陈瑞，郑毓煌，刘文静. 中介效应分析：原理、程序、Boot-strap 方法及其应用［J］. 营销科学学报，2013（4）：120－135.

［11］陈钰芬，周昇，黄梦娴. 政府科技资助对引导企业 R&D 投入的杠杆效应分析——基于浙江省规模以上工业企业 R&D 投入面板数据的实证分析［J］. 科技进步与对策，2012（1）：21－26.

[12] 池仁勇. 不同规模企业的技术创新比较分析 [J]. 软科学, 2002 (4): 84 - 88.

[13] 戴魁早, 刘友金. 行业市场化进程与创新绩效——中国高技术产业的经验分析 [J]. 数量经济技术经济研究, 2013 (9): 37 - 54.

[14] 戴小勇, 成力为. 产业政策如何更有效: 中国制造业生产率与加成率的证据 [J]. 世界经济, 2019 (3): 69 - 93.

[15] 丁从明, 梁甄桥, 常乐. 城市规模分布与区域经济增长——来自中国的证据 [J]. 世界经济文汇, 2015 (5): 91 - 117.

[16] 董宁, 金祥荣. 企业规模与创新模式选择 [J]. 财经问题研究, 2018 (8): 98 - 104.

[17] 方杰, 张敏强. 中介效应的点估计和区间估计: 乘积分布法、非参数 Bootstrap 和 MCMC 法 [J]. 心理学报, 2012 (44): 1408 - 1420.

[18] 方明月. 企业规模研究的新方法: 基于分布定律的视角 [J]. 制度经济学研究, 2010 (1): 209 - 224.

[19] 傅晓霞, 吴利学. 前沿分析方法在中国经济增长核算中的适用性 [J]. 世界经济, 2007 (7): 56 - 66.

[20] 傅元海, 叶祥松, 王展祥. 制造业结构变迁与经济增长效率提高 [J]. 经济研究, 2016 (8): 86 - 100.

[21] 高良谋, 李宇. 企业规模与技术创新倒 U 关系的形成机制与动态拓展 [J]. 管理世界, 2009 (8): 113 - 123.

[22] 郭树龙, 刘文彬. 房价上涨对企业规模分布的影响研究 [J]. 财经研究, 2017 (11): 44 - 56.

[23] 郭晓丹, 刘海洋. 中国战略性新兴产业规模分布与创新影响 [J]. 财经问题研究, 2013 (11): 23 - 30.

[24] 韩超, 孙晓琳, 肖兴志. 产业政策实施下的补贴与投资行为: 不同类型政策是否存在影响差异? [J]. 经济科学, 2016 (4): 30 - 42.

[25] 黄先海, 宋学印, 诸竹君. 中国产业政策的最优实施空间界定——补贴效应、竞争兼容与过剩破解 [J]. 中国工业经济, 2015 (4): 57 - 69.

[26] 胡鞍钢. 中国特色的公共决策民主化——以制定"十二五"规划为例 [J]. 清华大学学报 (哲学社会科学版), 2011 (2): 43 - 50, 158.

［27］黄群慧.中国产业政策的根本特征与未来走向［J］.探索与争鸣，2017（1）：38－41.

［28］黄群慧.改革开放40年中国的产业发展与工业化进程［J］.中国工业经济，2018（9）：5－23.

［29］寇宗来，刘学悦.中国企业的专利行为：特征事实以及来自创新政策的影响［J］.经济研究，2020（3）：83－99.

［30］季良玉，李廉水.中国制造业产业生命周期研究——基于1993—2014年数据的分析［J］.河海大学学报（哲学社会科学版），2016（1）：30－37，90.

［31］江飞涛，李晓萍.直接干预市场与限制竞争：中国产业政策的取向与根本缺陷［J］.中国工业经济，2010（9）：26－36.

［32］江飞涛，李晓萍，改革开放四十年中国产业政策演进与发展——兼论中国产业政策体系的转型.管理世界［J］.2018（10）：73－85.

［33］康志勇.政府补贴促进了企业专利质量提升吗？［J］.科学学研究，2018（1）：69－80.

［34］李洪亚，史学贵，张银杰.融资约束与中国企业规模分布研究——基于中国制造业上市公司数据的分析［J］.当代经济科学，2014（2）：95－109，127－128.

［35］李洪亚.生产率、规模对企业成长与规模分布会有什么样的影响？——基于1998—2007年中国非制造业工业企业数据的实证研究［J］.南开经济研究，2016（2）：92－115.

［36］李晓华.产业组织的垂直解体与网络化［J］.中国工业经济，2005（7）：28－35.

［37］李旭超，罗德明，金祥荣.资源错置与中国企业规模分布特征［J］.中国社会科学，2017（2）：25－43，205－206.

［38］李宇，张瑶.制造业产业创新的企业规模门槛效应研究——基于门槛面板数据模型［J］.宏观经济研究，2014（11）：96－106.

［39］黎文靖，郑曼妮.实质性创新还是策略性创新？——宏观产业政策对微观企业创新的影响［J］.经济研究，2016（4）：60－73.

［40］林毅夫.产业政策与我国经济的发展：新结构经济学的视角

[J]. 复旦学报（社会科学版），2017（2）：148 – 153.

[41] 刘斌，袁其刚，商辉. 融资约束、歧视与企业规模分布——基于中国工业企业数据的分析 [J]. 财贸经济，2015（3）：72 – 87.

[42] 刘炼，杨翔. 论废除烟草专卖制度 [J]. 价格与市场，2002（7）：34.

[43] 刘洪民，刘炜炜. 改革开放40周年中国制造业创新发展的历史回顾与思考 [J]. 技术与创新管理，2019（1）：1 – 8.

[44] 刘戒骄，张小筠，王文娜. 新中国70年产业组织政策变革及展望 [J]. 经济体制改革，2019（3）：5 – 11.

[45] 刘尚希，傅志华，李成威，于雯杰. 构建现代财政补贴体系理论研究 [J]. 财政研究，2019（9）：3 – 11.

[46] 刘社建. 中国产业政策的演进、问题及对策 [J]. 学术月刊，2014（2）：79 – 85.

[47] 陆铭，冯皓. 集聚与减排：城市规模差距影响工业污染强度的经验研究 [J]. 世界经济，2014（7）：86 – 114.

[48] 毛昊，尹志锋，袁张锦. 中国创新能够摆脱野实用新型专利制度使用陷阱冶吗 [J]. 中国工业经济，2018（3）：98 – 115.

[49] 毛其淋，许家云. 政府补贴对企业新产品创新的影响——基于补贴强度"适度区间"的视角 [J]. 中国工业经济，2015（6）：94 – 107.

[50] 聂辉华，谭松涛，王宇锋. 创新、企业规模和市场竞争：基于中国企业层面的面板数据分析 [J]. 世界经济，2008（7）：57 – 66.

[51] 聂辉华，江艇，杨汝岱. 中国工业企业数据库的使用现状和潜在问题 [J]. 世界经济，2012（5）：142 – 158.

[52] 平新乔. 新一轮国企改革的特点、基本原则和目标模式 [J]. 经济纵横，2015（2）：1 – 6.

[53] 邵敏，包群. 地方政府补贴企业行为分析：扶持强者还是保护弱者？[J]. 世界经济文汇，2011（1）：56 – 72.

[54] 申宇，黄昊，赵玲. 地方政府"创新崇拜"与企业专利泡沫 [J]. 科研管理，2018（4）：83 – 91.

[55] 盛斌，毛其淋. 贸易自由化、企业成长和规模分布 [J]. 世界经济，2015（2）：3 – 30.

［56］［美］斯蒂格利茨，沃尔什．经济学［M］．黄险峰，张帆，译．北京：中国人民大学出版社，2013．

［57］石建中．中国企业规模分布的形态及特征分析［J］．华东经济管理，2010（12）：51–55．

［58］孙斌栋，李琬．城市规模分布的经济绩效——基于中国市域数据的实证研究［J］．地理科学，2016（3）：328–334．

［59］孙开，我国财政补贴的现状和对策［J］．学术研究，1992（3）：15–18．

［60］孙学敏，王杰．环境规制对中国企业规模分布的影响［J］．中国工业经济，2014（12）：44–56．

［61］孙早，郭林生，肖利平．企业规模与企业创新倒U型关系再检验——来自中国战略性新兴产业的经验证据［J］．上海经济研究，2016（9）：33–42．

［62］［法］梯若尔．市场失灵和公共政策［M］．唐伟霞，李婧，译//比较，2016（6）：1–21．

［63］［美］托马斯·戴伊．理解公共政策（第11版）［M］．北京：北京大学出版社，2008．

［64］王贵东．1996–2013年中国制造业企业TFP测算［J］．中国经济问题，2018（4）：88–99．

［65］王立国，高越青．建立和完善市场退出机制有效化解产能过剩［J］．宏观经济研究，2014（10）：8–21．

［66］王林．我国烟草行业发展现状及对策研究［J］．商界论坛，2014（17）：173，163．

［67］王晓珍，邹鸿辉．产业政策对风电企业创新绩效的作用机制分析——基于时滞和区域创新环境的考量［J］．研究与发展管理，2018（2）：33–45．

［68］王伟同，魏胜广．人口向小城市集聚更节约公共成本吗［J］．财贸经济，2016（6）：146–160．

［69］王永进，盛丹，李坤望．中国企业成长中的规模分布——基于大企业的研究［J］．中国社会科学，2017（3）：26–47，204–205．

［70］王永钦，李蔚，戴芸．僵尸企业如何影响了企业创新？——来

自中国工业企业的证据 [J]. 经济研究, 2018 (11): 99 - 114.

[71] 王争, 史晋川. 转型时期中国工业生产绩效的地区差异及波动性的解释——基于随机前沿生产函数的分析 [J]. 世界经济文汇, 2007 (4): 29 - 45.

[72] 王志华, 董存田. 我国制造业结构与劳动力素质结构吻合度分析——兼论 "民工荒"、"技工荒" 与大学生就业难问题 [J]. 人口与经济, 2012 (5): 1 - 7.

[73] 温忠麟, 刘红云, 侯杰泰. 调节效应和中介效应分析 [M]. 北京: 教育科学出版社. 2012.

[74] 温忠麟, 叶宝娟. 中介效应分析: 方法和模型发展 [J]. 心理科学进展, 2014 (5): 731 - 745.

[75] 吴福象, 周绍东. 企业创新行为与产业集中度的相关性——基于中国工业企业的实证研究 [J]. 财经问题研究, 2006 (12): 29 - 33.

[76] 吴敬琏, 中国经济 60 年 [J]. 比较, 2010 (3): 19 - 44.

[77] 晏艳阳, 王娟, 产业政策如何促进企业创新效率提升 [J]. 产经评论, 2018 (5): 57 - 74.

[78] 夏清华, 娄汇阳. 规模与垄断如何影响企业商业模式创新——对熊彼特假说的新检验 [J]. 学习与实践, 2018 (4): 22 - 34.

[79] 肖利平, 许巍峰. 工业企业数据库在企业经济行为研究中的应用——视角、合并与拓展 [J]. 外国经济与管理, 2018 (3): 137 - 152.

[80] 谢小平, 王贤彬. 城市规模分布演进与经济增长 [J]. 南方经济, 2012 (6): 58 - 73.

[81] 邢斐, 王红建. 企业规模、市场竞争与研发补贴的实施绩效 [J]. 科研管理, 2018 (7): 43 - 49.

[82] 徐朝阳, 周念利. 市场结构内生变迁与产能过剩治理 [J]. 经济研究, 2015 (2): 75 - 87.

[83] 徐林. 国际贸易规则下的中国产业政策如何优化 [J]. 中国改革, 2018 (4): 22 - 30.

[84] 徐晓萍, 张顺晨, 许庆. 市场竞争下国有企业与民营企业的创新性差异研究 [J]. 财贸经济, 2017 (2): 141 - 155.

[85] 杨其静, 李小斌, 方明月. 市场、政府与企业规模分布——一

个经验研究 [J]. 世界经济文汇，2010 (1)：1 – 15.

[86] 叶林. 企业规模与创新技术选择 [J]. 经济评论，2014 (6)：138 – 148.

[87] 袁建国，后青松，程晨. 企业政治资源的诅咒效应——基于政治关联与企业技术创新的考察 [J]. 管理世界，2015 (1)：139 – 155.

[88] 余明桂，回雅甫，潘红波. 政治联系、寻租与地方政府财政补贴有效性 [J]. 经济研究，2010 (3)：65 – 77.

[89] 张亮靓，孙斌栋. 极化还是均衡：重塑大国经济地理的战略选择——城市规模分布变化和影响因素的跨国分析 [J]. 地理学报，2017 (8)：1419 – 1431.

[90] 张龙鹏，汤志伟. 产业政策的资源误置效应及其微观机制研究 [J]. 财贸研究，2018 (12)：1 – 13.

[91] 张国有. 建造国有企业的初衷——共和国初期阶段国有企业存在的理由 [J]. 经济与管理研究，2014 (10)：27 – 35.

[92] 张虎，韩爱华. 中国城市制造业与生产性服务业规模分布的空间特征研究 [J]. 数量经济技术经济研究，2018 (9)：96 – 109.

[93] 张辉，刘佳颖，何宗辉. 政府补贴对企业研发投入的影响——基于中国工业企业数据库的门槛分析 [J]. 经济学动态，2016 (12)：28 – 38.

[94] 张杰，郑文平，翟福昕. 竞争如何影响创新：中国情景的新检验 [J]. 中国工业经济，2014 (11)：56 – 68.

[95] 张杰，高德步，夏胤磊. 专利能否促进中国经济增长——基于中国专利资助政策视角的一个解释 [J]. 中国工业经济，2016 (1)：83 – 98.

[96] 张杰. 政府创新补贴对中国企业创新的激励效应——基于 U 型关系的一个解释 [J]. 经济学动态，2020 (6)：91 – 108.

[97] 张巍，孙宝文，王天梅，朱艳春，张宇. 互联网企业规模与成长是否遵循 Gibrat 定律——基于 2008 – 2012 年上市公司数据的实证检验 [J]. 中央财经大学学报，2013 (6)：86 – 90.

[98] 张少华，张天华. 企业规模分布"中间迷失"现象研究进展 [J]. 经济学动态，2017 (4)：142 – 150.

[99] 张天华，陈博潮，刘宜坤. 行政审批制度改革如何缓解企业规模分布扭曲？[J]. 经济评论，2019（4）：32-48.

[100] 张维迎. 产业政策是与非 [J]. 商业观察，2016（11）：12-13.

[101] 章韬，孙楚仁. 贸易开放、生产率形态与企业规模 [J]. 世界经济，2012（8）：40-66.

[102] 赵颖. 中小城市规模分布如何影响劳动者工资收入？[J]. 数量经济技术经济研究，2013（11）：39-55.

[103] 郑玉. 政府补贴的创新效应——兼论不同类型创新的最适补贴区间 [J]. 经济经纬，2020（4）：142-149.

[104] 支宏娟，姜凌. 银行业竞争与企业规模分布——基于工业企业数据的实证分析 [J]. 贵州财经大学学报，2018（5）：35-43.

[105] 周黎安，罗凯. 企业规模与创新：来自中国省级水平的经验证据 [J]. 经济学（季刊），2005（2）：623-638.

[106] 周煊，程立茹，王皓. 技术创新水平越高企业财务绩效越好吗？——基于16年中国制药上市公司专利申请数据的实证研究 [J]. 金融研究，2012（8）：166-179.

[107] A Bienaymé, PhlipsL. Effects of Industrial Concentration: A Cross-Section Analysis for the Common Market [J]. Journal of Political Economy, 1971, 23（4）: 766-771.

[108] Adams W J. Firm Size and Research Activity: France and the United States [J]. Quarterly Journal of Economics, 1970, 84（3）: 386-409.

[109] Aghion P, Bloom N, Griffith R et al. Competition and Innovation: An Inverted U Relationship [J]. Quarterly Journal of Economics, 2005, 120（2）.

[110] Aghion P, Jing C, Dewatripont M et al. Industrial Policy and Competition [J]. American Economic Journal: Macroeconomics, 2015, 7（4）: 1-32.

[111] Agrawal A, Jaffe J F, Mandelker G N. The Post-Merger Performance of Acquiring Firms: A Re-examination of an Anomaly [J]. Journal of Finance, American Finance Association, 1992, 47（4）: 1605-1621.

[112] Alecke B, Mitze T, Reinkowski J et al. Does Firm Size make a

Difference? Analysing the Effectiveness of R&D Subsidies in East Germany [J]. German Economic Review, 2012, 13 (2): 174 – 195.

[113] Almus M, Czarnitzki D. The Effects of Public R&D Subsidies on Firms' Innovation Activities: The Case of Eastern Germany [J]. ZEW Discussion Papers, 2003, 21 (2): 226 – 236.

[114] Angelmar R. Market Structure and Research Intensity in High Technological Opportunity Industries [J]. Journal of Industrial Economics, 1985, 34 (1): 69 – 79.

[115] Anne O K, Baran T. An Empirical Test of the Infant Industry Argument [J]. American Economic Review, 1982 (72): 1142 – 1152.

[116] Arrow K J. Economic Welfare and the Allocation of Resources for Invention [J]. Social Science Electronic Publishing, 1962.

[117] Audretsch A. Innovation in Large and Small Firms: An Empirical Analysis [J]. American Economic Review, 1988, 78 (4): 678 – 690.

[118] Axtell R. Zipf Distribution of US Firm Sizes [J]. Science, 2001: 1818 – 1820.

[119] Baron R M, Kenny D A. The Moderator-mediator Variable Distinction in Social Psychological Research: Conceptual, Strategic, and Statistical Considerations. [J]. Chapman and Hall, 1986, 51 (6): 1173 – 1182.

[120] Barron D N, West E, Hannan M T. A Time to Grow and a Time to Die: Growth and Mortality of Credit Unions in New York City 1914 – 1990 [J]. American Journal of Sociology, 1994 (100): 381 – 421.

[121] Blundell R, Griffith R, Reenen J V. Dynamic Count Data Models of Technological Innovation [J]. Economic Journal, 1995, 105 (429): 333 – 344.

[122] Boeing P. The Allocation and Effectiveness of China's R&D Subsidies—Evidence from Listed Firms [J]. Research Policy, 2016, 45 (9).

[123] Bound J, Cummins C, Griliches Z et al. Who Does R&D and Who Patents? [M]//Griliches Z et al. R&D, Patents and Productivity. Chicago: University of Chicago Press, 1984.

[124] Bottazzi G, Dosi G, Lippi M et al. Innovation and Corporate

Growth in the Evolution of the Drug Industry [J]. International Journal of Industrial Organization, 2001, 19 (7): 1161 - 1187.

[125] Bottazzi G, Secchi A. Explaining the Distribution of Firm Growth Rates [J]. The rand journal of economics, 2006 (2): 37.

[126] Braga H, Willmore L. Technological Importsand Technological Effort: An Analysis of their Determinants inBrazilian Firms [J]. Journal of Industrial Economics, 1991, 39 (4): 421 - 432.

[127] Brollo F, Nannicini T R, Perotti, Tabellini G. The Political Resource Curse [J]. American Economic Review, 2013, 103 (5): 783 - 794.

[128] Brzezinski Z, Huntingtons P. Political Power: USA/USSR [M]. New York: Viking Press, 1964.

[129] Cabral L, Mata J. On the Evolution of the Firm Size Distribution: Facts and Theory [J]. American Economic Review, 2003, 93 (4): 1075 - 1090.

[130] Cabral L, Sunk C. Firm Size and Firm Growth [J]. Journal of Industrial Economics, 1995, 43 (2): 161 - 72.

[131] Cai H, Liu Q. Competition and Corporate Tax Avoidance: Evidence from Chinese Industrial Firms [J]. Economic Journal, 2009, 119 (537): 764 - 795.

[132] Callon J. Competitive Advantage Through Information Technology [M]. New York: Mc Graw-Hill Education, 1995.

[133] Ceralli G, Poti B. The Differential Impact of Privately and Publicly Funded R&D on R&D Investment and Innovation: The Italian case [J]. Prometheus, 2012, 30 (1): 113 - 149.

[134] Cheung, Mike W L. Comparison of Approaches to Constructing Confidence Intervals for Mediating Effects Using Structural Equation Models [J]. Structural Equation Modeling A Multidisciplinary Journal, 2007, 14 (2): 227 - 246.

[135] Chris F, Luc S. The Economics of Industrial Innovation [Z]. A Cassell Imprint, 1997.

[136] Christensen C M. The Innovator's Dilemma: When New Technolo-

gies Cause Great Firms to Fail [J]. Harper Business, 1997.

[137] Cirillo P. An Analysis of the Size Distribution of Italian Firms by Age [J]. Physica A Statistical Mechanics & Its Applications, 2012, 389 (3): 459 – 466.

[138] Clausen T H. Do Subsidies have Positive Impacts on R&D and Innovation Activities at the Firm Level? [J]. Structural Change & Economic Dynamics, 2009, 20 (4): 239 – 253.

[139] Cohen W M, Klepper S. Firm Size and the Nature of Innovation Within Industries: The Case of Process and Product R&D [J]. Review of Economics&Statistics, 1996, 78 (78): 232 – 243.

[140] Czarnitzki D, Hottenrott H, Thorwarth S. Industrial Research Versus Development Investment: The implications of Financial Constraints [J]. Social Science Electronic Publishing, 2010, 35 (3): 1 – 24.

[141] Dasgupta P, Stiglitz J. Industrial Structure and the Nature of Innovative Activity [J]. The Economics Journal, 1980, 90 (358): 266 – 293.

[142] Dippel C, Ferrara A, Heblich S. Causal Mediation Analysis in Instrumental-variables Regressions [J]. Stata Journal, 2020 (20).

[143] David P, Hall B, Toole A A. Is Public R&D a Complement or Substitute for Private R&D? A Review of the Econometric Evidence [J]. Bronwyn Hall, 1999.

[144] Dinopoulos E, Syropoulos C. Rent Protection as a Barrior to Innovation and Growth [J]. Economic Theory, 2007, 32 (2): 309 – 332.

[145] Dixit A. Entry and Exit Decisions under Uncertainty [J]. Journal of Political Economy, 1989, 97 (2): 620 – 638.

[146] Dosi G, Marengo L, Pasquali C. How Much Should Society Fuel the Greed of Innovators? On the Relations Between Appropriability, Opportunities and Rates of Innovation [J]. Research Policy, 2006, 35 (8): 1110 – 1121.

[147] Dunne P, Hughes A. Age, Size, Growth and Survival: UK Companies in the 1980s [J]. Journal of Industrial Economics, 1994, 42 (2): 115 – 140.

[148] Ernst D. Catching-up, Crisis and Truncated Industrial Upgrading, Evolutionary Aspects of Technological Learning in East Asia's Electronics Industry [M]. BRIE, University of California at Barkeley, 1998.

[149] Evans D. Tests of Alternative Theories of Firm Growth [J]. Journal of Political Economy, 1987, 95 (4): 657-674.

[150] Fritz M S, Mackinnon D P. Required Sample Size to Detect the Mediated Effect [J]. Psychological Science, 2007, 18 (3): 233-239.

[151] Fujiwara Y, Guilmi C D, Aoyama H et al. Do Pareto-Zipf and Gibrat laws hold true? An analysis with European Firms [J]. Physica A Statistical Mechanics & Its Applications, 2003, 335 (1-2): 197-216.

[152] Gabaix X, Landier A. Why has CEO Pay Increased so Much? [J]. Quarterly Journal of Economics, 2008, 123 (1): 49-100.

[153] Gabaix X, Ibragimov R. Rank-1/2: A Simple Way to Improve the OLS Estimation of Tail Exponents [J]. Journal of Business and Economic Statistic, 2001, 29 (1): 24-39.

[154] Galbraith J K. American Capitalism: The Concept of Countervailing Power [M]. Boston: Houghton-Mifflin, 1952.

[155] Galbraith J K. American Capitalism, Revised edition [M]. Boston: Houghton Miff lin, 1956.

[156] Gayle P G. Market Concentration and Innovation: New Empirical Evidence on the Schumpeterian Hy pothesis [Z]. Discussion Papers in Economics, working paper No. 01 - 14, Centerfor Economic Analysis, University of Colorado, 2001.

[157] Geroski P A, Lazarova S, Walters G. Are Differences in Firm Size Transitory or Permanent? [J]. Journal of Applied Econometrics, 2003, 18 (1): 47-59.

[158] Gibrat R. Les Inkgalitks Economiques [M]. Paris: Librairie du Recueil Sirey, 1931.

[159] Giovanni J D, Levchenko A A. Country Size, International Trade, and Aggregate Fluctuations in Granular Economies [J]. National Bureau of Economic Research, Inc, 2011 (6): 1083-1132.

［160］Giovanni J D, Levchenko A, Mejean I. Firms, Destinations, and Aggregate Fluctuations ［J］. Econometrica, 2014, 82 (4): 1303 – 1340.

［161］Globerman S. Market structure and R&D in Canadian manufacturing industries ［J］. The Quarterly Review of Economics and Business, 1973, 13 (2): 59 – 68.

［162］Greenwald B C, Stiglitz J E. Externalities in Economies with Imperfect Information and Incomplete Markets ［J］. The Quarterly Journal of Economics, 1986, 101 (2): 229 – 264.

［163］Grg H, Henze P, Jienwatcharamongkhol V et al. Firm Size Distribution and Employment Fluctuations: Theory and Evidence ［J］. Research in Economics, 2017, 71 (4): 690 – 703.

［164］Griliches Z. R&D and the Productivity Low Down ［J］. American Economic Review, 1980, 70 (2): 343 – 348.

［165］Halli B H, Harhoff D. Recent Research on the Economics of Patents ［J］. Annual Review of Economics, 2012, 4 (1): 541 – 565.

［166］Hamberg D. R&D: Essays on the Economics of Research and Development ［M］. New York: Random House, 1966.

［167］Hansen B E. Threshold Effects in Non-Dynamic Panels: Estimation, Testing, and Inference ［J］. Journal of Econometrics, 1999, 93 (2): 345 – 368.

［168］Hashmi A R. Competition and Innovation: The Inverted-U Relationship Revisited ［J］. Review of Economics and Statistics, 2013, 95 (5): 1653 – 1668.

［169］Hart P, Prais S. The Analysis of Business Concentration: A Statistical Approach ［J］. Journal of the Royal Statistical Society, 1956, 119 (2): 150 – 181.

［170］Hart P E. The Size and Growth of Firms ［J］. Economica, 1962, 29 (113): 29 – 39.

［171］Hopenhayn H. Entry, Exit, and Firm Dynamics in Long Run Equilibrium ［J］. Econometrics, 1992, 60 (5): 1127 – 1150.

［172］Hough J F. The Soviet Union and Social Science Theory ［M］.

Cambridge, M A: Harvard University Press, 1977.

[173] Howe J D, Mcfetridge D G. The Determinants of R&D Expenditures [J], Canadian Journal of Economics, 1976, 9 (1): 57 – 71.

[174] Hsieh C T, Klenow P J. Misallocation and Manufacturing TFP in China and India [J]. Quarterly Journal of Economics, 2009, 124 (4): 1403 – 1448.

[175] Hsu P H, Xuan T, Yan X. Financial Development And Innovation: Cross-country evidence [J]. Journal of Financial Economics, 2014, 112 (1): 116 – 135.

[176] Hymer S, Pashigian P. Firm Size and Rate of Growth [J]. Journal of Political Economy, 1962, 70 (6): 556 – 569.

[177] Ijiri Y, Simon H. Effects of Mergers and Acquisitions on Business Firm Concentration [J]. Journal of Politics, 1971, 79 (2): 314 – 322.

[178] Ijiri Y, Simon H. Interpretations of Departures from the Pareto Curve Firm-Size Distributions [J]. Journal of Politics, 1974, 82 (2): 315 – 331.

[179] Jadlow J M. New Evidence on Innovation and Market Structure [J]. Managerial and Decision Economics, 1981, 2 (2): 91 – 96.

[180] Jess Cornaggia Yifei et al. Does Banking Competition Affect Innovation? [J]. Journal of Financial Economics, 2015.

[181] J J Ramsden et al. Company Size Distribution in Different Countries [J]. Physica A: Statistical Mechanics and its Applications, 2000, 277 (1 – 2): 220 – 227.

[182] Jovanovic B. Selection and Evolution of Industry [J]. Econometrica. 1982, 50 (5): 649 – 670.

[183] Julian di, Giovanni et al. Power Laws in Firm Size and Openness to Trade: Measurement and Implications [J]. Journal of International Economics, 2011, 85 (1): 42 – 52.

[184] Kalecki M. On the Gibrat Distribution [J]. Econometrica, 1945 (13): 161 – 170.

[185] Kaplan A. Big Enterprise in a Competitive System [J]. Brooking

Institution, 1954, 269.

[186] Kelly T M. Influences of Firm Size and Market Structure on the Research Efforts of Large Multiple-product Firms [D]. Ph. D. Dissertation, Oklahoma State University, 1970.

[187] Kim Y K, Lee K, Park W G et al. Appropriate Intellectual Property Protection and Economic Growth in Countries at Different Levels of Development [J]. Research Policy, 2012, 41 (2): 358 – 375.

[188] Kleer R. Government R&D Subsidies as a Signal for Private Investors [J]. Research Policy, 2010, 39 (10): 1361 – 1374.

[189] Kumar M. Growth, Acquisition Activity and Firm Size: Evidence from the United Kingdom [J]. The Journal of Industrial Economics, 1985, 33 (3): 327 – 338.

[190] Kumar N. Intellectual Property Rights, Technology and Economic Development: Experiences of Asian Countries [J]. Economic and Political Weekly, 2003, 38 (3): 209 – 226.

[191] Kumbhkar S, Lovell C. Stochastic Frontier Analysis [M]. New York: Cambridge University Press, 2000.

[192] Lach S. Do R&D Subsidies Stimulate or Displace Private R&D? Evidence from Israel [J]. Journal of Industrial Economics, 2002, 50 (4): 369 – 390.

[193] Lall S. Technological Capabilities and Industrialization [J]. World Development, 1992 (20): 165 – 186.

[194] Lampton D M, Yeung S C. Paths to Power: Elite Mobility in Contemporary Chinat [M]. Ann Arbor: University of Michigan's Center for Chinese Studies, 1986.

[195] Lau R S, Cheung G W. Estimating and Comparing Specific Mediation Effects in Complex Latent Variable Models [J]. Organizational Research Methods, 2012, 15 (1): 3 – 16.

[196] Lee C. A New Perspective on Industry R&D and Market Structure [J]. Journal of Industrial Economics, 2005, 18 (1): 101 – 122.

[197] Levin R C et al. R&D Appropriability, Opportunity, and Market

Structure: New Evidence on Some Schumpeterian Hypotheses [J]. American Economic Review, Papers and Proceedings, 1985, 75 (2): 20 – 24.

[198] Loeb P D, Lin V. Research and Development in the Pharmaceutical Industry-A Specification Error Approach [J]. Journal of Industrial Economics, 1977, 26 (1): 45 – 51.

[199] Lunn J. R&D, Concentration and Advertising: A Simultaneous Equation Model [J]. Managerial and Decision Economics, 1989, 10 (2): 101 – 105.

[200] Lutter E G. Selection, Growth, and the Size Distribution of Firms [J]. Quarterly Journal of Economics, 2007, 122 (3): 1103 – 1144.

[201] Machado J, Mata J. Box-Cox Quantile Regression and the Distribution of Firm Sizes [J]. Journal of Applied Economics. 2000 (15): 253 – 274.

[202] Mackinnon D P. Contrasts in multiple mediator models [J]//Rose Js, Chassin L, Presson C, Sherman S J et al. Multivariate Applications in Substance Use Research: New methods for new questions. Mahwah NJ: Erlbaum, 2000: 141 – 160.

[203] Mackinnon D P, Lockwood C M, Williams J. Confidence Limits for the Indirect Effect: Distribution of the product and resampling methods [J]. Multivariate Behavioral Research, 2004 (39): 99 – 128.

[204] Mandelbrot B. An Informational Theory of the Statistical Structure of Language [J]. Communication Theory, 1953: 84.

[205] Mansfield E. Entry, Gibrat's Law, Innovation and the Growth of Firms [J]. American Economic Review, 1962 (52): 1023 – 1051.

[206] Marsili O. Technology and the Size Distribution of Firms: Evidence from Dutch Manufacturing [J]. Review of Industrial Organization, 2005, 27 (4): 303 – 328.

[207] Maskus K E, Mcdaniel C. Impacts of the Japanese Patent System on Productivity Growth [J]. Japan and the World Economy, 1999, 11 (4): 557 – 574.

[208] Meuleman M, Maeseneire W D. Do R&D Subsidies Affect SMEs' Access to External Financing? [J]. Research Policy, 2012, 41 (3): 580 –

591.

[209] Montagna, Fredrik S. Firm Size Distribution and Employment Fluctuations Theory and Evidence [J]. Research in Economics, 2017, (71): 690 – 703.

[210] Montmartin B, Herrera M. Internal and External Effects of R&D Subsidies and Fiscal Incentives: Empirical Evidence Using Spatial Dynamic Panel Models [J]. Research Policy, 2015, 44 (5): 1065 – 1079.

[211] Moscarini, Giuseppe, Postel-Vinay et al. The Contribution of Large and Small Employers to Job Creation in Times of High and Low Unemployment [J]. American Economic Review, 2012, 102 (6): 2509 – 2539.

[212] Mulherin J H, Boone A L. Comparing Acquisitions and Divestitures [J]. Social Science Electronic Publishing, 2000, 6 (2): 117 – 139.

[213] Nelson R, Winter S. An Evolutionary Theory of Economic Change [M]. Cambridge, MA: Belknap Press, 1982.

[214] Nooteboom B, Vossen R W. Firm size and efficiency in R&D spending [M]. 1995.

[215] Odagiri H, Goto A, Sunami A et al. Intellectual Property Rights, Development, and Catch Up : An International Comparative Study [M]. Oxford: Oxford University Press, 2010.

[216] Oliviero A C. R&D Subsidies and Private R&D Expenditures: Evidence from Italian Manufacturing Data [J]. International Review of Applied Economics, 2011, 25 (4): 419 – 439.

[217] Pack Saggi K. Is There a Case for Industrial Policy? A Critical Survey [J]. World Bank Research Observer 2006, 21 (2): 267 – 297.

[218] Pavitt K, Townsend J. The Size Distribution of Innovating Firms in the UK: 1945 – 1983 [J]. Journal of Industrial Economics, 1987, 35 (3): 297 – 316.

[219] Pareto V. The New Theories of Economics [J]. Journal of Political Economy, 1897 (5).

[220] Patrizio, Pagano, Fabiano et al. Firm Size Distribution and Growth [J]. Scandinavian Journal of Economics, 2003, 105 (2): 255 – 274.

[221] Peter E H, Oulton N. Zipf and the Size Distribution of Firms [J]. Applied Economics Letters, 1997.

[222] Peacher K J, Hayes A F. SPSS and SAS procedures for Estimating Indirect Effects in Simple Mediation Models [J]. Behavior Rasearch Methods, Instruments, and Coputers, 2004 (36): 717 – 731.

[223] Preache K J, Hayes A F. Asymptotic and Resampling Strategies for Assessing and Comparing Indirect Effects in Multiple Mediator Models [J]. Behavior Research Methods, 2008 (40): 879 – 891.

[224] Prud'homme Dan. Utility Model Patent Regime "Strength" and Technological Development: Experiences of China and other East Asian Latecomers [J]. China Economic Review, 2017 (42): 50 – 73.

[225] Pye L W. The Dynamics of Chinese Politics [M]. Cambridge: Oelgeschlager. Gunn and Hain, Incorporated, 1981.

[226] Ricardo Hernández-Pérez, Angulo-Brown F, Tun D. Company Size Distribution for Developing Countries [J]. Physica A: Statistical Mechanics and its Applications, 2006, 359: 607 – 618.

[227] Rosenberg J B. Research and Market Share: A Reappraisal of the Schumpeter Hypothesis [J]. Journal of Industrial Economics, 1976, 25 (2): 101 – 112.

[228] Scherer F M. Firm Size, Market Structure, Opportunity, and the Output of Patented Inventions [J]. American Economic Review, 1965, 55 (5): 1097 – 1125.

[229] Scherer F M. Market Structure and the Employment of Scientists and Engineers [J]. American Economic Review, 1967, 57 (3): 524 – 531.

[230] Schumpeter J A. Capitalism, Socialism and Democracy (3rd ed.) [M]. London: George Allen and Unwin, 1942.

[231] Scott J T. Firm Versus Industry Variability in R&D Intensity [M]//Griliches Z et al. R&D, Patents and Productivity. Chicago: University of Chicago Press, 1984.

[232] Segerstorm P S. Innovation, Imitation, and Economic Growth [J]. Journal of Political Economiy, 1991, 99 (4): 807 – 827.

[233] Simon H A, Bonin C P. The Size Distribution of Business Firms [J]. American Economic Review, 1958 (48): 607 – 617.

[234] Soete L L G. Firm Size and Innovation Activity [J]. European Economic Review, 1979, (12): 319 – 340.

[235] Streicher G, Schibany A, Gretzmacher N. Input Additionality Effects of R&D Subsidies in Austria: Empirical Evidence from Firm-level Panel Data [Z]. Vienna: TIP Working Paper No. 04 – 03, 2004.

[236] Tan G, Lin J Y. Policy Burdens, Accountability, and the Soft Budget Constraint [J]. American Economic Review, 1999, 89 (2): 426 – 431.

[237] Tan Y, Xuan T, Zhang C X et al. Privatization and Innovation: Evidence from a Quasi-Natural Experience in China [J]. Social Science Electronic Publishing, 2014 (33).

[238] Takayasu H, Okuyama K. Country Dependence on Company Size Distributions and a Numerical Model Based on Competition and Cooperation [J]. Fractals-complex Geometry Patterns & Scaling in Nature & Society, 1998, 6 (1): 67 – 79.

[239] Tian H X. The Dark Side of Analyst Coverage: The Case of Innovation [J]. Journal of Financial Economics, 2013, 109 (3): 856 – 878.

[240] Tofighi D, Mackinnon D P. RMediation: An R Package for Mediation Analysis Confidence Intervals [J]. Behavior Research Methods, 2011, 43 (3): 692 – 700.

[241] Tong T, He W, He Z, Lu J. Patent Regime Shift and Firm Innovation: Evidence from the Second Amendment to China's Patent Law [J]. In Academy of Management Proceedings, 2014 (1): 14174.

[242] Ufuk A, William R K. Growth through Heterogeneous Innovations [J]. Journal of Political Economy, 2018, 126 (4): 1374 – 1443.

[243] Utterback J M. Mastering the Dynamics of Innovation [M]. Boston, MA: Harvard Business School Press, 1994.

[244] Wallaten S J. The Effects of Government-industry R&D Programs on Private R&D: The Case of the Small Business Innovation Research Program

[J]. RAND Journal of Economics, 2000, 31 (1): 82 – 100.

[245] Wen Z, Marsh H W, Hau K T. Structural Equation Models of Latent Interactions: An Appropriate Standardized Solution and Its Scale-Free Properties [J]. Structural Equation Modeling a Multidisciplinary Journal, 2010, 17 (1): 1 – 22.

[246] Wolff G B, Reinthaler V. The Effectiveness of Subsidies Revisited: Accounting for Wage and Employment Effects in Business R&D [J]. Research Policy, 2008, 37 (8): 1403 – 1412.

[247] Zhao X, Jr J G L, Chen Q. Reconsidering Baron and Kenny: Myths and Truths about Mediation Analysis [J]. Journal of Consumer Research, 2010, 37 (2): 197 – 206.

[248] ZiLin H, Tony W T, Yuchen Z, Wenlong H. Construction of a Database Linking SIPO Patents to Firms in China's Annual Survey of Industrial Enterprises 1998 – 2009 [EB/OL], 2016. https//www. researchgate. net/publication/311323404.

[249] Zipf G K. Human Behavior and the Principle of Least Effort: An Introduction to Human Ecology [M]. Cambridge: Addison-Wesley, 1949.

后 记

谨以此书，纪念自己本科入学以来的十五年时光。

我出生在一个农民家庭，爷爷能够提笔写春联、在村里当记账先生，奶奶能够读书看报，在当时的农村也算得上有文化之人。父亲本是个好苗子，高考阴差阳错没能步入高等学府，转身成了建筑工人挑起家庭担子。母亲从未步入职场，跟随父亲从乡村搬迁到城市，一心照顾我和哥哥。初中的时候，时常看到听到儿时玩伴辍学打工。我未曾想过自己有一天会变成一个博士，会在读书的路上走这么久这么远。我们一家三代人，职业从农业、工业到服务业逐步转变，除了个人努力，更是时代变迁、产业转型、城镇化进程的小小缩影。

还记得读研时，父母说起亲戚朋友们当年听到我想读研，有许许多多"学历太高嫁不出去"之类的关心、焦虑和质疑，但是哥哥坚定地表示支持，父母开明地理解我的选择。正是这种理解和支持，才让我有机会走到今天。这种理解，包含着父母对我的认可、哥哥对世界的认知，大概也包含了父亲年轻时一转身已成命运转折的遗憾和痛惜。

硕士毕业以后，进入财政科研系统工作，让我对政府行为、政策评价有了更深刻的认识，也充分理解了在中国当下政府干预的必要性和合理性。工作几年之后，我萌生了读博深造的想法，先生对此非常支持。2015年底，考博对我来说既是人生规划的一部分，也是那时治愈自己、转移注意力的一个选择。因时间仓促准备不足而未能如愿。2016年底再次备考，期间女儿悄然而至，我犹豫迟疑，最终决定破釜沉舟，当作给女儿特殊的胎教。入学考试前一晚，我看书复习到凌晨两点，六个月大的女儿表示抗议，在我的肚子里踢了好几次，大概是想提醒我早点休息。

怀孕八个月时参加面试，好多人说我很勇敢，我想我的导师比我更勇敢，竟然愿意接收一个在职且即将分娩的学生，没有因为担心变成"烂尾工程"而拒绝我。2017年9月，女儿满月，我重返校园。熟悉的教室，崭新的起点，新生活的气息扑面而来，沁人心脾。

产假结束后，开始接受工作、学业和带娃三座大山的考验。这个过程需要取舍、需要沉淀、需要冷静、更需要毅力。女儿两岁的时候，我的博士论文刚开完题，虽然顺利通过但是老师们提出许多意见建议，其中不乏尖锐的观点。我新建了一个文件夹叫"万里长城"，用来存放博士论文的所有资料。那时的心情是沉重、焦灼的，焦灼的原因不仅在于对博士论文进入正式写作的紧张，更在于女儿语言发育比同龄人有所迟缓，我一直觉得原因是自己对她的陪伴太少，充满了愧疚。论文和孩子在那时成为我的鱼和熊掌，成为我的手心和手背。好在先生和公公都很给力，用实际行动诠释了什么是支持，尤其是先生常常独自带着女儿去公园去上课，一个人搞定女儿的饮食起居，让我无数个夜晚和周末都安心地泡在图书馆里写论文。更难得的是，在我写作遇到瓶颈时他几乎随时可以与我讨论，给我提出建议又小心翼翼地避免给我造成压力。那些陪女儿睡着后起床推导欧拉公式的时光，那些早早起床先写大半个小时论文再上班的日子，沉淀在时光的记忆里，如今想来犹如一帧帧电影画面，飘着悠悠的咖啡香。

算起来，从本科入学至今已整整十五年，占据了我已有生命的将近一半，并且是成长最快、进步最大的十五年。这十五年，我的学习和研究方向从微观领域的人力资源管理，转入宏观视角的产业政策，最后又回到产业政策对微观企业的影响效应上来，一直没有离开对政府行为、政策的关注和分析，随着年龄增长、阅历增加，对具有中国特色的政府行为的研究兴趣日益浓厚，理解越发深入。十五年的时光，衷心感谢各位带我入门、给我关心指导的老师。工作以后，尤其体会到师生之间纯真的情谊多么可贵，体会到老师们的良苦用心多么可敬。硕导李健英老师，治学严谨且有生活的大智慧，教我们为学为人之道，让我们毕业后依然受益匪浅。博士导师冯巨章老师，儒雅睿智且细心，从一入学就与我谈整个博士阶段的时间规划，对论文的选题和写作过程也给予详细指导，充分理解我面临的"三座大山"，常常给予鼓励和关心，让我甚为感动。

本书是在我的博士论文基础上扩展修改出版的，写作过程中得到过许多人的帮助和指点，感谢张天华老师对企业规模分布相关内容的指导，感谢南开大学王群勇老师和中山大学连玉君老师分享的非平衡面板数据门限回归程序，感谢华南师范大学经济与管理学院的彭璧玉老师、董志强老师、刘志铭老师、谌新民老师、曹宗平老师以及暨南大学产业经济研究院陶锋老师、顾乃华老师、广东外语外贸大学魏作磊老师等人对本书的指导和建议。感谢我的博士同班同学黄旭、胡研、邹文、朱亚杰、匡贺武、杨琳娜、赵文佳、徐欣萌、杨建胜、苏海尔等人在求学阶段的帮助和共勉，和你们一起学习交流的时光仍历历在目。

我的家乡有两种特产——茶叶和橄榄，都是大自然的馈赠，但外人一开始并不容易接受。单枞茶浓郁幽香，初品觉得微苦涩，但回味甘醇，有很好的助消化和提神功效。橄榄当地人喜欢生吃，入口酸涩，初尝者皆皱眉，而细品后甘香爽口，利咽润肺。人生许多事，开始时困难，坚持、深入、沉浸后，会收获回甘和平静。求学之路如此，为人父母亦是，唯有感恩和坚持，以出世之心做入世之事。

本书付梓之时，女儿已近5岁，口齿伶俐、活泼可人。曾经对她语言发育的担忧和愧疚，后来化作争分夺秒的陪伴和顺其自然的等待。这个过程也曾是煎熬的，但后来她的语言爆发期出现了，从此一发不可收拾，成为妥妥的话唠，每日甜蜜地吵闹着。

感谢所有为本书出版付出辛勤劳动的人。受学术水平所限，书中内容尚显浅薄，今后在学习和研究中将进一步完善，如有错漏和疏忽，恳请读者批评指正。

是为记。

丁丽芸

2022 年 6 月于羊城